政府支出经济增长效应区域异质性研究

Research on the Regional Heterogeneity of the Fiscal Expenditure′s Economic Growth Effects

王胜华 著

中国财经出版传媒集团
中国财政经济出版社

图书在版编目（CIP）数据

政府支出经济增长效应区域异质性研究/王胜华著
. --北京：中国财政经济出版社，2021.6
ISBN 978-7-5223-0527-1

Ⅰ.①政… Ⅱ.①王… Ⅲ.①地方政府-财政支出-影响-区域经济发展-研究-中国 Ⅳ.①F127 ②F812.7

中国版本图书馆CIP数据核字（2021）第082030号

责任编辑：刘五书　　责任印制：张　健
封面设计：楠竹文化

政府支出经济增长效应区域异质性研究
ZHENGFU ZHICHU JINGJI ZENGZHANG XIAOYING QUYU YIZHIXING YANJIU
中国财政经济出版社 出版
URL：http：//www.cfeph.cn
E-mail：cfeph@cfemg.cn

社址：北京市海淀区阜成路甲28号　邮政编码：100142
营销中心电话：88190406　北京财经书店电话：64033436　84041336
北京财经印刷厂印刷　各地新华书店经销
成品尺寸：170mm×230mm　16开　16印张　254 000字
2021年6月第1版　2021年6月北京第1次印刷
定价：62.00元
ISBN 978-7-5223-0527-1
（图书出现印装问题，本社负责调换）
本社质量投诉电话：010-88190744

内容摘要

财政是国家治理的基础和重要支柱。受自然、地理和社会历史等多重因素的影响，区域间在发展基础和条件方面存在差异，地区间发展不均衡是我国经济社会发展面临的重大现实问题。在区域协调发展理念的指导下，地区间发展失衡的局面已有所好转，区域增长格局也有所转变，但区域间发展的不均衡问题仍不可忽视。财政政策作为公共政策的一部分，担负着缩小地区差距促进区域协调发展的重任。政府支出作为财政政策的重要工具，通过支出规模、结构和方式深刻影响财政政策宏观调控职能的实现。从区域异质性视角考察财政支出政策的宏观经济效应，探索符合区域实际的有差别的财政政策，有助于提高在区域调控中财政政策的针对性和有效性，也有利于充分调动各地区积极性和创造性，促进各地区在推动经济发展和提高收入水平过程中逐步缩小区域差距，实现区域协调均衡发展。

本书立足于我国区域发展不均衡的现实，深入分析政府支出经济增长效应的区域异质性问题。在呈现政府支出与经济增长区域差异特征事实的基础上，剖析政府支出经济增长效应区域异质性的作用机理，寻求经济增长目标下区域政府支出适度规模和合理结构。首先，在梳理和归纳政府支出宏观经济效应相关理论、实践经验和研究方法的基础上，从理论层面分析了政府支出影响经济增长的传导机制以及政府支出经济增长效应区域差异的作用路径。其次，从静态和动态两个维度考察了政府支出经济增长效应的区域差异。静态维度在政府支出与经济增长区域特征事实的基础上，从总量和结构视角测算了政府支出乘数、产出弹性以及支出效率，并基于泰尔指数考察了政府支出差异对经济增长差异的反馈效应。动态视角上构建了包含消费者、厂商、政府部门的动态随机一般均衡模型，侧重从短期和长期来考察政府支出冲击所产生的宏观经济效应区域差异，同时基于敏感性分析考察不同政策组合对宏观经济效应的影响大小和响应程度。再次，在政府支出经济增长效应区域静态差异和动态异质性分析的基础上，从资源禀赋（内源性）、市场化程度（传导性）、区域政策（制度性）以及财政分权与地方政府行为分异四个方面剖析了政府支出经济增长效应区域异质性的深层次原因，并对上述主要影响因素进行了实证检验。在此基础上，进一步考察了政府支出区域经济增长的空间效应。最后，将政府支出引入内生经济增长模型，探讨政府支出规模对平衡增长路径的影响，从理论上证明了政府支出规模与经济增长之间存在非线性效应，并进行了实证检验，同时运用面板门槛效应回归模型求解了经济增长目标下的政府支出适度规模和合理结构。

本书的主要结论如下：(1) 区域间经济发展和政府支出差距整体呈收敛态势，但西部地区各省份间经济增长和政府支出差距分化迹象明显。(2) 经济增长差距主要来自区域间，而政府支出差距主要来自区域内部，区域政府支出差距是经济增长差异的重要原因。(3) 政府支出对经济增长的整体促进作用明显，积极财政政策的短期效应大于长期。(4) 政府支出效率普遍不高，绝对规模的扩大没有带来效率的改进，这是区域财政政策实施面临的突出矛盾。(5) 基于消费者、厂商和政府的三部门封闭经济动态随机一般均衡模型的模拟结果显示，生产性政府支出冲击对产出不仅有正向瞬间效应还有持续的正效应，非生产性政府支出冲击对产出仅有正向瞬间效应而不具有持续效应。区域间政府支出冲击的产出效应存在差异，现阶段东部地区经济增长更多来自经济软环境的改善，而西部地区则主要来自生产性政府支出的直接效应。私人资本产出弹性的敏感性分析结果表明，生产性政府支出与私人资本对经济增长的影响存在一定的替代性特征。当市场机制能有效发挥作用时，政府应当减少对经济的干预，主要在于营造良好的市场环境。同时政府可适当增加生产性政府支出以稳定经济，但应根据私人资本产出弹性的变化情况择机退出。(6) 资源禀赋、市场化程度、区域政策和财政分权是政府支出经济增长效应区域差异的重要影响因素，西部大开发和中部崛起战略对区域经济的提振作用显著。(7) 我国各省份经济整体呈现空间正相关特征，人力资本在区域间存在较强的空间外溢性。东部地区非生产性政府支出的外溢效应大于生产性政府支出，而中部和西部地区则相反。(8) 政府支出规模与经济增长之间存在倒“U”型的非线性关系。基于面板门槛效应回归模型的估计结果显示，全国、东部、中部和西部最优政府支出规模分别为22.20%、17.74%、22.35%和22.24%，最优生产性政府支出规模分别为49.98%、

51.40%、47.86%和47.52%。如果以1997—2015年政府支出占比均值作为现阶段政府支出的实际规模，区域政府支出规模和结构的提升空间，中部地区最大，西部地区最小。

总的来说，我国区域间经济发展呈收敛趋势但仍存在一定差距，区域内部各省份间经济发展差距分化成为区域经济均衡发展面临的新问题。为此，在合理控制政府支出规模增长的同时，支出结构应充分体现区域发展差异；以预算绩效管理为抓手，提高财政支出效率；以完善转移支付为保障，建立财政政策区域调控机制；以深化市场化改革为导向，发挥市场机制潜力，实现区域间及区域内经济协调均衡发展。

Abstract

Public finance is the foundation as well as an important pillar of state governance. Influences of multi-factors such as nature, geography and social history etc. all contribute to the differences of development foundation and conditions in various regions. Guided by the concept of coordinated development for all regions, the unbalance of regional development has been improved, shaping new regional growth patterns. However, the uneven problem in regional development cannot be ignored. The fiscal policy, as part of the public policy, bear the important responsibility of narrowing the gap and promoting regional coordinated development. Public expenditure which is considered to be an important tool of the fiscal policy, exerts a profound influence on the achievement of fiscal policy's macro-economic regulation function through the scale, structure and pattern of expenditure. To investigate the macro-economic effects of fiscal expenditure from the aspect of regional heterogeneity, and to explore various fiscal policies which fit the regional reality helps to enhance the pertinence and validity of fiscal policy in the regional regulation. It also helps to fully stimulate the initiative and creativity of all regions, to minimize the regional disparity in the progress of promoting economic development and raising income level, achieving regional coordinated development.

The dissertation based on the reality of unbalanced regional development in China, makes a thorough analysis of the regional heterogeneity problem of public expenditure's economic growth effects. On the basis of demonstrating the regional disparity facts of public expenditure and economic growth, the dissertation clarifies the mechanism of regional heterogeneity by public expenditure economic growth effects and explores the moderate scale and reasonable structure of regional public expenditure under the economic growth target. First of all, on the basis of sorting and summing up the relevant theory, practical experience and the research method of public expenditure's macro-economic effects, the dissertation analyze the transmission mechanism of public expenditure influence economic growth and ways and means the public expenditure economic growth effects' regional heterogeneity work from a theoretical perspective. Secondly, the dissertation indicate the public expenditure economic growth effects' regional heterogeneity from two dimensions including static and dynamic state. From the static dimension, the dissertation calculates the public expenditure multiplier, the output elasticity and expenditure productivity from the perspective of magnitude and structure based on the facts of public expenditure and economic growth regional heterogeneity. It also explores the feedback effect of which public expenditure disparity exerts on economic growth disparity based on the Theil Index. From the perspective of dynamic dimension, the dissertation establishes a dynamicstochastic general equilibrium model containing consumer, manufacturer and government, and investigates the macro-economic effect's regional disparity created by the public expenditure from both short-term and long-term periods. It also inspect the magnitude of influences as well as the level of responsiveness for macro-economic effect given different policy portfolios using sensitivity analysis. Thirdly, on the basis of public expenditure economic growth effect regional static disparity and dynamic heterogeneity effect analysis, the dissertation analyze the deep level reason of public expenditure economic growth effects' regional heterogeneity from four aspects including resource endowments (endogenous), the degree of marketization (conductivity), regional policy (institution) as well as fiscal decentralization and local government behavioral differentiation. The dissertation also gives experimental tests on all these main impact factors. After that, it indicates the spatial effects of public expenditure economic growth effects. Lastly, it introduces the public expenditure into the endogenous economic growth model and explore the influences the magnitude of public expenditure made on the route of balanced growth, proving theoretically that there is non-linear effect between the magnitude of public expenditure and economic growth. It also calculates the moderate scale and proper structure of public expenditure under the objective of economic growth using panel threshold regression model in experimental test.

The main conclusion of this dissertation is as follows: (1) The disparity in regional economic development and public expenditure displays convergence as a whole, but the differentiation for the parity in the western part of China is quite obvious. (2) The disparity of economic growth mainly comes from differences in regions, but the disparity of public expenditure mainly comes from inner regions. And disparity of regional public expenditure is an important reason for that of economic growth. (3) The public expenditure's overall promoting effect on economic growth is obvious, and the short-term effect of active fiscal policy is bigger than the long-term effect. (4) The productivity of public expenditure is generally not high, and the expansion of absolute magnitude does not bring improvement for productivity. These are the protruding contradictions facing the implement of regional fiscal policy. (5) The simulation results based on the dynamicstochastic general equilibrium model with closed economy containing three sectors of consumer, manufacturer and government show that productive public expenditure impact has not only positive instantaneous effect but also lasting positive effect on output. Unproductive public expenditure impact has only positive instantaneous effect without lasting positive effect on output. There are differences in the output effect of regional public expenditure impact, at the present stage, the economic growth in the eastern area benefits more form the improvement of economic soft environment compared to that in the western part of China which mainly comes from the direct effect of productive public expenditure. The sensitivity analysis results of personal capital output elasticity show that the influences productive public expenditure and personal capital made on economic growth has certain degree of substitution. Government should reduce its interference of economic and build good market environment. The government could also increase proper productive public expenditure to stable economy, but should exit according to the changing situation of the personal capital output elasticity. (6) Resource endowments, degree of marketization, regional policy and fiscal decentralization are important impact factors of public expenditure economic growth effect regional heterogeneity. The influences of western development program and the strategy of "prosperous central China" on regional economic promotion have been obvious. (7) The economy of different provinces in China has displayed spatial positive correlation. Regional human resources exhibit spatial spillover and the spillover effect of the unproductive expenditure in eastern area is bigger than the productive expenditure. The situation in the central and western area is vice versa. (8) The scale of public expenditure and economic growth is inverted U shaped nonlinear correlation. The estimated results based on panel threshold effect regression model display, the optimal scale of public expenditure of eastern, central, western area and also the whole country is 22.20%, 17.74%, 22.35% and 22.24% respectively. The optimal scale of productive public expenditure is 49.98%, 51.40%, 47.86% and 47.52% respectively. To take the average public expenditure percentage from the year 1997 to 2015 as the real scale of public expenditure at the present stage, the central area gets the highest score, and the western area gets the lowest with regard to the room for improvement for the magnitude and structure of regional public expenditure.

In a word, the regional economic development has displayed convergence trend but still has some disparity. The economic development differences in various provinces within the inner part of an area have become new problems in the balanced development in regional economies. Thus, the structure of expenditure should show the disparity of regional development at the same time of controlling the rise of public expenditure scale rationally; To improve the productivity of public expenditure with the important task of budget performance management; To build the institution of fiscal policy regional regulation guaranteed by the improvement of transfer payments; To realize potential of market institution and achieve the coordinated balance development among different regions and within inner regions directed by the deepening of marketization reform.

目　录

第1章 导 论

1.1 问题的提出与研究意义

1.1.1 研究背景

财政是国家治理的基础和重要支柱，政策有效性是财政作为管理经济的重要调控手段所无法回避的问题。1994 年分税制改革以来，经过不断探索，我国在财政宏观调控政策的运用和工具的使用上积累了丰富的实践经验。地区间发展不均衡是我国经济社会发展面临的重大现实问题，过去财政政策对于宏观经济的调控注重总量上的效果，而往往忽视财政政策宏观经济效应在不同区域之间存在差异的事实。区域协调发展作为我国现代化进程的重要抓手，在充分发挥市场决定性作用的同时也应更好地发挥政府的作用，财政政策效果必将深刻影响区域协调发展战略的实施。因此，从区域异质性角度来探讨财政政策的有效性问题，有助于提高区域调控中财政政策的针对性和有效性。

（1）区域间发展失衡已引起社会高度关注

改革开放以来，我国经济社会发展取得了举世瞩目的成就，但同时我国幅员辽阔，受自然、地理和社会历史等多重因素的影响，区域间在发展基础和条件方面存在差异，区域发展失衡问题也引起了社会的高度关注。为缩小区域之间在经济社会发展方面的差距，我国实施了一系列旨在促进区域协调发展的方针政策。第八个五年计划纲要首次明确提出，促进地区经济合理分工和协调发展。1996 年开始正式实施区域经济协调发展战略，并把坚持区域经济协调发展，逐步缩小地区发展差距作为“九五”时期及其后 15 年国民经济和社会发展必须贯彻的重要方针之一。此后，为促进区域经济协调发展，我国先后实施了西部大开发战略、振兴东北老工业基地战略、促进中部崛起战略，这标志着我国进入区域协调发展战略全面实施的新阶段。党的十九大报告指出，强化举措推进西部大开发形成新格局，发挥优势推动中部地区崛起，创新引领率先实现东部地区优化发展，建立更加有效的区域协调发展新机制。党的十九届五中全会指出，坚持实施区域重大战略、区域协调发展战略、主体功能区战略，健全区域调协发展体制机制。“十四五”规划和2035年远景目标纲要则将优化区域经济布局，促进区域协调发展作为重要内容提出。自提出区域协调发展理念以来，经过多年的不懈努力，地区间发展失衡的局面已有所好转，区域增长格局也有所转变，但区域间发展的不均衡问题仍不可忽视。在经济总量方面，2019全国人均GDP为7.09万元，其中北京最高为16.42万元，甘肃最低为3.30万元，前者是后者的4.98倍，级差为13.12万元。在居民收入方面，2019年全国居民人均可支配收入上海最高为6.94万元，是甘肃的3.63倍，级差为5.03万元①。协调区域发展是现代化进程中必须面对的重大课题，区域间发展的不均衡将成为制约我国经济社会健康持续发展的重要因素。

（2）财政政策效果深刻影响区域协调发展

区域经济理论认为，区域间发展差距呈现倒“U”型曲线特征，即随着经济的发展，地区间经济社会差距将经历由扩大到缩小的过程。实现区域协调发展，既要发挥市场机制的决定性作用，同时也要更好地发挥政府宏观调控的作用。财政政策作为宏观调控的重要手段之一，在经济发展与稳定、收入分配、资源配置等方面发挥着重要作用。政府支出作为财政政策的重要工具，通过政府支出规模、结构和方式深刻影响财政政策宏观调控职能的实现。财政政策作为公共政策的一部分，担负着缩小地区差距、促进区域协调发展的重要责任。政府可通过投资、税收、财政支出、转移支付等制度性安排，促进落后地区的经济发展。通过多种财政政策工具的综合运用，缩小落后地区与发达地区的差距，实现区域经济协调发展的目的。财政政策能否在协调区域发展中起到重要作用，其核心在于财政政策的实施是否有效。因地制宜的实施政策，必然能够实现调控区域发展的目的，否则财政政策不但不能调控区域差距，相反还可能会扩大区域差距，南辕北辙。我国各地区之间在自然资源禀赋、发展阶段、经济社会环境等方面存在差

① 根据统计局公布数据整理计算得到。

异，财政政策在区域间的实施效果必然会有所不同。如何衡量和评价财政政策区域调控效果，加强区域调控中财政政策的针对性和有效性，对于缩小地区差距，促进区域经济社会协调发展十分必要。

（3）财政新常态需要宏观调控更精准有效

当前我国将进入一个新发展阶段，这是结合国际国内形势对我国经济社会作出的重大战略判断。立足新发展阶段，贯彻新发展理念，构建新发展格局，是当前和今后一个时期我国经济发展的大逻辑。当前，过去高速的经济增长率将难以为继，财政收入由高速增长甚至超高速增长转为中低速增长，财政收入增长乏力与财政支出刚性增长之间的矛盾变得尤为突出。数据显示，从 2012 年开始我国财政支出增长速度明显快于财政收入增长速度，其中 2019 年全国一般公共预算收入增长 3.8%，支出增长 8.1%[①]。从年均增长率来看，2007 年全球金融危机爆发以来，一般公共预算收入年均增长 11.54%，支出增长 13.96%，收支年均增长率差额为 2.42 个百分点；“十二五”规划以来，一般公共预算收入年均增长 7.87%，支出增长 10.27%，收支年均增长率差额为 2.40 个百分点[②]。可以预见，在未来我国财政收支矛盾将越发明显。新常态下财政政策宏观调控应创新思路、精准发力，使财政政策在稳增长、促改革、转方式、调结构、惠民生、防风险等方面更加积极有效。要以提高经济发展质量和效益为中心，以提高财政收入质量、提升财政资金使用效益为抓手，兼顾当前与长远，确保财政可持续，更加精准有效地实施宏观调控。加强区域调控中财政政策的针对性和有效性是宏观调控精准有效的应有之义。地区间发展不均衡是我国经济社会发展面临的重大现实问题，从区域异质性视角考察财政支出政策的宏观经济效应，探索符合区域实际的有差别的财政政策，充分调动各地区积极性和创造性，促进各地区在推动经济发展和提高居民收入水平过程中逐步缩小区域差距，是实现区域协调均衡发展的重要举措。

1.1.2　研究意义

区域协调发展是新时代党和国家的重大战略部署，是贯彻新发展理念、建设现代化经济体系的重要组成部分。财政政策在缩小地区差距，促进区域均衡发展

① 数据来源：财政部 2019 年财政收支情况。

② 根据统计局公布数据整理计算得到，时间截至 2019 年。

方面发挥着重要作用。深入探讨政府支出经济增长效应的区域异质性问题，对促进区域协调发展向更高水平和更高质量迈进具有重要的理论与现实意义。

（1）财政政策区域调控理论体系亟待完善

区域政府支出效果对区域均衡发展具有重要影响。地区间发展不均衡是我国经济社会发展面临的重大现实问题，党的十九大报告明确提出实施区域协调发展战略，为新时代我国区域经济发展指明了方向。区域经济发展受自然、地理和社会历史等多重因素的影响，发展基础和条件方面的差异，使得区域间经济发展存在差距具有一定的现实客观性。社会主义共同富裕的目标，要求区域间经济发展保持在合理的差距范围内，这一目标的实现有赖于政府宏观调控政策。财政政策是宏观调控的重要手段，政府支出作为财政政策的重要工具，通过支出规模、结构和方式深刻影响财政政策区域调控职能的实现。受地方经济社会发展水平以及财政能力的影响，政府支出在不同地区间的效果存在较大差异，而影响差异的因素以及差异形成的机理等，都需要从理论和实践、定性和定量方面得到论述和检验。另外，现有研究大多从全国层面基于静态视角对政府支出经济增长效应进行分析，较少从区域动态视角对此进行研究。因此，有必要从区域层面和结构视角探讨政府支出经济增长效应在区域间的差异问题，一方面可为区域宏观调控提供新的视角；另一方面可丰富财政理论与区域经济发展理论在政策实践方面的有益探索。

（2）财政政策区域调控需要更为科学的量化分析

区域财政政策的制定需要对政府支出经济增长效应区域差异有准确的认识和判断。地区间经济发展存在差异是客观的，然而这种差异在多大程度上是合适的，抑或是差异的变化趋势特征如何，常常是关注的焦点。区域财政政策的制定需要有来自理论与实践方面的支撑，一方面需要基于事实分析区域间经济发展差异程度；另一方面需要对产生差异的原因进行剖析。区域间经济发展差距程度既有量的差异，也有质的不同，另外产生差异的原因也是多方面的。只有从多个维度进行审视，才能对政府支出经济增长效应区域差异有一个精准的认识和判断。基于政府支出经济增长效应区域差异特征事实，并综合各因素分析政府支出经济增长效应区域差异影响程度大小，进而提出有针对性的建议，对完善我国区域财政政策，丰富区域财政理论实践，有重要的理论指导意义。

（3）财政政策区域调控的内在机理分析需要有宏观视角

财政政策是政府公共政策的重要组成部分，是实现政府经济政策目标的有力方式。财政政策区域调控需要从宏观层面厘清政府支出经济增长效应区域差异的作用机理。当前我国经济发展已进入转型升级的新阶段，需要合理评估财政政策的有效性。对政府支出经济增长效应区域差异的作用机制进行分析，是提高区域调控中财政政策针对性与有效性的必然要求。一方面，从区域异质性角度对我国政府支出政策的实施效果进行分析和评价，可为科学合理制定财政政策提供理论依据，对财政政策和货币政策的协调配合等宏观经济政策的制定具有重要的现实参考价值。另一方面，从财政支出政策角度寻找缩小区域经济差距的有效途径，根据财政支出政策区域效果制定具有差异化的区域政策，对增强宏观经济政策的区域适应性，改善财政政策调控的效率和效果，实现区域协调发展和促进经济可持续增长均具有重要的现实意义。

(4) 财政政策区域调控实践需要考虑最优政府支出

虽然政府支出有经济、社会发展等多重效应，但从我国社会主义初级阶段的基本国情来看，发展仍是首要任务。我国作为发展中大国，政府区域调控是财政支出的重要基点和政策依据。最大限度地发挥政府支出对经济增长的促进作用，是提高财政资金使用效益的内在选择，也是经济高质量发展的必然要求。地区间发展水平和财力存在差异，如何基于区域差异特征事实，寻找有利于区域经济增长的最优政府支出规模和结构，是财政政策区域调控面临的重要理论和实践问题。一方面，从理论层面探讨政府支出规模对平衡增长路径的影响，可为最优政府支出规模和结构求解提供理论支撑。另一方面，从实证分析角度基于现实经济运行数据测度经济增长目标下的政府支出适度规模和合理结构，可为差异化区域财政政策的制定提供现实指导。

1.2　研究目标与思路

1.2.1　研究目标

政府支出宏观经济效应，其实质是对财政政策有效性的考察。政府支出是否有效，很大程度上取决于政府支出对经济增长的影响。现有大量的文献多基于全国层面和总量视角对政府支出经济增长效应展开研究，较少从地区层面和结构视角探讨政府支出经济增长效应在区域间的差异问题。鉴于此，本书立足于我国区域发展不均衡的现实，从区域异质性角度来探讨财政政策的有效性问题，为提高区域调控中财政政策的针对性和有效性提供借鉴。本书主要从静态和动态两个维度测度区域间政府支出经济增长效应，并对产生区域异质性的原因进行了分析，在此基础上探讨了政府支出影响经济增长的门槛值。

具体来说，本书将解答以下问题：

第一，政府支出和经济增长在区域间呈现什么特征，政府支出经济增长效应在区域间的差异是否有利于区域经济发展差距的缩小。

第二，政府支出经济增长效应区域异质性作用机理是什么，即产生区域异质性的原因是什么。在此基础上分析，区域调控中财政政策的制定要如何在发挥区域优势的同时“补短板”。

第三，基于区域间经济发展基础和条件存在差异的客观现实，经济增长目标下区域间政府支出的适度规模和合理结构是什么。

1.2.2 研究思路

政府支出是宏观经济理论中影响国民经济的重要变量。作为财政政策宏观调控的重要工具，政府支出对经济社会的影响是多方面的。在经济建设、科技教育、医疗卫生、社会保障、生态环保等方面的政府支出，对发展经济、调节收入分配、保障民生、保护环境等均发挥着十分重要的作用。我国仍处于并将长期处于社会主义初级阶段是我国的基本国情，人民日益增长的美好生活需要与发展的不平衡不充分成为新时代我国社会的主要矛盾，这意味着发展仍将成为我国社会主义建设的重要主题。我国经济社会领域面临的突出问题，也需要通过发展经济来保障改革的顺利推进。基于此，本书重点考察政府支出的经济增长效应。

本书立足于我国区域发展不均衡的现实，深入分析政府支出经济增长效应的区域异质性问题。本书遵循提出问题、分析问题、解决问题的基本逻辑，旨在解决的核心问题是对政府支出经济增长效应的客观现状进行描述和刻画，并基于现状对产生政府支出经济增长效应区域异质性的原因进行分析，在此基础上提出有助于提高区域调控中财政政策针对性和有效性的政策启示。因此，本书研究的逻辑脉络是：

首先，分析我国政府支出对区域经济增长影响的现状，也即分析政府支出与经济增长的区域特征事实。对现状的描述和刻画从静态和动态两个维度进行。静态视角主要考察政府支出乘数、产出弹性、支出效率的区域和时变特征，并基于泰尔指数对政府支出和经济增长的区域差异进行分解，分析政府支出差异对经济增长差异的反馈效应。动态视角构建包含消费者、厂商、政府三部门封闭经济条件下的动态随机一般均衡模型，探讨政府支出经济增长效应区域动态差异。动态随机一般均衡模型侧重从短期和长期来考察政府支出冲击产生的宏观经济效应区域差异，包括冲击的正负影响、响应程度大小以及冲击的持续时间在不同区域之间的差异。

其次，探讨政府支出经济增长效应区域异质性的深层次原因。基本思路是从政府支出经济增长效应区域异质性的特征事实出发，分析产生的原因，并对产生区域异质性的影响因素进行实证检验。理论层面，从资源禀赋、市场化程度、区域政策和财政分权四个方面分析政府支出经济增长效应区域差异的作用机制和传导路径。实证层面，通过选取相应的代理变量，构建面板数据回归模型，对政府支出经济增长效应区域差异的作用机制进行实证检验。

最后，求解经济增长目标下区域间政府支出适度规模和合理结构。区域经济协调发展并不是要消除区域经济发展的差距，而是使区域经济发展保持在合理的差距范围内。政府支出经济增长效应区域特征事实及其异质性原因，表明区域间政府支出和经济增长差异是客观的。基于此，在内生经济增长分析框架下，探讨政府支出规模与经济增长之间的非线性关系并进行实证检验，同时运用面板门槛效应回归模型求解经济增长目标下的政府支出适度规模和合理结构。

本书研究的具体思路如图1-1所示。

1.3　研究内容与方法

1.3.1　研究内容与框架

本书从区域异质性角度探讨财政政策的有效性问题。在梳理和归纳相关文献的基础上，将定性分析和定量分析相结合，理论研究和实证研究相统一。首先，从静态角度分析政府支出乘数、产出弹性、支出效率的时变特征和区域差异特征，并基于泰尔指数对政府支出和经济增长的差异进行分解。其次，在新凯恩斯主义的动态随机一般均衡（Dynamic Stochastic General Equilibrium，DSGE）模型

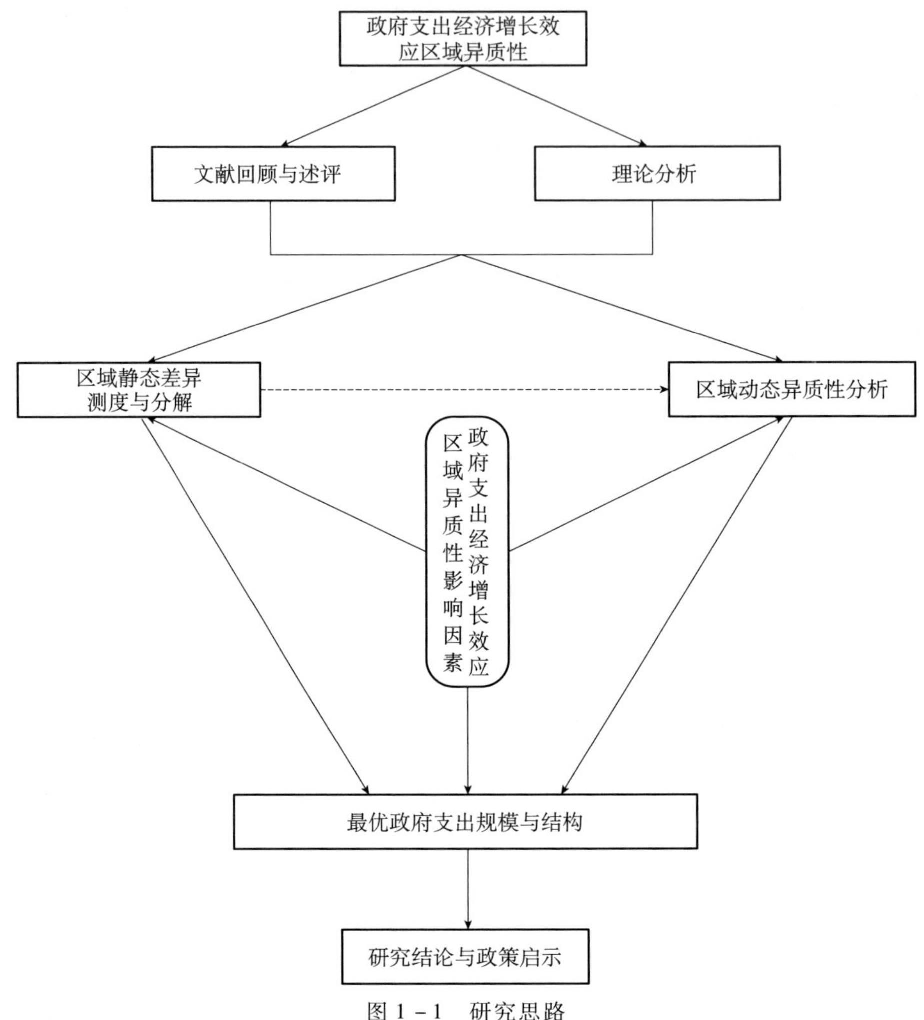

图 1－1 研究思路

分析框架下，通过数值模拟分析政府支出经济增长效应的区域动态异质性。再次，分析政府支出经济增长效应区域异质性产生的原因，并进行实证检验。最后，基于内生增长理论和门槛效应回归模型求解出经济增长目标下区域最优政府支出规模和结构。

本书研究的具体内容包括以下几部分：

第 1 章导论，为本书的总体论述。本章为本书研究的总体论述，包括研究政府支出经济增长效应区域异质性的背景，研究的理论意义与实践意义，详细介绍了本书研究的目标与思路，研究内容、逻辑框架结构，本书所采用的研究方法以及相关概念界定与数据说明。最后，就本书可能的创新与不足之处作了相应说明。

第2章文献回顾与述评。本章主要从政府支出规模和结构的经济增长效应，政府支出对私人消费和投资的挤出效应，政府支出与宏观经济波动之间的关系，政府支出空间溢出效应，政府支出效应区域差异以及最优政府支出规模与结构几方面，对政府支出宏观经济效应国内外相关文献资料进行梳理，在此基础上对现有研究成果进行了评述。

第3章政府支出经济增长效应的理论分析。本章从凯恩斯经济学、新古典综合派和新凯恩斯主义经济学对经济增长理论进行追溯。从市场失灵、财政职能、公共风险三个方面阐述政府支出的合理性，并对政府支出扩张的原因进行了理论上的解析。运用IS—LM模型对政府支出影响经济增长的作用机制、传导路径和决定因素进行了理论分析，对动态随机一般均衡模型的构建与求解、参数确定、模型应用分析等作了说明。最后，从资源禀赋、市场化程度以及制度变迁三个方面分析了政府支出经济增长效应区域差异的作用路径。

第4章政府支出经济增长效应区域静态差异测度与分解。本章主要从总量和结构视角分析政府支出经济增长效应的区域静态差异。首先，描述了政府支出规模和结构以及经济增长的区域差异特征事实。其次，分析政府支出乘数效应、产出弹性和支出效率的时变特征和区域差异。最后，基于泰尔指数对政府支出和经济增长的区域差异进行分解，在此基础上分析了政府支出差异对区域经济增长差异的反馈效应。

第5章政府支出经济增长效应区域动态异质性。本章主要探讨政府支出经济增长效应区域动态差异，侧重从短期和长期来考察政府支出冲击所产生的宏观经济效应区域差异，包括冲击的正负影响、响应程度大小以及冲击的持续时间在不同区域之间的差异，进而分析政府支出经济增长效应在不同区域传导机制的差异。同时，基于敏感性分析考察不同政策组合对宏观经济效应的影响大小和响应程度。对上述问题的分析通过构建包含代表性家庭、企业、政府部门（政府部门行为包含财政政策与货币政策）三部门的动态随机一般均衡模型，通过数值模拟的方法实现。本书基于新凯恩斯主义的DSGE分析框架，借鉴Calvo（1983）黏性价格设定思路，在新古典主义DSGE分析框架中引入Dixit和Stiglitz（1997）的垄断竞争机制，并将政府支出区分为生产性政府支出和非生产性政府支出，构建考虑区域差异的一般均衡模型。模拟垄断竞争市场、价格黏性、货币政策调控情况下政府支出冲击的宏观经济效应及其传导机制。同时基于不同区域关键参数的估计结果，考察政府支出（包括生产性和非生产性政府支出）冲击宏观经济效应在不同区域之间的差异。

第 6 章政府支出经济增长效应异质性影响因素分析。本章主要探讨政府支出经济增长效应产生区域异质性的原因，并对影响因素进行实证检验。通过前面两部分对政府支出经济增长效应区域静态差异和区域动态异质性的分析，本书得到政府支出经济增长效应区域异质性的相关特征事实。鉴于此，本章从政府支出经济增长效应区域异质性的特征事实出发，分析产生的原因，并对产生区域异质的影响因素进行实证检验。本章从资源禀赋、市场化程度、区域政策、财政分权与经济发展分异四个方面深入分析政府支出在不同区域经济增长效应存在差异的原因。其中资源禀赋、市场化程度、区域政策分别是政府支出经济增长效应区域差异的内源性、传导性、制度性原因。最后，通过选取相应代理变量构建面板数据回归模型对上述主要影响因素进行实证检验。在此基础上，进一步考察了政府支出对区域经济增长的空间效应。

第 7 章经济增长目标下的区域最优政府支出。本章主要探讨基于经济增长目标下的区域最优政府支出规模和结构。因区域之间在资源禀赋、市场化程度、区域政策、财政分权引致的地方政府行为上存在差异，这必然使得政府支出经济增长效应在不同区域之间很难有相一致的效果。根据内生经济增长理论，存在一条最优的经济增长路径。因此，本章的主要目的是探讨经济增长目标下，平衡增长路径上的区域最优政府支出规模和结构。理论层面，借鉴 Barro（1990）关于最优政府支出规模的分析框架，将政府支出作为变量引入内生经济增长模型中，探讨政府支出规模对平衡增长路径的影响，并证明政府支出规模对经济增长存在非线性影响，进而得到理论上的最优政府支出规模。在理论分析的基础上，通过构建面板数据回归模型，检验政府支出规模与经济增长的非线性关系。借鉴 Hansen（1999）面板门槛效应回归模型求解政府支出影响经济增长的门槛值，得到政府支出的适度规模和合理结构，并对区域间政府支出的适度规模和合理结构进行比较分析。

第 8 章研究结论与政策启示。本章主要对前面各研究内容进行归纳、总结，提炼出本书研究的主要结论，并针对研究结果提出相应政策建议。

本书研究框架与技术路线如图 1－2 所示。

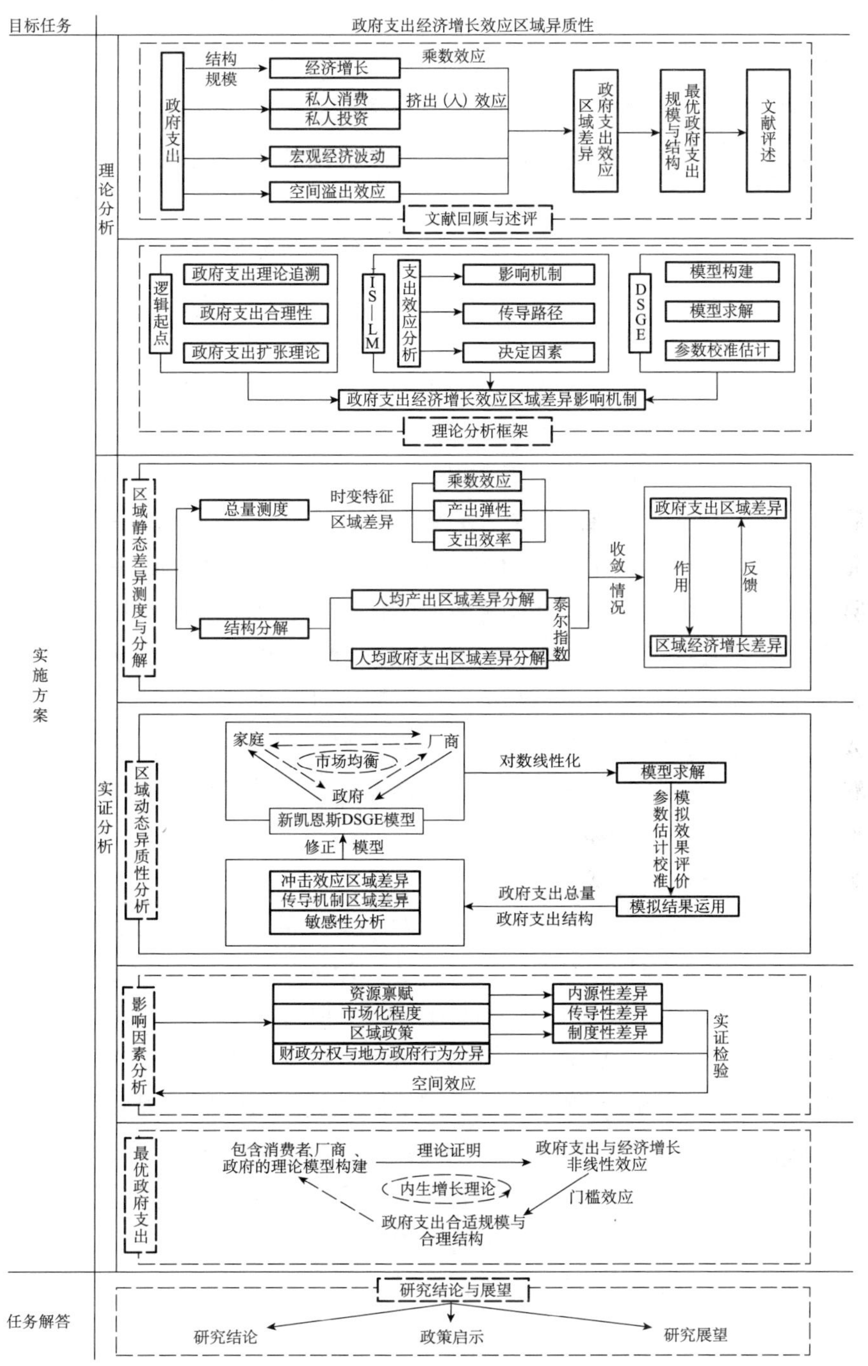

图 1－2 研究框架与技术路线

1.3.2 研究方法

本书以政府支出理论为出发点，在梳理国内外关于政府支出宏观经济效应相关文献的基础上，研究了政府支出经济增长效应区域异质性问题，为区域经济协调发展财政政策的制定提供了依据，对政府更好地利用财政政策实施区间调控与定向调控具有实际指导意义。本书将定性分析和定量分析相结合，理论研究和实证研究相统一。

（1）定性分析和理论研究

定性分析和理论研究，强调理论依据的可靠性和经验判断的合理性。本书采用文献研究法、历史分析、比较分析等方法，从政府支出的增长效应、挤出效应，政府支出与宏观经济波动，政府支出空间溢出效应，政府支出效应区域差异，最优政府支出规模与结构六个方面梳理并评述了政府支出宏观经济效应的相关理论与实践以及政府支出宏观经济效应的研究现状。以政府支出理论为出发点，探讨了政府支出的逻辑起点以及政府支出影响经济增长的作用机理。以凯恩斯国民收入决定理论和新凯恩斯动态随机一般均衡理论为基础，从静态和动态两个维度构建了用于测度政府支出经济增长效应区域异质性的理论分析模型。以区域经济学和制度经济学为切入点，深入分析了产生政府支出经济增长效应区域异质性的影响因素。以内生经济增长理论为落脚点，探讨了与经济增长相适应的区域最优政府支出规模和结构。

（2）定量分析和实证研究

定量分析和实证研究，强调实验数据的真实性和研究方法的适用性。在定性分析和理论研究的基础上，本书注重统计学、计量经济学等数量分析方法的有机结合。基于 IS—LM 的分析框架计算政府支出乘数，基于可变参数状态空间模型估计政府支出产出弹性，基于数据包络分析测算政府支出产出效率，从静态角度分析政府支出乘数、产出弹性和支出效率的时变特征和区域差异特征。运用泰尔指数对区域经济增长和区域政府支出的总体差异与结构差异进行测度和分解，在此基础上考察政府支出差异对经济增长差异的反馈。构建包含消费者、企业和政府部门的新凯恩斯主义动态随机一般均衡模型，运用数值模拟方法考察政府支出冲击宏观经济效应及其传导机制在不同区域之间的差异。构建面板数据回归模型对政府支出经济增长效应区域异质性的影响因素进行实证分析。最后，通过面板数据回归模型验证了政府支出规模与经济增长之间的非线性关系，并运用面板门槛效应回归模型求解政府支出影响经济增长的门限值，得到政府支出的适度规模和合理结构。

1.3.3　相关概念界定与数据说明

本书探讨政府支出经济增长效应区域异质性问题，涉及的核心概念包括政府支出、生产性政府支出和非生产性政府支出。

政府支出，又称为财政支出或公共支出。政府支出是政府为提供公共产品和服务，满足社会共同需要而进行的财政资金的支付①。我国政府预算包括一般公共预算、政府性基金预算、国有资本经营预算、社会保险基金预算四本预算，由于政府性基金预算、国有资本经营预算、社会保险基金预算相关财政支出数据的可得性问题，本书仅考虑一般公共预算。本书政府支出所用数据取自一般公共预算支出决算数。

根据国际货币基金组织关于政府支出数据的统计，通常将政府支出按如下方式进行划分：一种是依据政府支出的经济属性区分为资本性支出和经济性支出；另一种是根据政府支出的功能将政府支出划分为经济支出、社会支出、服务支出和其他支出等。我国现行政府支出分类采用支出功能分类和支出经济分类相结合的方式。根据《政府收支分类科目（2017）》，现行我国一般公共预算支出分类主要包括一般公共服务支出、外交国防支出等26大类。

现有文献资料中，基于研究的需要通常对政府支出进行区分。诸多学者在研究中将政府支出分为两类：一类是生产性政府支出；另一类是非生产性政府支出或消费性政府支出。生产性政府支出通过作用于劳动和资本的边际产出效率进而影响经济增长，非生产性政府支出主要用于提升居民社会福利水平（Arrow 和 Kurz，1970②；Barro，1990③；Turnovsky，2000④）。基础设施等投资性支出能通过改善生产设备和环境作用于产出促进经济增长，这类支出具有生产性

---

① http://www.mof.gov.cn/zhuantihuigu/zhongguocaizhengjibenqingkuang/caizhengzhichu/200905/t20090505_139521.html.

② Arrow K J, Kruz M. Public Investment, the Rate of Return, and Optimal Fiscal Policy [M]. Johns Hopkins University, Baltimore, MD, 1970.

③ Barro R J. Government Spending in a Simple Model of Endogeneous Growth [J]. Journal of Political Economy, 1990, 98 (5, Part 2): S103 - S125.

④ Turnovsky S J. Fiscal Policy, Elastic Labor Supply, and Endogenous Growth [J]. Journal of Monetary Economics, 2000, 45 (1): 185 - 210.

（Aschauer，1989[①]；高培勇，2008[②]；梅冬州等，2014[③]）。同时诸多学者认为科技和教育支出能影响生产技术和人力资本，改善边际生产效率，也具有生产性（郭庆旺等，2003[④]；赵志耘和吕冰洋，2005[⑤]；严成樑和龚六堂，2009[⑥]；王春元，2009[⑦]）。为此，本书将财政基本建设支出、教育支出、科技支出等有助于提高边际产出效率的政府支出划分为生产性政府支出，将有助于提升居民社会福利水平的支出划分为非生产性政府支出。

我国于2007年1月1日实施新的政府收支分类改革，改革前后政府支出科目存在差异。本书数据时间跨度为1997—2015年，为尽可能保持前后数据口径一致，本书生产性政府支出和非生产性政府支出数据按如下原则进行处理：根据本书生产性政府支出定义确定生产性政府支出范围，非生产性政府支出由政府支出减去生产性政府支出得到。生产性政府支出范围如表1-1所示。

表1-1　生产性政府支出项目

年度	生产性政府支出项目
1997—2006	基本建设支出、企业挖潜改造资金、地质勘探费、科技三项费用、支援农村生产支出、农林水利气象等支出、农业综合开发支出、工业交通等部门事业支出、商业部门事业支出、流通部门事业支出、教育支出、科学支出
2007—2015	教育支出、科学技术支出、环境保护支出（节能环保支出）、农林水事务支出、交通运输支出、资源勘探电力信息等事务支出

本书选取的省份包括全国30个省（市、区），由于西藏数据缺失较多，因此本书未包括西藏自治区。遵循传统的区域划分方法将全国30个省划分为东、中、

① Aschauer D. Is Government Spending Productive?［J］. Journal of Monetary Economics，1989，23（2）：177-200.

② 高培勇．公共财政：概念界说与演变脉络——兼论中国财政改革30年的基本轨迹［J］．经济研究，2008，43（12）：4-16.

③ 梅冬州，王子健，雷文妮．党代会召开、监察力度变化与中国经济波动［J］．经济研究，2014，49（03）：47-61.

④ 郭庆旺，吕冰洋，张德勇．财政支出结构与经济增长［J］．经济理论与经济管理，2003（11）：5-12.

⑤ 赵志耘，吕冰洋．政府生产性支出对产出—资本比的影响——基于中国经验的研究［J］．经济研究，2005，(11)：46-56.

⑥ 严成樑，龚六堂．财政支出、税收与长期经济增长［J］．经济研究，2009，44（06）：4-15+51.

⑦ 王春元．我国政府财政支出结构与经济增长关系实证分析［J］．财经研究，2009，35（06）：120-130.

西部三个区域[①]。本书原始数据均来自于《中国统计年鉴》《中国人口和就业统计年鉴》《中国财政年鉴》《中国税务年鉴》《中国固定资产投资统计年鉴》《新中国六十年统计资料汇编》以及各省（市、区）统计年鉴。

1.4 本书的创新与不足

1.4.1 创新之处

本书从区域异质性视角着眼，探讨政府支出经济增长效应。在理论分析的基础上，对政府支出经济增长效应的区域静态差异进行测度和分解，并通过计算机模拟分析政府支出经济增长效应的区域动态异质性。从四个方面对政府支出经济增长效应区域异质性的原因进行分析，并探讨了经济增长目标下最优政府支出规模和结构。

在现有研究的基础上，本书的主要创新有以下几方面：

第一，现有大量的文献基于全国层面和总量视角对政府支出经济增长效应展开研究，较少从区域层面和结构视角探讨政府支出经济增长效应在区域间的差异问题。本书立足于我国区域发展不均衡的现实，运用1997—2015年省级样本数据，区分生产性政府支出和非生产性政府支出，从区域异质性角度和财政支出结构视角来分析政府支出经济增长效应。

第二，在考虑区域差异特征的基础上构建新凯恩斯动态随机一般均衡模型，将全国、东部、中部和西部假设为不同的封闭经济体，通过测算和估计全国及各区域的关键参数值来衡量区域之间的差异，并利用区域宏观经济变量分别进行贝叶斯估计得到体现区域异质性的后验分布，进而通过所构建的经济系统行为模型来分析政府支出的变化对经济变量的动态影响，探讨政府支出经济增长效应在区域间可能存在的传导机制差异。

第三，从内源性、传导性、制度性等方面分析产生政府支出经济增长效应区域异质性的原因，并进行实证检验，在此基础上考察了政府支出对区域经济增长

① 东部地区包括11个省（市、区）：北京、天津、河北、辽宁、上海、江苏、浙江、福建、山东、广东、海南；中部地区包括8个省：山西、吉林、黑龙江、安徽、江西、河南、湖北、湖南；西部地区包括11个省（市、区）：内蒙古、广西、重庆、四川、贵州、云南、陕西、甘肃、青海、宁夏、新疆。

的空间效应，并求解了经济增长目标下的政府支出适度规模和合理结构。

1.4.2 本书的不足

本书从实证角度分析了政府支出经济增长效应的区域异质性，但在以下方面有待进一步完善：

第一，随着全球经济一体化进程的加快，开放经济对一国将产生深远影响，外部经济波动也将成为影响本国经济的主要因素之一。本书分析的是封闭经济模型下政府支出经济增长效应，未考虑开放经济条件下的效应。

第二，本书在构建动态随机一般均衡模型时将区域间假设成独立的封闭经济体，但实际上地方政府间存在广泛的策略性行为。

第三，财政政策和货币政策作为宏观调控的两大工具，相互之间联系紧密，本书主要考察政府支出的宏观经济效应，因而在构建动态随机一般均衡模型时对货币政策规则进行了简化。

第四，我国政府预算包括一般公共预算、政府性基金预算、国有资本经营预算、社会保险基金预算四本预算，由于政府性基金预算、国有资本经营预算、社会保险基金预算相关财政支出数据的可得性问题，本书政府支出所用数据取自一般公共预算支出决算数，没有涵盖全部政府支出。

第2章 文献回顾与述评

政府支出的经济增长效应是学术界研究的永恒主题，在理论研究和经验研究方面国内外学者对此均有诸多研究。本章从政府支出规模和结构两个维度对政府支出的经济增长效应，对私人消费和投资的挤出效应，政府支出与宏观经济波动之间的关系，政府支出的空间溢出效应，政府支出经济增长效应区域差异以及最优政府支出规模和结构几个方面系统梳理了国内外相关文献资料，在此基础上对现有研究成果进行了评述。

2.1 政府支出的增长效应

国内外关于政府支出经济增长效应的研究，经历了从最初关注政府支出总量到政府支出总量与支出结构并重的转变（Peacock 和 Wiseman，1967①；Musgrave，1969②；Bird，1971③；Rostow，1972④；寇铁军和周波，2007⑤；李真男，2009⑥；

① Peacock A T, Wiseman J. The Growth of Public Expenditure in the United Kingdom [M]. Allen & Unwin, 1967.

② Musgrave R A. Fiscal Systems [R]. Yale University Press, 1969.

③ Bird R M. Wagner's of Expanding State Activity [J]. Public Finance = Finances Publiques, 1971, 26 (1): 1 - 26.

④ Rostow W W. Politics and the Stages of Growth [J]. VRÜ Verfassung und Recht in Übersee, 1972, 6 (1): 117 - 120.

⑤ 寇铁军，周波．政府支出的经济增长效应：1993—2005年间我国省级层面的分解分析［J］．财贸经济，2007（12）：17 - 22 + 140.

⑥ 李真男．政府支出结构与税收分配比例的经济增长效应研究——财政分权体制下政府最大化社会福利机制推演［J］．财经研究，2009，35（09）：14 - 25.

杨慎可，2014[①]）。大量研究政府支出与经济增长关系的文献基于政府支出乘数展开，然而由于研究目的的不同，研究者在选取研究方法、研究对象和经验数据上存在着差异，但正是这些差异性的研究，极大地丰富了政府支出经济增长效应的文献资料。

2.1.1 政府支出规模与经济增长

经济增长理论经历了古典增长理论、新古典增长理论和内生增长理论三个主要的发展阶段。Arrow 和 Kurz （1970）[②] 对政府公共投资与经济增长的关系进行了开创性的理论研究，此后诸多学者在此基础上进行了拓展（Baxter 和 King，1993[③]；Carboni 和 Medda，2007[④]）。从国外现有政府支出规模与经济增长关系的文献资料来看，由于研究对象、研究方法的不同，并没有得到比较一致的研究结论。部分学者认为，政府支出对经济增长具有明显的凯恩斯效应（Weber，1999[⑤]；Morley 和 Perdikis，2000[⑥]），有的研究结果发现乘数大于 1 （Romer 和 Romer，2010[⑦]），有的研究结果财政乘数小于 1 （Cogan et al.，2010[⑧]）；同时一部分学者的研究表明政府支出具有非凯恩斯效应（Karras，1993[⑨]），即财政支出

---

① 杨慎可．成本渠道与财政支出乘数——基于新凯恩斯模型分析［J］．财经问题研究，2014（05）：15－21.

② Arrow K J，Kruz M. Public Investment，the Rate of Return，and Optimal Fiscal Policy［M］．Johns Hopkins University，Baltimore，MD，1970.

③ Baxter M，King R G. Fiscal Policy in General Equilibrium［J］．The American Economic Review，1993：315－334.

④ Carboni O A，Medda G. Government Size and the Composition of Public Spending in a Neoclassical Growth Model［M］．Working Papers CRENoS，No. 01. 2007.

⑤ Weber C E. Fiscal Policy in General Equilibrium：Empirical Estimates from an Error Correction Model［J］．Applied Economics，1999，31（7）：907－913.

⑥ Morley B，Perdikis N. Trade Liberalisation，Government Expenditure and Economic Growth in Egypt［J］．The Journal of Development Studies，2000，36（4）：38－54.

⑦ Romer C D.，Romer D H. The Macroeconomic Effects of Tax Changes：Estimates based on a new measure of fiscal shocks［J］．The American Economic Review，2010，100（3）：763－801.

⑧ Cogan J F，Cwik T，Taylor J B，et al. New Keynesian Versus old Keynesian Government Spending Multipliers［J］．Journal of Economic Dynamics and Control，2010，34（3）：281－295.

⑨ Karras G. Employment and Output Effects of Government Spending：Is government size important?［J］．Economic Inquiry，1993，31（3）：354－369.

乘数为负数（Leeper et al.，2009[①]；Barro 和 Redlick，2011[②]）。此外，还有一部分学者的研究认为，财政支出与经济增长之间没有影响或影响关系不确定（Conte 和 Darrat，1988[③]；Bairam，1990[④]；Ghali，1997[⑤]）。

部分学者分析了财政政策冲击对经济产出的影响，认为政府支出对经济增长的乘数效应大于 0。Mountford 和 Uhlig（2009）[⑥] 运用带符号约束的向量自回归方法分析了税收冲击和财政支出冲击的政策效应，使用美国季度数据测算的短期财政支出乘数为 0.44，税收乘数为 0.19，但从长期来看税收冲击对产出的影响程度大于财政支出冲击。这可能与税收和支出作为财政政策的重要调控手段对经济增长产生的效应不同有关（Romer 和 Romer，2010[⑦]）。不同学者研究得出的政府支出乘数大小可能有差异，一方面与模型设定形式有关，Linnemann（2006）[⑧] 的研究发现效用函数中劳动与消费的可分性特征会对财政乘数产生影响。另一方面，财政乘数还可能与人们对财政政策的预期（Ramey，2011[⑨]；Leeper et al.，2009[⑩]）、消费者是否受信贷约束（Galí et al.，2007[⑪]）、经济是否处在流动性陷

---

① Leeper E M, Walker T B, Yang S C S. Government Investment and Fiscal Stimulus in the Short and Long Runs [R]. National Bureau of Economic Research, 2009.

② Barro R J, Redlick C J. Macroeconomic Effects from Government Purchases and Taxes [J]. The Quarterly Journal of Economics, 2011, 126 (1): 51 - 102.

③ Conte M A, Darrat A F. Economic Growth and the Expanding Public Sector: A reexamination [J]. The Review of Economics and Statistics, 1988: 322 - 330.

④ Bairam E. Government size and Economic Growth: The African experience, 1960 - 85 [J]. Applied Economics, 1990, 22 (10): 1427 - 1435.

⑤ Ghali K H. Government Spending and Economic Growth in Saudi Arabia [J]. Journal of Economic Development, 1997, 22 (2): 165 - 172.

⑥ Mountford A, Uhlig H. What are the Effects of Fiscal Policy Shocks? [J]. Journal of Applied Econometrics, 2009, 24 (6): 960 - 992.

⑦ Romer C D., Romer D H. The Macroeconomic Effects of Tax Changes: Estimates based on a new measure of fiscal shocks [J]. The American Economic Review, 2010, 100 (3): 763 - 801.

⑧ Linnemann L. The Effect of Government Spending on Private Consumption: A puzzle? [J]. Journal of Money, Credit, and Banking, 2006, 38 (7): 1715 - 1735.

⑨ Ramey V A. Can Government Purchases Stimulate the Economy? [J]. Journal of Economic Literature, 2011, 49 (3): 673 - 685.

⑩ Leeper E M, Walker T B, Yang S C S. Government Investment and Fiscal Stimulus in the Short and Long Runs [R]. National Bureau of Economic Research, 2009.

⑪ Galí J, López - Salido J D, Vallés J. Understanding the Effects of Government Spending on Consumption [J]. Journal of the European Economic Association, 2007, 5 (1): 227 - 270.

阱中（Christiano et al.，2011①）等有关。此外，Khalid（1996）②和Owoye et al.（1995）③的研究则认为，财政支出乘数与经济发展水平有关，发达国家和发展中国家的财政乘数有显著差异，通常发展中国家财政乘数较大。

部分学者的研究发现政府支出并没有促进经济增长，而是表现出非凯恩斯效应的特征。Landau（1983）④使用104个国家经济增长率的面板回归分析发现，政府支出对经济增长有抑制作用，Robert和Alexander（1990）⑤运用13个OECD国家的数据得到了相同结论，Easterly和Rebelo（1993）⑥基于部分发达国家的经验研究也支持该观点。Roy（2009）⑦基于美国时间序列数据的实证分析结果发现，政府支出规模对经济增长有抑制作用。

部分学者的研究则认为，政府支出与经济增长之间既表现出凯恩斯效应也有非凯恩斯效应，两者是一种非线性的关系。Grossman（1988）⑧使用美国经济数据检验了政府支出与经济增长之间的非线性关系，发现政府支出过程中的寻租和资源错配会削弱政府支出的经济增长效应。Barro（1990）⑨将生产政府支出引入内生经济增长模型中，从理论层面论证了政府支出与经济增长之间存在非线性关系。

国内学者对政府支出与经济增长之间的关系也做了大量研究。我国经济增长

① Christiano L, Eichenbaum M, Rebelo S. When is the Government Spending Multiplier Large? [J]. Journal of Political Economy, 2011, 119 (1): 78-121.

② Khalid A M. Ricardian Equivalence: Empirical evidence from developing economies [J]. Journal of Development Economics, 1996, 51 (2): 413-432.

③ Owoye O, Nyatepe-Coo A A, Onafowora O A. Another Look at the Evidence on the Efficacy of Monetary and Fiscal Policies in Developing Countries: An Application of the St. Louis Equation [J]. Indian Economic Journal, 1995, 43 (1): 127.

④ Landau D. Government Expenditure and Economic Growth: A cross-country study [J]. Southern Economic Journal, 1983: 783-792.

⑤ Robert W, Alexander J. Growth: Some combined cross-sectional and time series evidence from OECD countries [J]. Applied Economics, 1990, 22 (9): 1197-1204.

⑥ Easterly W, Rebelo S. Fiscal Policy and Economic Growth [J]. Journal of Monetary Economics, 1993, 32 (3): 417-458.

⑦ Roy A G. Evidence on Economic Growth and Government size [J]. Applied Economics, 2009, 41 (5): 607-614.

⑧ Grossman P J. Government and Economic Growth: A non-linear relationship [J]. Public Choice, 1988, 56 (2): 193-200.

⑨ Barro R J. Government Spending in a Simple Model of Endogeneous Growth [J]. Journal of Political Economy, 1990, 98 (5, Part 2): S103-S125.

一定程度上仍然依赖于政府支出（慈向阳等，2016[①]），通常来讲财政支出通过生产技术、外溢效应、生产性公共支出、人力资本投资和研究与开发等渠道影响经济增长。庞瑞芝（2002）[②] 构建理论模型分析了财政支出影响经济增长的作用机制，政府支出可以通过影响有效劳动生产率和资本生产率进而作用于经济增长。陈颖颖（2010）[③] 基于省级面板数据，使用可行广义最小二乘法分别估计了财政总支出与财政消费性支出的当期和长期产出弹性，结果表明无论当期还是长期产出弹性都大于零，财政支出对经济增长有正向影响。杜宏宇和岳军（2012）[④] 基于省级面板数据，以边际贡献率为核心考察一般公共服务、科教文卫、社会保障和发展建设四类财政支出对经济增长的影响，实证分析结果表明，财政支出均对经济增长有显著促进作用，但边际贡献率呈递减趋势。刘洪和金林（2012）[⑤] 借鉴 Ram（1986）私人和政府两部门生产函数的理论框架，基于半参数模型探讨了财政支出与经济增长的关系。财政支出对经济增长的效应包括支出外部效应和政府与私人部门间的要素生产率差异，总的来看财政支出对经济增长有正向促进作用。陈高和王朝才（2014）[⑥] 在此基础上采用线性混合模型研究了地方财政支出与经济增长的关系，面板数据回归模型实证结果显示，政府部门要素生产率高于非政府部门，地方财政支出对经济增长有正的外部作用，但不同区域间政府支出的经济增长效应存在差异。张德勇（2013）[⑦] 基于 IS—LM 模型分析了财政支出对扩大内需的作用机制，同时使用向量自回归模型研究发现，财政支出能有效扩大内需进而促进经济增长。

部分学者的研究发现，我国政府支出与经济增长之间呈现出非线性特征。陈

① 慈向阳，杨咸月，黄志敏．政府支出与 GDP 增长关系研究［J］．理论与改革，2016（01）：145－151.

② 庞瑞芝．财政支出影响经济增长的作用机制分析［J］．南开经济研究，2002（03）：14－16.

③ 陈颖颖．地方政府财政支出与政府消费的产出弹性分析［J］．统计与决策，2010（06）：105－107.

④ 杜宏宇，岳军．金融发展、政府支出结构与地区经济增长［J］．财经问题研究，2012（04）：50－54.

⑤ 刘洪，金林．基于半参数模型的财政支出与经济增长关系研究［J］．财政研究，2012（10）：65－68.

⑥ 陈高，王朝才．中国地方财政支出与经济增长关系研究——基于 1990—2012 年省际数据的线性混合模型分析［J］．财政研究，2014（08）：42－45.

⑦ 张德勇．财政支出政策对扩大内需的效应——基于 VAR 模型的分析框架［J］．财贸经济，2013（08）：38－46.

建宝和戴平生（2008）[①] 基于向量自回归和空间自回归模型研究了财政支出的乘数效应，发现财政支出与经济增长之间存在倒“U”型关系。文雁兵（2016）[②] 通过经验研究发现财政分权、转移支付和经济增长是我国财政支出规模扩张的主要原因，并且存在非线性效应。丁忠民等（2016）[③] 运用省级面板门限回归模型，实证分析了财政支出对经济增长的影响，结果表明生产性财政支出与经济增长之间存在顺周期特征，并且财政支出与经济增长并非线性关系，与经济发展水平有关。李强和李书舒（2017）[④] 建立动态面板数据模型，研究了财政支出、金融发展与经济增长的非线性效应。实证分析结果显示，财政支出对经济增长的促进作用存在一个最适规模，也即财政支出与经济增长之间存在倒“U”型关系，并且财政支出对经济增长的作用还受到金融发展水平的影响。林桐和王文甫（2017）[⑤] 运用时变参数面板结构 VAR 模型和状态空间估计方法研究了我国政府支出乘数及其影响因素，结果表明不同时间段财政支出对经济增长的影响效应不同，既有凯恩斯效应又有非凯恩斯效应，而贸易开放度和政府债务率等均会对政府支出乘数大小产生影响。

此外，也有部分国内学者认为，财政支出对经济增长之间的影响为负或者影响效果不明显。庄子银和邹薇（2003）[⑥] 认为，政府支出的经济增长总效应可能为负，其原因是财政支出存在较大的调整成本。高军和刘博敏（2013）[⑦] 基于内生经济增长理论，利用异质面板平均组间估计方法实证分析了地方财政支出对经济增长的影响，结果显示财政支出对经济增长的短期迟滞效应显著，但长期促进

① 陈建宝，戴平生．我国财政支出对经济增长的乘数效应分析［J］．厦门大学学报（哲学社会科学版），2008（05）：26－32.

② 文雁兵．改革中扩张的政府支出规模——假说检验与政策矫正［J］．经济社会体制比较，2016（02）：26－38.

③ 丁忠民，玉国华，王定祥．财政支出的非协同增长关系与经济效应——基于面板门槛模型的实证研究［J］．广西社会科学，2016，（12）：74－81.

④ 李强，李书舒．财政支出和金融发展对经济增长的影响：非线性效应与关联机制［J］．财贸研究，2017，28（02）：21－29.

⑤ 林桐，王文甫．我国政府支出乘数是下降的吗？［J］．经济问题探索，2017（10）：19－27.

⑥ 庄子银，邹薇．公共支出能否促进经济增长：中国的经验分析［J］．管理世界，2003，（07）：4－12＋154.

⑦ 高军，刘博敏．财政支出可以长期促进经济增长吗——基于省级面板数据的协整分析［J］．宏观经济研究，2013（06）：48－53.

效果不明显。杨瑞平和敖小波（2014）[①] 使用时间序列数据研究发现，我国财政支出与经济增长之间不存在长期均衡关系。

2.1.2　政府支出结构与经济增长

国外诸多学者把研究视角从政府支出总量转向了政府支出结构，研究了政府支出结构与经济增长的关系（Aschauer，1989[②]；Morrison 和 Schwartz，1992[③]；Holtz-Eakin，1992[④]；Miller 和 Russek，1997[⑤]；Kneller et al.，1999[⑥]）。一部分学者的研究认为，各类政府支出对经济增长具有正向促进作用。Easterly 和 Rebelo（1993）[⑦] 基于 1970—1988 年 28 个国家的跨国面板数据，探讨了财政政策与经济增长之间的关系。实证研究发现交通、通讯方面的政府投资有利于经济增长。进一步的研究发现，这一结论与国家所处的经济发展水平有关（Hulten 和 Schwab，1993[⑧]；Ghali，1998[⑨]；Ghosh 和 Roy，2004[⑩]）。Grier 和 Tullock（1989）[⑪] 的研

① 杨瑞平，敖小波．财政支出与经济增长的关系研究——基于协整理论的实证分析［J］．经济问题，2014（10）：21－24.

② Aschauer D. Is Government Spending Productive?［J］. Journal of Monetary Economics，1989，23（2）：177－200.

③ Morrison C J，Schwartz A E. State Infrastructure and Productive Performance［R］. National Bureau of Economic Research，1992.

④ Holtz-Eakin D. Public-sector Capital and the Productivity Puzzle［R］. National Bureau of Economic Research，1992.

⑤ Miller S M，Russek F S. Fiscal Structures and Economic Growth：International evidence［J］. Economic Inquiry，1997，35（3）：603－613.

⑥ Kneller R，Bleaney M F，Gemmell N. Fiscal Policy and Growth：Evidence from OECD countries［J］. Journal of Public Economics，1999，74（2）：171－190.

⑦ Easterly W，Rebelo S. Fiscal Policy and Economic Growth［J］. Journal of Monetary Economics，1993，32（3）：417－458.

⑧ Hulten C R，Schwab R M. Infrastructure Spending：Where do we go from here?［J］. National Tax Journal，1993，46（3）：261－273.

⑨ Ghali K H. Public Investment and Private Capital Formation in a Vector Error-correction Model of Growth［J］. Applied Economics，1998，30（6）：837－844.

⑩ Ghosh S，Roy U. Fiscal Policy，Long-run Growth，and Welfare in a Stock——Flow model of public goods［J］. Canadian Journal of Economics/Revue Canadienne d'économique，2004，37（3）：742－756.

⑪ Grier K B，Tullock G. An Empirical Analysis of Cross-national Economic Growth，1951－1980［J］. Journal of Monetary Economics，1989，24（2）：259－276.

究认为生产性财政支出有助于经济增长，Goldsmith（2008）[①] 的研究得出了相同的结论。Ramirez 和 Nazmi（2003）[②] 对发展中国家的研究发现，消费性政府支出对私人投资和经济增长不利，而公共教育支出和健康支出能带来可持续的经济增长动力。Bose 等（2007）[③] 利用发展中国家的面板数据实证研究发现，政府投资性支出占比越高对经济增长的促进作用越明显，同时公共教育支出有利于经济增长。但 Evans 和 Karras（1994）[④] 基于美国 48 个州的面板数据分析表明，除公共教育投资外没有证据表明其他公共投资具有生产性。部分学者的研究发现各类政府支出对经济增长的正向促进作用不明显（Landau，1986[⑤]；Evans，1997[⑥]）。而一部分学者则认为，政府支出与经济增长之间也存在非线性关系（Armey，1995[⑦]；Choi 和 Devereux，2006[⑧]；Wahab，2011[⑨]）。Blankenau 和 Simpson（2004）[⑩] 运用内生经济增长模型，通过实证分析发现政府教育支出与经济增长之间存在非线性关系，其作用拐点与政府支出规模、税制结构和生产技术有关。

国内学者对政府支出结构与经济增长影响关系的研究，一类是基于理论分析探讨了政府支出结构对经济增长的影响机制；另一类是基于实证分析考察了政府支出结构对经济增长的影响效果。这两类分析既包括按照政府支出功能类别的划

① Goldsmith A H. Rethinking the Relation between Government Spending and Economic Growth：A composition approach to fiscal policy instruction for principles students［J］. The Journal of Economic Education，2008，39（2）：153－173.

② Ramirez M D，Nazmi N. Public Investment and Economic Growth in Latin America：An empirical test［J］. Review of Development Economics，2003，7（1）：115－126.

③ Bose N，Haque M E，Osborn D R. Public Expenditure and Economic Growth：A disaggregated analysis for developing countries［J］. The Manchester School，2007，75（5）：533－556.

④ Evans P，Karras G. Are Government Activities Productive? Evidence from a panel of US states［J］. The Review of Economics and Statistics，1994：1－11.

⑤ Landau D. Government and Economic Growth in the less Developed Countries：An empirical study for 1960—1980［J］. Economic Development and Cultural Change，1986，35（1）：35－75.

⑥ Evans P. Government Consumption and Growth［J］. Economic Inquiry，1997，35（2）：209－217.

⑦ Armey R K. The Freedom Revolution：The New Republican House Majority Leader Tells Why Big Government Failed，Why Freedom Works，and How We Will Rebuild America［M］. Regnery Publishing，1995.

⑧ Choi W G，Devereux M B. Asymmetric Effects of Government Spending：Does the level of real interest rates matter?［J］. IMF Staff Papers，2006：147－181.

⑨ Wahab M. Asymmetric Output Growth Effects of Government Spending：Cross-sectional and panel data evidence［J］. International Review of Economics & Finance，2011，20（4）：574－590.

⑩ Blankenau W F，Simpson N B. Public Education Expenditures and Growth［J］. Journal of Development Economics，2004，73（2）：583－605.

分来研究不同功能的政府支出对经济增长的影响，也包括直接考察不同政府支出类型对经济增长的影响。

按照政府支出功能类别划分。郭庆旺等（2003）① 从社会总产品供求平衡方程出发，理论分析了财政支出规模和结构对经济增长的影响，生产性财政支出中的物质资本和人力资本对经济增长的影响效应与各自的边际收益或潜在社会平均产出有关。使用全国层面时间序列数据的实证分析结果表明，财政总支出与经济增长负相关，但生产性财政支出有利于经济增长。就作用效果来看，科学研究支出的经济增长效应最大，其次是人力资本投资和物质资本投资。严成樑和龚六堂（2009）② 基于 AK 经济增长模型，通过内生化劳动力供给，考察了财政支出结构和税收结构对经济增长的影响。通过数值模拟分析发现，生产性财政支出对经济增长的影响效果更大，由于劳动供给内生决定，Barro（1990）认为的所得税率与经济增长率之间倒“U”型关系不一定存在。同时省级层面的面板数据模型实证结果表明，生产性财政支出对经济增长的影响在各区域之间存在明显差异，而生产性财政支出的规模和使用效率可能是影响经济增长的重要原因。武晓利和晁江锋（2014）③ 将消费性、服务性、投资性和转移支付在内的四类政府支出引入三部门动态随机一般均衡模型，使用贝叶斯估计方法研究了财政支出结构对经济增长和就业的动态影响。数值模拟显示，投资性和服务性政府支出的产出效应和就业效应较为明显，而消费性政府支出对就业和经济增长有一定的抑制作用。詹新宇和王素丽（2017）④ 基于创新、协调、绿色、开放、共享五大发展理念构建了衡量经济增长的质量指数，使用省级动态面板数据模型实证研究了财政支出结构对经济增长质量的影响，从全国层面来看生产性财政支出有助于提升经济增长质量，但消费性财政支出的经济增长质量效应为负，同时财政支出结构对经济增长质量的影响在区域间存在差异。张开和龚六堂（2017）⑤ 基于经济部门的视角构建了制造业和服务业两部门的 DSGE 模型研究了政府投资型和消费型支出的乘

① 郭庆旺，吕冰洋，张德勇．财政支出结构与经济增长［J］．经济理论与经济管理，2003（11）：5－12.

② 严成樑，龚六堂．财政支出、税收与长期经济增长［J］．经济研究，2009，44（06）：4－15＋51.

③ 武晓利，晁江锋．政府财政支出结构调整对经济增长和就业的动态效应研究［J］．中国经济问题，2014（05）：39－47.

④ 詹新宇，王素丽．财政支出结构的经济增长质量效应研究——基于“五大发展理念”的视角［J］．当代财经，2017（04）：25－37.

⑤ 张开，龚六堂．多部门模型中的政府支出乘数［J］．华中科技大学学报（社会科学版），2017，31（03）：98－107.

数效应，发现服务业部门乘数大于制造业部门乘数，投资型支出的乘数效应比消费型支出持续时间更长。供给侧结构性改革在一定程度上改善了经济环境，减弱了投资型支出的挤出效应。

按照政府支出类型划分。教育科技支出方面，林建浩（2011）[①] 通过引入空间加权项和时间滞后项分别刻画财政支出的跨区互动与跨期差异两种经济增长效应，基于省级动态面板数据研究了政府财政竞争的经济增长效应。结果表明，基本建设支出对经济增长的贡献显著，但分税制改革以来其经济增长绩效有所下降；科教文卫支出的当期经济增长效应不明显，但有利于长期经济增长绩效的提高。周清（2012）[②] 在内生经济增长理论框架下，分析了政府公共支出规模与结构的经济增长效应。使用省级面板数据的实证结果表明，教育和科技支出对经济增长有较大的促进作用，同时，财政支出与经济增长存在最适规模。医疗卫生支出方面，范柏乃和张电电（2014）[③] 运用固定效应模型，使用省级面板数据对医疗卫生公共支出经济增长效应的时空差异及其原因进行了分析，实证结果显示西部地区医疗卫生公共支出对经济增长的贡献最大。公共环境支出方面，陈思霞和薛钢（2014）[④] 基于联立方程组模型运用地市级数据实证检验了地方环境公共支出影响经济增长的作用机制，环境公共支出具有较强的外溢性，健康资本的形成可以影响人力资本积累进而促进经济增长。李凯杰（2016）[⑤] 通过构建一个两期 OLG 模型从理论上分析了环境公共支出对经济增长的影响机制，环境公共支出对经济增长是否有促进作用，取决于环境成本支出产生的要素回报减少与环境改善所产生的健康成本下降之间的相对大小。基于省级层面的面板数据实证结果显示，环境公共支出促进了经济增长，这与环境公共支出具有正外部性有关。社会保障支出方面，范琦和冯经纶（2017）[⑥] 使用 VECM 模型实证分析了全口径社会

---

① 林建浩．中国地方政府财政竞争的经济增长效应［J］．经济管理，2011，33（04）：10－15.

② 周清．地方政府公共支出规模、结构与经济增长——基于我国省级面板数据的实证研究［J］．暨南学报（哲学社会科学版），2012，34（07）：64－69.

③ 范柏乃，张电电．医疗卫生财政支出对经济增长贡献的时空差异——基于 1997—2012 年 30 个省级地区面板数据分析［J］．华东经济管理，2014，28（05）：56－59.

④ 陈思霞，薛钢．地方环境公共支出如何影响了经济增长？——技术效率与健康资本的视角［J］．中国软科学，2014（05）：173－181

⑤ 李凯杰．环境支出、健康与经济增长［J］．经济经纬，2016，33（05）：84－89.

⑥ 范琦，冯经纶．社会保障支出能促进中国经济增长吗？——来自 1989—2015 年全口径社会保障支出数据的实证分析［J］．华东经济管理，2017，31（03）：42－48.

保障支出对经济增长的影响，结果表明社保支出有明显的经济增长效应，并且这种效应具有一定的持续性，其原因可能是我国社会保障支出处于福利支出最优规模曲线（Armey 曲线）效率边界的左侧。

2.2 政府支出的挤出效应

2.2.1 政府支出与私人消费

国内外文献关于政府支出对私人消费的影响归纳起来主要有两类观点：一类观点认为，政府支出与私人消费之间具有替代关系，政府支出增加会使私人消费减少，即政府支出与私人消费之间存在挤出效应；另一类观点认为，政府支出与私人消费之间具有互补关系，政府支出的增加会相应带动私人消费的增加，即政府支出与私人消费之间存在挤入效应。

部分研究成果发现政府支出扩张挤出了私人消费（Barro，1981①；Kormendi，1983②；Aschauer，1985③；Amano 和 Wirjanto，1998④）。Bailey（1971）⑤ 认为政府提供公共产品和服务与私人消费之间是相互替代的关系，由此可推断当政府支出增加时私人消费将减少。Ahmed（1986）⑥ 基于跨期替代模型研究发现，英国政府支出对居民消费存在一定程度的挤出效应。Ho（2002）⑦ 基于经济合作组织的面板数据协整分析发现，政府支出对私人消费具有明显的挤出效应。而部分学者的研究则认为政府支出不但没有挤出私人消费，相反带动了私人消费的增

① Barro R J. Output Effects of Government Purchases [J]. Journal of Political Economy, 1981, 89 (6): 1086 - 1121.

② Kormendi R C. Government Debt, Government Spending, and Private Sector Behavior [J]. The American Economic Review, 1983, 73 (5): 994 - 1010.

③ Aschauer D A. Fiscal Policy and Aggregate Demand [J]. The American Economic Review, 1985, 75 (1): 117 - 127.

④ Amano R A, Wirjanto T S. Government Expenditures and the Permanent-income Model [J]. Review of Economic Dynamics, 1998, 1 (3): 719 - 730.

⑤ Bailey M J. National Income and the Price Level [J]. New York: McGraw-Hill, 1971.

⑥ Ahmed S. Temporary and Permanent Government Spending in an Open Economy: Some evidence for the United Kingdom [J]. Journal of Monetary Economics, 1986, 17 (2): 197 - 224.

⑦ Ho T. The Government Spending and Private Consumption: A panel cointegration analysis [J]. International Review of Economics & Finance, 2002, 10 (1): 95 - 108.

加，具有挤入效应（Karras，1994[①]；Devereux et al.，1996[②]）。Schclarek（2007）[③] 基于19个发展中国家和21个工业化国家的实证研究发现财政支出与私人消费之间存在互补关系，政府支出的扩张在一定程度上会挤入私人消费。部分学者通过建立向量自回归模型研究财政支出与居民消费的影响，研究发现政府支出对居民消费有促进作用（Mountford 和 Uhlig，2009；Coenen 和 Straub，2005[④]；Galí et al.，2007）。Blanchard 和 Perotti（2002）[⑤] 使用结构向量自回归模型研究了财政政策有效性问题，Tenhofen et al.（2010）[⑥] 在 Blanchard 和 Perotti（2002）模型的基础上分析了财政政策冲击对德国经济的影响，发现政府支出冲击对产出和居民消费有正的带动效应。Bouakez 和 Rebei（2007）[⑦] 基于 RBC 模型研究了美国公共消费与私人消费之间的关系，发现两者之间存在埃奇沃思互补性。

政府支出对私人消费的影响不仅与消费者的风险厌恶程度有关（Kandil，2001[⑧]），还与制度环境和经济发展水平相关（Kwan，2006[⑨]；Carmignani，2008[⑩]）。Tagkalakis（2008）[⑪] 认为，政府公共支出对私人消费的影响与经济周

---

① Karras G. Government Spending and Private Consumption: Some international evidence [J]. Journal of Money, Credit and Banking, 1994, 26 (1): 9-22.

② Devereux M B, Head A C, Lapham B J. Monopolistic Competition, Increasing Returns, and the Effects of Government Spending [J]. Journal of Money, Credit and Banking, 1996, 28 (2): 233-254.

③ Schclarek A. Fiscal Policy and Private Consumption in Industrial and Developing Countries [J]. Journal of Macroeconomics, 2007, 29 (4): 912-939.

④ Coenen G, Straub R. Does Government Spending Crowd in Private Consumption? Theory and empirical evidence for the euro area [J]. International Finance, 2005, 8 (3): 435-470.

⑤ Blanchard O, Perotti R. An Empirical Characterization of the Dynamic Effects of Changes in Government Spending and Taxes on Output [J]. The Quarterly Journal of Economics, 2002, 117 (4): 1329-1368.

⑥ Tenhofen J, Wolff G B, Heppke-Falk K H. The Macroeconomic Effects of Exogenous Fiscal Policy Shocks in Germany: A disaggregated SVAR analysis [J]. Jahrbücher für Nationalökonomie und Statistik, 2010, 230 (3): 328-355.

⑦ Bouakez H, Rebei N. Why does Private Consumption Rise after a Government Spending Shock? [J]. Canadian Journal of Economics/Revue Canadienne Déconomique, 2007, 40 (3): 954-979.

⑧ Kandil M. Asymmetry in the Effects of US Government Spending Shocks: Evidence and implications [J]. The Quarterly Review of Economics and Finance, 2001, 41 (2): 137-165.

⑨ Kwan Y K. The Direct Substitution between Government and Private Consumption in East Asia [R]. National Bureau of Economic Research, 2006.

⑩ Carmignani F. The Impact of Fiscal Policy on Private Consumption and Social Outcomes in Europe and the CIS [J]. Journal of Macroeconomics, 2008, 30 (1): 575-598.

⑪ Tagkalakis A. The Effects of Fiscal Policy on Consumption in Recessions and Expansions [J]. Journal of Public Economics, 2008, 92 (5): 1486-1508.

期所处的阶段有关，在衰退期的挤入效应比繁荣期要明显。Marattin 和 Salotti (2009)[①] 区分了消费性支出、社会性支出和工资性支出，基于英国季度数据运用结构向量自回归模型的实证结果表明，消费性支出对居民消费有挤出效应，社会性支出能有效带动居民消费，而工资性支出的影响效果不明显。Davig 和 Leeper (2011)[②] 则探讨了政府支出对私人消费挤出效应的原因，一方面是政府支出增加所带来的负财富效应（Baxter 和 King，1993[③]），政府支出融资来源于税收，政府支出增加在未来需要更高的税收加以平滑，这等价于减少居民未来收入，进而会降低消费水平。另一方面财政支出扩张会引起总需求相应扩大，货币当局通常会采用提高利率的方式平抑物价水平，这会降低居民当期消费水平。

国内学者不仅考察了政府支出规模对私人消费的影响，同时也分析了政府支出结构与私人消费的关系，并从理论和实证两个方面阐述和验证了政府支出对私人消费的影响路径和影响因素。

政府支出规模与私人消费。部分研究成果认为，政府支出对私人消费具有挤出效应。杨智峰（2008）[④] 基于消费跨期优化理论从理论层面分析了财政支出规模和结构对居民消费的影响，实证结果表明财政支出对居民消费的挤出效应与区域和所处阶段有关。楚尔鸣和许先普（2013）[⑤] 构建了包含消费形成习惯的动态随机一般均衡模型分析了支出扩张对消费和产出的影响机制，数值模拟发现扩张政府支出在增加社会总产出的同时也挤出了私人消费。部分研究认为政府支出挤入了私人消费。黄赜琳和傅冬绵（2012）[⑥] 基于时间序列数据的多变量脉冲响应函数分析结果表明，政府支出对居民消费和经济增长有正向影响，但呈现出滞后

① Marattin L, Salotti S. The Response of Private Consumption to Different Public Spending Categories: VAR evidence from UK [R]. Quaderni-Working Paper DSE, 2009.

② Davig T, Leeper E M. Monetary-fiscal Policy Interactions and Fiscal Stimulus [J]. European Economic Review, 2011, 55 (2): 211 - 227.

③ Baxter M, King R G. Fiscal Policy in General Equilibrium [J]. The American Economic Review, 1993: 315 - 334.

④ 杨智峰．地区差异、财政支出与居民消费［J］．经济经纬，2008（04）：64 - 67.

⑤ 楚尔鸣，许先普．消费习惯偏好、政府支出扩张与产出效应［J］．财贸经济，2013（08）：27 - 37 + 46.

⑥ 黄赜琳，傅冬绵．居民消费演变特征事实及其对经济增长的影响［J］．上海财经大学学报，2012，14（02）：90 - 97.

性特征。潘文富和赵玲（2017）[①] 构建了三变量的 SVAR 模型研究了相机抉择的财政政策对经济增长和私人消费的影响，通过脉冲响应和方差分解发现相机抉择的财政政策对私人消费的长期贡献率为 9.38%。

不同类型政府支出与私人消费。李春琦和唐哲一（2010）[②] 构建了消费者跨期迭代理论模型，从生命周期视角考察了财政支出结构对私人消费的动态影响。基于宏观经济变量的实证结果发现，经济建设支出、教科文支出对私人消费有带动作用，而行政管理费支出对私人消费存在挤出效应，从动态变化来看经济建设支出对私人消费的短期拉动作用明显，而长期不存在协整关系。李晓嘉和钟颖（2013）[③] 基于全国和区域两个层面，从总量和结构两个维度考察了地方政府支出对居民消费的政策效应，研究发现我国政府支出对居民消费整体上有挤入效应，从支出结构上来看，民生支出和经济性支出对居民消费有凯恩斯效应，而维持性支出挤出效应较为明显，同时政策效应在区域间存在显著差异。张荣霞等（2013）[④] 基于省级面板数据运用可行的广义最小二乘法分析发现社会保障和就业支出对居民消费有正向带动作用。贺俊等（2016）[⑤] 基于连续时间模型分析了政府支出结构与居民消费的动态关系，实证研究结果显示经济建设和社会性支出对居民消费有挤入效应，一般性支出挤出了居民消费，同时财政分权会对挤出和挤入效应产生影响。

政府支出对私人消费影响的原因分析。田青和高铁梅（2008）[⑥] 利用可变参数模型分析了政府支出对居民消费的动态影响，发现财政支出对居民消费的影响与财政政策取向有关，积极财政政策会挤入居民消费，而紧缩性财政政策则表现为挤出。从支出类型来看，经济建设支出对居民有挤入效应，行政管理支出表现

---

① 潘文富，赵玲．我国相机抉择财政政策对经济增长与私人消费的影响——基于 SVAR 模型分析［J］．华东经济管理，2017，31（05）：121－125.

② 李春琦，唐哲一．财政支出结构变动对私人消费影响的动态分析——生命周期视角下政府支出结构需要调整的经验证据［J］．财经研究，2010，36（06）：90－101.

③ 李晓嘉，钟颖．地方政府支出对居民消费需求的影响研究——来自中国区域面板数据的证据［J］．上海经济研究，2013，25（08）：24－31.

④ 张荣霞，何影，史晓丹．民生类政府财政支出对居民消费影响的研究［J］．软科学，2013，27（11）：11－16.

⑤ 贺俊，刘亮亮，张玉娟．政府支出结构、分权通道与居民消费［J］．统计与信息论坛，2016，31（04）：28－33.

⑥ 田青，高铁梅．政府支出对居民消费的动态影响研究——基于可变参数模型的实证分析［J］．社会科学辑刊，2008（06）：97－101.

为挤出特征。刘志忠等（2012）[①] 认为，城乡居民的边际消费倾向差异是影响民生支出居民消费效应的重要因素，实证分析结果发现，边际消费倾向较高的农村地区，民生财政支出对居民消费的挤入效应要大于城市地区。胡永刚和郭新强（2012）[②] 在内生经济增长模型中引入包含流量和存量的政府生产性支出，研究了政府生产性支出与居民消费的关系，一方面政府支出增加会提高居民税收负担降低收入水平挤出消费；另一方面生产性财政支出对居民收入增长具有带动作用，因此政府支出对居民消费的影响取决于这两种效用相对关系的大小。邢炜等（2016）[③] 将政府支出划分为生产性支出和消费性支出并引入生产函数，通过理论分析发现政府支出对居民消费存在规模效应和结构效应，政府支出产出弹性是引起区域间规模效应和结构效应差异的重要原因，实证结果表明政府支出对居民消费的影响存在最适规模，现阶段我国政府支出对居民消费有正向促进作用。

2.2.2　政府支出与私人投资

凯恩斯主义乘数理论认为，政府支出可通过乘数效应作用于私人投资，而货币学派则认为，政府支出增加会增加对货币的需求，根据货币供求关系利率会提高，但利率上升将会抑制私人投资。国内外对政府支出与私人投资影响的研究也呈现出分歧。

国外学者 Grier 和 Tullock（1989）[④] 使用 113 个国家和地区的面板数据实证分析了第二次世界大战后经济增长，发现政府支出规模与私人投资和经济增长之间的相关系数为负。Bairam 和 Ward（1993）[⑤] 基于 25 个经济合作与发展组织（Organsation for Economic Co-operation and Development），简称经合组织（OECD）国家的数据分析发现，有 19 个国家政府支出与私人投资之间存在显著的负相关关系。Fischer（1993）[⑥] 使用跨地区面板数据实证研究发现，政府预算盈余对私人

---

① 刘志忠，吴飞，周庭芳．民生性财政支出与城乡居民消费：理论分析与面板实证的再检验［J］．学术研究，2012（11）：80－83.

② 胡永刚，郭新强．内生增长、政府生产性支出与中国居民消费［J］．经济研究，2012，47（09）：57－71.

③ 邢炜，方福前，李洁．规模效应、结构效应与区域性差异——基于政府支出对居民消费影响的视角［J］．江汉论坛，2016（07）：48－55.

④ Grier K B，Tullock G. An Empirical Analysis of Cross-national Economic Growth，1951—1980［J］．Journal of Monetary Economics，1989，24（2）：259－276.

⑤ Bairam E，Ward B. The Externality Effect of Government Expenditure on Investment in OECD Countries［J］．Applied Economics，1993，25（6）：711－716.

⑥ Fischer S. The Role of Macroeconomic Factors in Growth［J］．Journal of Monetary Economics，1993，32（3）：485－512.

投资有促进作用。Coenen 等（2008）[①] 从长期收益和短期成本角度分析了欧洲基础设施建设，认为基础设施所带来的聚集效应和规模经济能有效刺激私人投资。Alesina 等（1998）[②] 则认为财政政策与私人投资之间存在非线性效应，其主要原因是在经济繁荣和衰退期，紧缩性财政政策和扩张性财政政策对利率和劳动力供给的影响程度不同，而 Levine 和 Renelt（1992）[③] 的研究发现政府消费支出与私人投资不存在显著影响。对于政府支出影响私人投资的原因分析，Aschauer（1989）[④] 认为，公共支出作为一种生产要素，当公共支出与私人资本之间是互补关系时，公共投入的增加会提高私人资本的边际生产效率，进而带动私人投资的增加。部分学者则从公共消费与私人消费的关系出发讨论了公共消费对私人投资的影响（Long 和 Summers，1992[⑤]；Erenburg，1993[⑥]），私人消费与公共消费之间存替代关系，当政府公共消费支出增多时可以替代部分私人消费，在收入不变的情况下私人储蓄水平将提升，由投资储蓄恒等式可知私人投资将增加（Erenburg 和 Wohar，1995[⑦]；Argimon et al.，1997[⑧]）。

国内学者的研究发现财政支出与私人投资的关系，有的认为存在挤出效应；有的则认为存在挤入效应（董秀良等，2006[⑨]；吴洪鹏和刘璐，2007[⑩]；尹贻林

① Coenen G，Mohr M，Straub R. Fiscal Consolidation in the EURO area：Long-run benefits and short-run costs［J］. Economic Modelling，2008，25（5）：912－932.

② Alesina A，Perotti R，Tavares J，et al. The Political Economy of Fiscal Adjustments［J］. Brookings Papers on Economic Activity，1998，29（1）：197－266.

③ Levine R，Renelt D. A Sensitivity Analysis of Cross-Country Growth Regressions［J］. The American Economic Review，1992：942－963.

④ Aschauer D A. Does Public Capital Crowd out Private Capital?［J］. Journal of Monetary Economics，1989，24（2）：171－188.

⑤ De Long J B，Summers L H. Macroeconomic Policy and Long-run Growth［J］. Economic Review－Federal Reserve Bank of Kansas City，1992，77（4）：5.

⑥ Erenburg S J. The Real Effects of Public Investment on Private Investment［J］. Applied Economics，1993，25（6）：831－837.

⑦ Erenburg S J，Wohar M E. Public and Private Investment：Are there causal linkages?［J］. Journal of Macroeconomics，1995，17（1）：1－30.

⑧ Argimon I，Gonzalez-Paramo J M，Roldan J M. Evidence of Public Spending Crowding-out from a Panel of OECD Countries［J］. Applied Economics，1997，29（8）：1001－1010.

⑨ 董秀良，薛丰慧，吴仁水．我国财政支出对私人投资影响的实证分析［J］．当代经济研究，2006，（05）：65－68.

⑩ 吴洪鹏，刘璐．挤出还是挤入：公共投资对民间投资的影响［J］．世界经济，2007，（02）：13－22.

和卢晶，2008[①]；许莉和郭定文，2009[②]；张延，2010[③]；高学武和张丹，2014[④]），而更多的则表现出非线性特征。帅雯君等（2013）[⑤] 基于季度数据运用变参数的 MS—VECM 模型研究了财政支出与私人投资的区制状态、转移概率和区制相关性，实证结果表明政府支出对私人投资的影响存在交替的区制转移特征，在经济繁荣期挤出效应明显。王立勇（2014）[⑥] 使用区制转移模型和离散选择模型研究发现我国财政支出对私人投资存在明显的非线性效应，在区制 1 中基础设施、教育、R&D 支出对私人投资有明显的挤入效应，但在区制 2 中效应不显著；社会保障支出无论在区制 1 还是区制 2 中都对私人投资有挤出效应。陈浪南和柳阳（2014）[⑦] 使用 MS—VAR 模型分析了我国财政政策对私人投资的影响，实证分析结果显示财政政策的私人投资效应呈现出非线性特征，脉冲响应结果表明财政政策对私人投资影响的方向和持续性与经济所处的阶段有关，投资需求不足时具有正向影响且持续时间长，投资需求过剩时则相反。范庆泉等（2015）[⑧] 在内生经济增长框架内区分了生产性和消费性财政支出，通过引入消费品拥挤因子和生产品拥挤因子，从理论上论证了最优生产性财政支出规模，数值模拟发现生产性财政支出与经济增长之间是非线性的倒“U”型关系。分阶段的实证分析结果表明，生产性财政支出并不总是促进经济增长，同时东部地区财政支出对私人投资的挤出效应大于中西部地区。金春雨和王伟强（2017）[⑨] 运用平滑迁移向

---

① 尹贻林，卢晶．我国公共投资对私人投资影响的经验分析［J］．财经问题研究，2008，（03）：76－81.

② 许莉，郭定文．我国政府支出对私人投资影响的实证分析［J］．经济问题探索，2009，（04）：20－26.

③ 张延．中国财政政策的“挤出效应”——基于 1952—2008 年中国年度数据的实证分析［J］．金融研究，2010，（01）：58－66.

④ 高学武，张丹．地方政府支出与私人投资：挤入还是挤出［J］．财贸经济，2014，（01）：115－124.

⑤ 帅雯君，董秀良，胡淳．我国财政支出挤入挤出效应的动态时间路径分析——基于 MS—VECM 的实证检验［J］．财经研究，2013，39（09）：19－34.

⑥ 王立勇，毕然．财政政策对私人投资的非线性效应及其解释［J］．统计研究，2014，31（11）：58－65.

⑦ 陈浪南，柳阳．我国财政政策的私人投资需求非线性效应研究［J］．经济管理，2014，36（02）：1－9.

⑧ 范庆泉，周县华，潘文卿．从生产性财政支出效率看规模优化：基于经济增长的视角［J］．南开经济研究，2015（05）：24－39.

⑨ 金春雨，王伟强．我国财政政策效应与经济周期波动的关联性分析［J］．西安交通大学学报（社会科学版），2017，37（03）：28－35.

量自回归模型研究了财政政策效应与经济周期波动的关联性，结果显示政府支出对私人投资的影响存在非线性关系，其与所处的经济周期阶段有关，在经济繁荣期政府支出对私人投资具有挤出效应，而经济衰退时则表现为挤入效应。

此外，陈浪南和杨子晖（2007）① 分析了我国政府支出、政府融资与私人投资的关系，实证研究结果发现，政府公共投资提高了私人资本的边际产出效率，对私人投资有挤入效应，社会文教支出则挤出了私人投资。余靖雯等（2013）② 运用动态面板数据模型探讨了生产性财政支出与民间投资的关系，研究发现在控制投资动态累积效应和国企改制等因素后，生产性财政支出对民间投资的当期引致效应不明显，但动态积累效应显著。魏向杰（2015）③ 探讨了非税收融资和债务融资两种情况下政府支出对私人投资的影响，实证结果表明政府公共投资通过提高私人资本的边际效率对私人投资具有挤入效应。政府经常性支出中，经济建设支出对私人投资有挤出效应，而社会文教支出则挤入了私人投资。

2.3 政府支出与宏观经济波动

真实经济周期理论认为，技术冲击是引起经济波动的唯一原因。一些学者基于拉姆齐模型（Ramsey，1928）④ 和迭代模型（Lucas，1972）⑤，从政府支出、货币供给、技术创新等方面对经济周期波动的成因进行分析（Friedman 和 Schwartz，1975⑥；Kydland 和 Prescott，1982⑦；King 和 Plosser，1984⑧）。Baxter 和

① 陈浪南，杨子晖．中国政府支出和融资对私人投资挤出效应的经验研究［J］．世界经济，2007（01）：49－59.

② 余靖雯，郑少武，龚六堂．政府生产性支出、国企改制与民间投资——来自省际面板数据的实证分析［J］．金融研究，2013（11）：96－110.

③ 魏向杰．政府支出类型和融资方式对私人投资的影响［J］．经济经纬，2015，32（05）：144－149.

④ Ramsey F P. A Mathematical Theory of Saving［J］. The Economic Journal，1928，38（152）：543－559.

⑤ Lucas R E. Expectations and the Neutrality of Money［J］. Journal of Economic Theory，1972，4（2）：103－124.

⑥ Friedman M，Schwartz A J. Money and Business Cycles［M］. The State of Monetary Economics. NBER，1975：32－78.

⑦ Kydland F E，Prescott E C. Time to Build and Aggregate Fluctuations［J］. Econometrica：Journal of the Econometric Society，1982：1345－1370.

⑧ King R G，Plosser C I. Money，Credit，and Prices in a Real Business Cycle［J］. The American Economic Review，1984，74（3）：363－380.

King (1993)[①]、McGrattan (1994)[②]、McGrattan 和 Ohanian (2010)[③] 等的研究发现，技术冲击并不是引起经济波动的唯一原因，财政政策冲击也能解释经济中产出、消费等宏观经济变量的波动。

早期研究财政政策对经济波动的影响主要通过比较施加冲击的模拟经济与实际经济的拟合程度（Christiano 和 Eichenbaum，1992[④]；Finn，1998[⑤]），随着宏观经济学的进一步发展，关于财政政策对经济波动影响研究的文献也得到了丰富。Leeper 和 Yang (2008)[⑥] 在动态随机一般均衡中引入财政规则机制，分析了政府支出、有效税率等财政政策规则对经济波动的影响。Forni (2009)[⑦] 构建了一个非李嘉图式消费者的动态随机一般均衡模型分析了财政政策对欧元区的影响，结果表明政府支出的凯恩斯效应比较明显。Iwata (2011)[⑧] 基于新凯恩斯动态随机一般均衡模型分析了日本税收规则对财政支出乘数的影响，日本在 20 世纪 80 年代和 90 年代所采取的债务稳定税收政策对短期乘数的扩大起到了一定的作用。

Christiano 和 Eichenbaum (1992)[⑨]、King 和 Rebelo (1999)[⑩] 认为政府支出与居民消费之间存在替代关系，并在标准真实经济周期模型中考虑了政府支出冲

① Baxter M, King R G. Fiscal Policy in General Equilibrium [J]. The American Economic Review, 1993: 315 - 334.

② McGrattan E R. The Macroeconomic Effects of Distortionary Taxation [J]. Journal of Monetary Economics, 1994, 33 (3): 573 - 601.

③ McGrattan E R, Ohanian L E. Does Neoclassical Theory Account for the Effects of big Fiscal Shocks? Evidence from World War II [J]. International Economic Review, 2010, 51 (2): 509 - 532.

④ Christiano L J, Eichenbaum M. Current Real-business-cycle Theories and Aggregate Labor-market Fluctuations [J]. The American Economic Review, 1992: 430 - 450.

⑤ Finn M G. Cyclical Effects of Government's Employment and Goods Purchases [J]. International Economic Review, 1998: 635 - 657.

⑥ Leeper E M, Yang S C S. Dynamic Scoring: Alternative financing schemes [J]. Journal of Public Economics, 2008, 92 (1): 159 - 182.

⑦ Forni L, Monteforte L, Sessa L. The General Equilibrium Effects of Fiscal Policy: Estimates for the euro area [J]. Journal of Public Economics, 2009, 93 (3): 559 - 585.

⑧ Iwata Y. The Government Spending Multiplier and Fiscal Financing: Insights from Japan [J]. International Finance, 2011, 14 (2): 231 - 264.

⑨ Christiano L J, Eichenbaum M. Current Real-business-cycle Theories and Aggregate Labor-market Fluctuations [J]. The American Economic Review, 1992: 430 - 450.

⑩ King R G, Rebelo S T. Resuscitating Real Business Cycles [J]. Handbook of Macroeconomics, 1999, 1: 927 - 1007.

击来解释美国经济波动。Gali（1994）① 基于实际经济周期模型研究了政府支出规模与经济波动的关系，实证结果发现税收会加剧经济波动而政府支出则发挥自动稳定器的作用。Fatás 和 Mihov（2001）② 在 Gali（1994）的基础上考虑了政府规模的内生性，使用 20 个 OECD 国家的跨国面板数据分析结果显示政府支出规模与宏观经济波动之间具有负相关关系。Debrun 等（2008）③ 使用 OECD 跨国面板数据得到了类似结论，政府支出规模有助于减少经济波动。Lee 和 Sung（2007）④、Debrun 和 Kapoor（2010）⑤ 用包括 OECD 国家和非 OECD 国家的跨国面板数据研究发现，政府支出能较好的稳定宏观经济波动，其自动稳定器效应明显。

Bouthevillain 和 Dufrénot（2011）⑥ 通过实证分析发现，财政政策乘数与经济周期所处阶段有关。对此，Mittnik 和 Semmler（2012）⑦、Auerbach 等（2012）⑧ 使用 TVAR 模型基于美国的经济数据得到了类似结论。Baum 和 Koester（2011）⑨ 使用门限向量自回归模型研究了德国财政政策对产出的动态影响，发现衰退期的财政政策支出乘数大于经济扩张期。Fazzari 等（2015）⑩ 对美国的实证研究表明，在产能利用率较低时财政支出乘数较大。一些学者基于 OECD 等发达国家的

① Gali J. Government size and Macroeconomic Stability [J]. European Economic Review, 1994, 38 (1): 117 - 132.

② Fatás A, Mihov I. Government size and Automatic Stabilizers: International and intranational evidence [J]. Journal of International Economics, 2001, 55 (1): 3 - 28.

③ Debrun X, Pisani-Ferry J, Sapir A. Government size and Output Volatility: Should we forsake automatic stabilization? [R]. IMF working papers, 2008, 08/122.

④ Lee Y, Sung T. Fiscal Policy, Business Cycles and Economic Stabilisation: Evidence from industrialised and developing countries [J]. Fiscal Studies, 2007, 28 (4): 437 - 462.

⑤ Debrun M X, Kapoor R. Fiscal Policy and Macroeconomic Stability: Automatic stabilizers work, always and everywhere [M]. International Monetary Fund, 2010.

⑥ Bouthevillain C, Dufrénot G. Are the Effects of Fiscal Changes Different in Times of Crisis and non Crisis? The French case [J]. Revue Déconomie Politique, 2011, 121 (3): 371 - 407.

⑦ Mittnik S, Semmler W. Regime Dependence of the Fiscal Multiplier [J]. Journal of Economic Behavior & Organization, 2012, 83 (3): 502 - 522.

⑧ Auerbach A J, Gorodnichenko Y. Measuring the Output Responses to Fiscal Policy [J]. American Economic Journal: Economic Policy, 2012, 4 (2): 1 - 27.

⑨ Baum A, Koester G B. The Impact of Fiscal Policy on Economic Activity over the Business Cycle-evidence from a Threshold VAR Analysis [J]. Discussion Paper Series 1: Economic Studies 2011.

⑩ Fazzari S M, Morley J, Panovska I. State-dependent Effects of Fiscal Policy [J]. Studies in Nonlinear Dynamics & Econometrics, 2015, 19 (3): 285 - 315.

研究发现，政府支出规模与宏观经济总产出波动为负相关关系，政府支出规模的扩大一定程度上有助于宏观经济稳定（Fatás 和 Mihov，2001[①]；Andrés et al.，2008[②]；Afonso 和 Furceri，2010[③]）。

国内学者考虑政治周期、经济结构、外部性、货币政策等因素，分析了政府支出对宏观经济波动的影响。苗文龙和陈卫东（2010）[④] 将财政政策和货币政策外生冲击引入动态随机一般均衡分析框架，构建了多区域经济周期模型对我国不同区域经济周期中财政政策和货币政策效应进行分析。实证分析结果显示，技术冲击、货币政策冲击、财政政策冲击能有效解释我国区域经济周期特征，解释力度达到 80% 以上。总的来看，货币政策冲击效应大于财政政策，同时，货币政策和财政政策冲击效应在区域之间存在差异，东部地区财政政策冲击和货币政策冲击对经济周期的解释力度要高于中西部地区。贾俊雪等（2012）[⑤] 在我国财政分权和官员治理背景下分析了地方政府支出行为的周期性特征和制度根源，多动态因素模型和空间计量模型实证研究结果表明，地方政府支出行为有利于全国经济稳定但加大了省际间经济波动，从全国层面来看呈现出逆周期性，而省际层面则体现出顺周期的特征。肖洁等（2015）[⑥] 基于我国 281 个城市和市委书记、市长的面板数据，对财政支出波动的原因进行了分析，研究发现市级财政支出政策存在明显的时间不一致性，官员更迭会通过影响财政支出增长率进而加剧经济波动，这一特征在经济欠发达地区更为明显。杨翱和李长洪（2016）[⑦] 在城乡二元经济结构下通过动态随机一般均衡模型分析了城乡异质性、政府支出结构对我国宏观经济波动的影响，数值模拟发现城乡生产性财政支出在短期有助于产出增

① Fatás A, Mihov I. Government size and Automatic Stabilizers: International and intranational evidence [J]. Journal of International Economics, 2001, 55 (1): 3 - 28.

② Andrés J, Doménech R, Fatás A. The Stabilizing Role of Government size [J]. Journal of Economic Dynamics and Control, 2008, 32 (2): 571 - 593.

③ Afonso A, Furceri D. Government size, Composition, Volatility and Economic Growth [J]. European Journal of Political Economy, 2010, 26 (4): 517 - 532.

④ 苗文龙，陈卫东．财政政策、货币政策与中国区域经济周期异步性 [J]. 中国经济问题，2010 (06): 11 - 24.

⑤ 贾俊雪，郭庆旺，赵旭杰．地方政府支出行为的周期性特征及其制度根源 [J]. 管理世界，2012 (02): 7 - 18.

⑥ 肖洁，龚六堂，张庆华．市委书记市长变更、财政支出波动与时间不一致性 [J]. 金融研究，2015 (06): 94 - 110.

⑦ 杨翱，李长洪．城乡异质性、财政支出结构与中国宏观经济波动 [J]. 财贸经济，2016 (07): 21 - 33 + 93.

加，而长期城乡消费性财政支出的作用效果更为显著。进一步分析发现，消费性支出冲击对城乡居民消费短期表现为挤出，长期为挤入；生产性支出冲击的短期效果则相反，而长期效应不明显。刘方和史倩倩（2017）[①] 把政府支出的外部性、对通胀的逆向调整及其货币融资渠道引入动态随机一般均衡模型来研究我国经济波动，数值模拟发现政府支出波动是我国繁荣—衰退周期的重要诱因，其外部性是这一特征的关键形成机制。桑百川和黄漓江（2016）[②] 基于省级面板数据考察了政府支出与经济波动的关系，研究发现政府支出的自动稳定器作用有利于减少经济波动，而政府支出的产出效应会加大经济波动，政府支出对经济波动的影响取决于这两种效用的相对大小。薛立国等（2016）[③] 在动态随机一般均衡模型中引入金融加速器机制，研究了财政政策对宏观经济波动的影响。通过数值模拟发现，如果不考虑金融摩擦因素，财政政策对经济波动的影响将出现偏差，会低估税收而高估财政支出对经济带来的波动。袁伟和沈悦（2017）[④] 运用向量自回归模型分析了货币政策、财政政策与经济增长之间的关系，脉冲响应结果显示财政政策和货币政策可分别解释经济周期的中期和短期经济波动，合理控制财政支出和保持资本投入的适当增长有助于平抑经济波动。

2.4 政府支出空间溢出效应

随着经济的不断开放和区域经济交流的加深，地区之间经济发展相互影响的程度越来越紧密。政府支出不仅能影响本地区经济，还能通过要素流动等方式对相邻地区经济产生影响。随着空间计量经济学些兴起，政府支出对经济增长影响的研究从原来的属地范围逐步扩展到了空间维度。

Case 等（1993）[⑤] 使用空间计量模型研究了美国各州财政支出溢出效应，实

---

① 刘方，史倩倩．政府支出、通货膨胀与中国繁荣——衰退周期［J］．经济经纬，2017，34（02）：128－134.

② 桑百川，黄漓江．政府支出与经济波动——基于省级面板数据的实证分析［J］．南方经济，2016（08）：60－74.

③ 薛立国，杜亚斌，张润驰，徐源浩．财政政策对宏观经济波动的影响研究——基于金融加速器模型的分析［J］．国际金融研究，2016（10）：15－27.

④ 袁伟，沈悦．货币政策与财政政策对经济增长的效应分析［J］．统计与决策，2017（02）：159－162.

⑤ Case A C, Rosen H S, Hines J R. Budget Spillovers and Fiscal Policy Interdependence: Evidence from the states［J］. Journal of Public Economics, 1993, 52（3）：285－307.

证分析结果显示，一州的政府支出一定程度上与相邻州政府支出有关。在固定州际效应、时间效应和相邻州共同的随机冲击后，相邻州的政府支出水平对一州人均政府支出有显著正向影响。在其他条件不变的情况下，相邻州财政支出每增加一美元会使本州财政支出增加 70 美分。Brueckne (1998)① 基于美国加利福尼亚州的城市增长控制措施调查数据研究了地方政府财政支出的策略性互动行为，结果表明财政支出具有正向溢出效应，各城市之间倾向于选择类似的预算约束政策。Revelli (2002)② 利用英国市政当局预算数据识别出地方财政策略互动的替代来源，研究发现政府公共支出存在高度空间自相关性，最大似然和工具变量估计结果表明，地方政府之间的相互依存关系受到相邻地区政府行为的影响。Baicker (2005)③ 为更好地识别出政府支出的州际溢出效应，对相邻州不同财政支出变量进行了分析。通过利用医疗支出的外生冲击和空间自相关性，研究了州政府财政支出受相邻州财政支出的影响程度。研究发现每增加 1 美元政府支出将导致相邻州政府支出增加约 90 美分，进一步的研究发现了人口迁移州际溢出效应的重要影响渠道。Solé-Ollé (2006)④ 提出了一个衡量地方支出政策溢出效应的框架，并识别和检验了两种不同类型的支出效应，一种是为本地提供公共产品和服务所带来的效益外溢；另一种是相邻地区公共服务供给所带来的拥挤外溢。通过假定代表居民在自己的社区和周围社区中享受当地公共物品的消费，可产生效益外溢效应。拥挤外溢考虑到一个地方的消费水平受居住在周围地区的人口的影响。基于西班牙 1999 年 2500 多个地方政府数据的估计结果显示，政府的策略性行为不仅与支出水平相关，还受到相邻地区支出政策和人口规模的影响。

从空间视角分析和研究财政问题是近年出现在公共经济研究领域的崭新课题。我国幅员辽阔、地区差异较大，这为空间财政的研究提供了很好的现实样本。国内学者基于我国区域差异现实作了大量空间财政方面的研究，探讨了政府

① Brueckner J K. Testing for Strategic Interaction Among Local Governments: The case of growth controls [J]. Journal of Urban Economics, 1998, 44 (3): 438 -467.

② Revelli F. Testing the Taxmimicking Versus Expenditure Spill-over Hypotheses Using English Data [J]. Applied Economics, 2002, 34 (14): 1723 -1731.

③ Baicker K. The Spillover Effects of State Spending [J]. Journal of Public Economics, 2005, 89 (2): 529 -544.

④ Solé-Ollé A. Expenditure Spillovers and Fiscal Interactions: Empirical evidence from local governments in Spain [J]. Journal of Urban Economics, 2006, 59 (1): 32 -53.

支出的空间效应。

在财政支出规模的空间效应方面，郭庆旺和贾俊雪（2009）[①] 运用空间计量模型探讨了地方政府间策略互动行为的作用机制以及对经济增长的影响，研究发现地方政府间的财政竞争是策略互动行为的主要原因，分税制财政改革在遏制财政竞争促进经济增长的同时也带来了地区间因经济性支出差异所产生的区域经济发展失衡问题。曾淑婉等（2015）[②] 从理论上分析了财政支出对经济增长差异的影响机制，运用动态空间面板数据模型研究了财政支出对区域经济差异变动的时空效应。结果显示，财政支出对区域经济发展有显著影响，一般公共预算支出与区域经济发展差异之间存在负相关关系，省际经济的动态差异和空间溢出效应是财政支出规模和结构影响区域经济时空效应差异的重要作用渠道。王华春和刘清杰（2016）[③] 基于政治晋升博弈理论考察了地区间财政支出竞争问题，空间杜宾模型的估计结果显示，经济性支出有较强的空间策略互补特征，财政支出竞争短期的经济增长效应大于长期，同时地区经济增长存在一定的路径依赖。张虎和赵炜涛（2017）[④] 运用空间计量模型，从空间相关性和空间异质性两个维度，探讨了财政支出、城市化水平与经济增长之间的空间特征。基于省级面板数据的实证结果显示，经济增长存在显著的空间相关性和正向空间溢出效应，财政支出能有效促进经济增长，但其对经济增长的边际贡献与城市化水平有关。陈创练等（2017）[⑤] 在 Solow 模型中引入地理距离和技术进步变量分析了经济增长的空间溢出效应，基于空间滞后模型、空间误差模型和空间杜宾模型的面板实证分析结果显示，区域经济增长的空间溢出效应明显，其中东中部地区的空间溢出效应大于西部地区。同时城市间的经济增长满足条件收敛，进一步的分析发现地理距离是区域经济增长条件收敛不可忽视的因素。

---

① 郭庆旺，贾俊雪．地方政府间策略互动行为、财政支出竞争与地区经济增长［J］．管理世界，2009（10）：17－27＋187.

② 曾淑婉，刘向东，张宇．财政支出对区域经济差异变动的时空效应研究——基于动态空间面板模型的实证分析［J］．财经理论与实践，2015，36（01）：89－94.

③ 王华春，刘清杰．地方政府财政支出竞争与经济增长效应：基于策略互动视角［J］．广东财经大学学报，2016，31（01）：89－97.

④ 张虎，赵炜涛．财政支出、城市化与经济增长的空间特征研究——基于空间相关性和空间异质性的实证分析［J］．经济问题探索，2017，（04）：66－75.

⑤ 陈创练，张帆，张年华．地理距离、技术进步与中国城市经济增长的空间溢出效应——基于拓展 Solow 模型第三方效应的实证检验［J］．南开经济研究，2017（01）：23－43.

在财政支出结构的空间效应方面，王宝顺和刘京焕（2011）[①] 在财政分权背景下基于内生经济增长模型考察了公共支出空间外溢性和增长锦标赛对区域经济增长的影响，空间面板实证结果显示，政府公共支出具有明显的空间外溢性特征，不同类型政府支出的外溢性对本地区经济增长的影响存在差异，其中生产性支出具有抑制作用，而福利性支出的促进作用明显。郭玉清等（2012）[②] 运用空间面板数据模型从空间外部性视角对地方政府支出策略互动模式进行了研究，实证结果表明，基本经济建设、文教科卫和预算外支出表现出较强的策略互补效应，进一步的研究发现效益外溢性、财政竞争机制和标尺效应是地方政府策略性行为的主要影响因素。林峰（2013）[③] 构建了购买性支出、转移性支出和私人三个部门的理论模型，在此基础上使用省级面板数据实证研究了财政支出结构对经济增长的影响及其外溢效应。结果表明，我国财政支出具有较强的外溢性，其中购买性支出的经济增长外溢效应为正，而转移性支出的外溢效应为负，同时财政支出结构的外溢效应受区域经济发展水平的影响。李盛基等（2016）[④] 通过空间计量模型研究发现，财政教育支出不仅具有直接减贫效应，而且在空间分布上有溢出效应。李慧玲和陈军（2017）[⑤] 基于空间 Durbin 模型测度了交通基础设施对经济增长的空间溢出效应，采用不同形式的空间权重矩阵估计结果表明，交通基础设施对区域经济增长的空间溢出效应显著为正。

2.5 政府支出效应区域差异

在考察政府支出经济增长效应时，通常将一个经济体看成一个整体进行研

① 王宝顺，刘京焕．地方政府公共支出空间外溢效应对区域经济增长的影响［J］．现代财经（天津财经大学学报），2011，31（10）：61－69.

② 郭玉清，姜磊，李永宁．空间外部性视角下的地方政府支出策略互动模式［J］．经济地理，2012，32（05）：30－36.

③ 林峰．财政支出结构对经济增长的外溢性研究——基于中国省际面板数据的实证检验［J］．经济与管理研究，2013（09）：11－18.

④ 李盛基，吕康银，金凤龄．财政教育支出减贫的空间溢出效应分析［J］．税务与经济，2016（06）：48－52.

⑤ 李慧玲，陈军．交通基础设施、空间溢出与区域经济增长——基于空间 Durbin 模型的经验分析［J］．华东经济管理，2017，31（08）：53－59.

究。然而经济体所包含的各个区域由于发展条件和资源初始禀赋等方面的不同，区域间的发展往往呈现出差异化的特征。将各个区域看作不同的经济体，研究财政政策经济增长效应的区域差异性，有助于更好地因政施策。国内外学者从地理区位、经济发展水平、财政政策和货币政策等多视角对政策效应区域差异展开研究，积累了丰富的研究文献。

国外对政策效应区域差异的研究较早。Mundell（1961）[①] 在最优货币区理论中考察了单一货币政策在一个不完全同质国家的区域差异效应。此后，部分学者分别考察了美国（Carlino 和 DeFina，1998[②]，1999[③]）、欧盟（Aksoy et al.，2002[④]）和澳大利亚（Webber，2006[⑤]）货币政策效应的区域差异。财政政策作为宏观经济调控的重要手段，其政策效应的区域差异也逐步进入学者们的研究视野。Yoshino 和 Nakano（1994）[⑥] 的研究发现，财政政策效果与地区经济发展水平有关，在经济发展水平较高的地区，财政政策效果往往较为显著，而经济欠发达地区的政策效果则不明显。Pereira 和 Sagales（1999）[⑦] 运用向量自回归模型考察了西班牙政府支出对私人部门的影响，实证分析结果显示行政区划面积较大和人均 GDP 水平较高的地区，政府支出的效果更为显著。Van 等（2003）[⑧]使用结构向量自回归模型分析了欧盟国家财政政策效果的区域差异，研究结果显示财政政策存在区域不对称性。Clausen 和 Wohltmann（2005）[⑨] 在此基础上研究了欧元区货

---

① Mundell, R. A. A Theory of Optimum Currency Areas [J]. American Economic Review, 1961, 51: 509 - 517.

② Carlino, G., R. DeFina. The Differential Regional Effects of Monetary Policy [J]. The Review of Economics and Statistics, 1998, 80: 572 - 587.

③ Carlino, G., R. DeFina. The Differential Regional Effects of Monetary Policy: Evidence from the U. S. States [J]. Journal of Regional Science, 1999, 39: 339 - 358.

④ Aksoy, Y., de Grauwe, P., H. Dewachter. Do A symmetric Matter for European Monetary Policy? [J]. European Economic Review, 2002, 46: 443 - 69.

⑤ Weber E. J. Monetary Policy in a Heterogeneous Monetary Union: The Australian Experience [J]. Applied Economics, 2006, 38: 2487 - 2495.

⑥ Yoshino N, Nakano H. Regional Allocation of Public Investment into the Metropolitan Region [J]. Economic Analysis of Tokyo Monopolar System. Tokyo: Nihonkeizaishinbunsha, 1994: 161 - 190.

⑦ Pereira A, Sagales O R. Public Capital Formation and Regional Development in Spain [J]. Review of Development Economics, 1999, 3 (3): 281 - 294.

⑧ Van Aarle B, Garretsen H, Gobbin N. Monetary and Fiscal Policy Transmission in the Euro-area: Evidence from a structural VAR analysis [J]. Journal of Economics and Business, 2003, 55 (5): 609 - 638.

⑨ Clausen V, Wohltmann H W. Monetary and Fiscal Policy Dynamics in an Asymmetric Monetary Union [J]. Journal of International Money and Finance, 2005, 24 (1): 139 - 167.

币联盟货币政策和财政政策的动态效应，发现财政政策和货币政策效果在区域间存在显著差异。Garrison 和 Chang （1979）[①] 基于美国 8 个地区的收入数据分析也有类似结论。Alfredo 等 （2005）[②] 运用向量自回归模型分析葡萄牙政府支出的区域差异效应，发现政府公共基础设施投资的政策效果在区域间存在较大差异，其中中部地区的政策效果最好。

部分学者对我国区域经济发展差异进行了研究。Fleisher 和 Chen （1997）[③] 的研究认为，中国区域间发展差异是由中央政府对东部地区的优先发展政策所引起的。中国区域经济发展的差距，与中央政府差异性的地区发展政策密切相关（Démurger et al. , 2002[④]）。在东部地区率先发展的战略支持下，东部地区在原有区位优势的基础上得到了政策倾斜的助力，激活了地区活力，拉大了与中西部地区的发展差距（Tian，1999[⑤]；Wei，2000[⑥]；Demurger et al. , 2002[⑦]；Lu 和 Wang，2002[⑧]）。Shan （2002）[⑨] 通过变异系数考察了我国区域收入差距情况，并建立了包含政府支出、货币供给在内的向量自回归模型，脉冲响应和方差分析结果显示，货币政策对地区收入差距的作用效果较小，而财政政策影响显著。

① Garrison C B, Chang H S. The Effect of Monetary and Fiscal Policies on Regional Business Cycles [J]. International Regional Science Review, 1979, 4 (2): 167 - 180.

② Alfredo M. Pereira, Jorge M. Andraz. Public Investment in Transportation Infrastructure and Economic Performance in Portugal [J]. Review of Development Economics, 2005, 9 (2): 177 - 196.

③ Fleisher B M, Chen J. The Coast-noncoast Income gap, Productivity, and Regional Economic Policy in China [J]. Journal of Comparative Economics, 1997, 25 (2): 220 - 236.

④ Démurger S, Sachs J D, Woo W T, et al. Geography, Economic Policy, and Regional Development in China [J]. Asian Economic Papers, 2002, 1 (1): 146 - 197.

⑤ Tian X. Market Orientation and Regional Economic Disparities in China [J]. Post-Communist Economies, 1999, 11 (2): 161 - 172.

⑥ Wei Y. D. Investment and Regional Development in Post-Mao China [J]. Geo Journal, 2000, 51 (3): 169 - 179.

⑦ Demurger S, D SACHS J, Woo W T, et al. The Relative Contributions of Location and Preferential Policies in China's Regional Development: Being in the right place and having the right incentives [J]. China Economic Review, 2002, 13 (4): 444 - 465.

⑧ Lu M. , Wang E. Forging Ahead and Falling Behind: Changing Regional Inequalities in Post-Reform China [J]. Growth and Change, 2002, 33 (1): 42 - 71.

⑨ Shan J. A Macroeconometric Model of Income Disparity in China [J]. International Economic Journal, 2002, 16 (2): 47 - 63.

国内学者靳春平（2007）[①] 从理论上分析了财政政策效应的空间差异性，并基于向量自回归模型实证分析了我国公共资本支出与经济增长的区域动态效应，结果显示财政政策效应在空间上有显著差异，单位政府公共资本支出对产出的影响，东部地区要低于中西部地区，也即经济欠发达地区的政府支出经济增长效应要大于经济发达地区。刘建民等（2012）[②] 运用面板向量自回归模型研究了财政政策效应的区域特征，分析了财政政策对区域经济增长和收入分配的影响。实证结果显示，财政政策具有明显的区域性非对称效果，财政政策对经济发达地区的经济调控效应不明显，对经济较发达地区和经济欠发达地区的经济增长短期效应明显但持续效应不显著。邓悦和詹添丞（2013）[③] 运用地市级城市面板数据对地方财政支出与区域经济发展关系进行了经验研究，实证结果表明财政支出显著促进了经济发展，但在区域间存在差异。教育支出的促进作用要大于科学事业支出，从区域视角来看东部地区财政支出产出弹性最大。陈煜明和阳建辉（2015）[④] 探讨了货币政策和财政政策影响经济增长的作用机制，基于省级面板数据从利率和财政支出方面分析了经济增长区域差异的原因。实证结果显示，经济增长呈现出空间效应特征，利率变动对经济增长的影响东部地区显著大于中西部地区，财政支出冲击对东部和西部的经济增长效应明显，财政政策和货币政策在区域经济协调发展中应发挥互补性作用。

对于政策效应区域差异产生的原因，高学武和张丹（2013）[⑤] 基于公共品理论将经济增长效应纳入地方政府支出指标体系，使用因素分析法从流量和存量两个维度考察了政府支出效率的区域差异。研究发现，东部地区财政支出效率要高于中西部地区，且地区间财政支出效率呈现出发散特征，经济规模、产业结构、政策制度和知识存量等因素可以解释我国区域间政策支出效率差异产生的原因。

① 靳春平．财政政策效应的空间差异性与地区经济增长［J］．管理世界，2007（07）：47－56＋171.

② 刘建民，王蓓，吴金光．基于区域效应的财政政策效果研究——以中国的省际面板数据为例：1981—2010［J］．经济学动态，2012（09）：30－35.

③ 邓悦，詹添丞．地方财政支出与区域经济发展关系的实证分析——以地市级城市面板数据为例［J］．江西财经大学学报，2013（03）：18－24.

④ 陈煜明，阳建辉．货币财政政策的区域差异效应：基于交互效应 SVAR 的实证［J］．江西财经大学学报，2015（01）：21－31.

⑤ 高学武，张丹．地方政府支出效率的再考察——基于省级面板数据的分析［J］．经济社会体制比较，2013（06）：181－190.

邢炜等从规模效应、结构效应研究了政府支出对居民消费影响的区域性差异，分区域来看，消费率与居民关系在东部地区呈“U”型特征，在西部地区表现为挤出效应，而在中部地区则效果不明显。进一步研究发现，产生区域差异的原因跟区域间经济发展水平和生产性政府支出水平有关。林桐和王文甫(2017)[①] 将共同相关效应和主成分分析引入动态异质面板结构向量自回归模型中，分析了我国省际政府支出政策效应的异质性和相依性。蒙特卡洛模拟结果表明财政支出的短期和长期乘数在区域间存在显著差异，进一步分析发现，政府支出乘数与经济发展水平和贸易开放度正相关，与政府债务率和收入分配差距负相关。

2.6　最优政府支出规模与结构

最优政府规模是公共财政的核心问题。Barro 法则和 Armey 曲线对政府规模与经济增长之间非线性关系做了全面的阐述。Barro 在萨缪尔森公共产品理论的基础上，构建了一个包含政府购买的内生经济增长模型，理论研究表明当政府购买支出占比等于其产出弹性时产出实现最优增长，当小于产出弹性时政府支出增加能促进经济增长，当大于产出弹性时不利于经济增长，即政府支出与经济增长之间存在倒“U”的非线性关系。Barro 法则为分析最优政府支出规模提供了一个标准的分析框架（靳力，2012[②]）。Armey 在 Barro 的基础上进一步研究发现，政府支出与经济增长之间不仅是非线性关系，而且还存在非对称关系。学术界将政府支出与经济增长之间的这种非对称性关系称为 Armey 曲线。Armey 曲线在最优政府支出规模前后的曲线斜率存在差异，最优点左侧的曲线斜率要大于最优点右侧的曲线斜率。对此，Sheehey（1993）[③] 使用跨国数据研究发现，以政府消费占 GDP 比重衡量的政府规模与经济增长存在非线性关系，在最优点以前政府规

① 林桐，王文甫．我国省际政府支出乘数有差异性吗［J］．经济理论与经济管理，2017（05）：63－77.

② 靳力．从“凯恩斯效应”到“阿米曲线”——政府规模与经济增长关系的非线性转向［J］．学术界，2012（06）：67－74＋284.

③ Sheehey E J. The Effect of Government size on Economic Growth［J］. Eastern Economic Journal，1993，19（3）：321－328.

模能促进经济增长，超过最优点后政府规模的继续扩大不利于经济的持续增长。Vedder 和 Gallaway（1998）[①] 基于美国数据使用二次函数，Pevcin（2004）[②] 使用西欧国家混合面板数据，Gonzales 等（2004）[③] 运用面板平滑转移模型，Chen 和 Lee（2005）[④] 采用非线性时间序列门限模型对 Armey 曲线的存在性进行了验证，结果都表明存在最优政府支出规模。

国内除了部分学者从社会福利视角考察最优政府规模外（刘长生等，2008[⑤]；叶提芳等，2017[⑥]），对最优政府支出规模和结构的研究主要基于经济增长目标。一类是基于门槛效应回归模型或构造二次曲线的方式，通过检验门槛值或估计倒"U"型曲线来分析最优政府支出规模和结构。杨亘和刘森（2008）[⑦] 在 Ram 的基础上使用 Hansen 门限回归模型检验 Armey 曲线在我国的存在性问题。杨友才和赖敏晖（2009）[⑧] 使用相同的方法研究了我国最优政府支出规模问题，面板数据实证分析结果显示我国政府支出规模与经济增长存在 Aremy 曲线所描述的非线性关系，政府支出对经济增长存在门槛效应。李村璞等（2010）[⑨] 利用非线性平滑转换模型分析了财政支出规模与结构对经济增长的影响，研究结果显示政府支出规模和结构对经济增长存在门槛效应，且状态间的转化效应存在差异。吕志华（2012）[⑩] 将政府支出结构引入内生经济增长模型，研究了持续增长目标下最优政府支出结构。理论分析结果表明，财政支出结构占比与财政支出的

---

① Vedder R K, Gallaway L E. Government size and Economic Growth [M]. The Committee, 1998.

② Pevcin P. Does Optimal size of Government Spending Exist? [J]. University of Ljubljana, 2004, 10: 101 - 135.

③ Gonza'les A, Terasvirta T, Dijk D V. Panel Smooth Transition Regression Model and an Application to Investment under Credit Constraints [R]. working papers, 2004.

④ Chen S T, Lee C C. Government size and Economic Growth in Taiwan: A threshold regression approach [J]. Journal of Policy Modeling, 2005, 27 (9): 1051 - 1066.

⑤ 刘长生，郭小东，简玉峰. 社会福利指数、政府支出规模及其结构优化 [J]. 公共管理学报，2008 (03): 91 - 99 + 126.

⑥ 叶提芳，龚六堂，葛翔宇. 资本流动、地方政府支出效率与社会福利 [J]. 中南财经政法大学学报，2017 (02): 59 - 67.

⑦ 杨亘，刘森. Armey 曲线与中国最优财政支出规模 [J]. 黑龙江社会科学，2008 (03): 86 - 90.

⑧ 杨友才，赖敏晖. 我国最优政府财政支出规模——基于门槛回归的分析 [J]. 经济科学，2009 (02): 34 - 44.

⑨ 李村璞，赵守国，何静. 我国的政府规模与经济增长: 1979—2008——基于非线性 STR 模型的实证分析 [J]. 经济科学，2010 (04): 15 - 26.

⑩ 吕志华. 持续增长条件下的最优财政支出结构研究——基于我国省际面板数据的测算 [J]. 中央财经大学学报，2012 (04): 1 - 6.

边际贡献成正比时财政支出结构达到最优。使用省级面板数据实证分析结果显示，我国投资性政府支出与消费性政府支出的最优比例约 7:3，我国处于向最优财政支出结构收敛的阶段。戴金平和刘进财（2017）[①] 基于面板门限回归模型检验了财政支出的区域经济增长效应和最优财政支出水平，结果表明政府支出与经济增长之间存在门槛效应，在达到最优政府支出规模之前，政府支出具有挤入效应，而超过后则有挤出效应。相较于东部和中部地区，西部地区财政支出最优规模的达到时间较早且其经济增长效应较弱。一些学者通过构建理论模型，基于数值模拟分析政府支出的最优规模和结构。刘振亚和杨武（2009）[②] 在两部门内生经济增长模型中区分了政府物质资本投资和人力资本投资，分析了最优政府支出结构与平衡增长。结果显示在给定宏观税率、时间偏好和消费跨期替代弹性的基础上，存在最优的物质资本投资和人力资本投资比例使得经济实现平衡增长，而比较静态分析发现政府规模存在一个阈值使平衡经济增长达到最优水平。彭志文和郭路（2011）[③] 基于 Romer 的研究思路，从福利最大化视角出发分析了财政支出结构、最优税率区间与经济增长之间的关系。研究发现存在最优财政支出结构，进一步的数值模拟分析表明相较于科教支出来说公共资本投资更有助于经济增长。潘文卿等（2015）[④] 构建了一个包含生产性财政支出和消费性财政支出的内生经济增长模型，理论分析表明适当的消费性支出有利于经济增长，数值模拟显示消费性政府支出与经济增长之间呈现非线性的倒“U”型关系。

2.7　文献述评

财政政策对经济增长的影响是经济增长理论和宏观公共财政理论的重要研究方向。2008 年金融危机后，世界各国无论理论还是实践方面都在重新审视财政

---

① 戴金平，刘进财．政府财政支出与区域经济增长非线性关系研究——基于中国省际面板的门槛检验［J］．社会科学辑刊，2017（04）：57－64.

② 刘振亚，杨武．最优政府支出结构与平衡增长［J］．南开经济研究，2009（02）：103－115.

③ 彭志文，郭路．财政支出结构、最优税率区间与经济增长［J］．财政研究，2011（04）：44－47.

④ 潘文卿，范庆泉，周县华．消费性财政支出效率与最优支出规模：基于经济增长的视角［J］．统计研究，2015，32（11）：18－25.

政策作为宏观调控工具的重要作用（Feldstein，2009①；Ramey，2011②）。作为政府宏观调控的重要经济手段，政府支出的经济增长效应一直以来都是学者们研究的重点问题。本章对政府支出规模和结构的经济增长效应、政府支出私人消费和投资的挤出效应、政府支出与宏观经济波动、政府支出的空间溢出效应、政府支出经济增长效应区域差异以及最优政府支出规模和结构几个方面的国内外相关文献资料进行了系统梳理。对现有文献资料的梳理能为本书研究工作的开展提供坚实基础，现有文献资料所提供的思路和方法为本书研究思路的确定和方法的选取提供了帮助。现有关于政府支出经济增长效应的国内外相关研究，既有共识性方面的体现，也有个性方面的特征；既有值得借鉴的地方，也存在一些研究的不足。

理论方面，现有政府支出经济增长效应的理论研究大多基于内生经济增长理论展开，将政府支出作为内生变量纳入经济增长模型。经济增长理论先后经历了古典增长理论、新古典增长理论和内生增长理论。以亚当·斯密、威廉·配第、李嘉图等为代表的古典经济学论证了资本主义财富增长的因素、条件和途径。索洛的新古典增长模型，从供给方面出发，认为经济增长取决于资本存量和劳动力的增长。在其他条件相同的情况下，储蓄率或投资率较高的国家通常比较富裕，而人口增长率较高的国家通常比较贫穷。内生经济增长理论试图解释在新古典增长模型中作为外生变量的技术进步，用规模收益递增和内生技术进步来说明一个国家长期经济增长和各国增长率的差异。将政府支出内生化是对内生经济增长理论的拓展，较好地刻画出政府支出对经济增长的影响路径和机制。实证方面，政府支出经济增长效应的研究基本形成了三种观点：第一种观点认为，政府支出能促进经济增长，政府财政支出通过乘数效应作用于总需求进而影响总产出。第二种观点认为，政府支出对经济增长有抑制作用，其原因在于政府支出存在较大的调整成本，加重了经济运行的负担。第三种观点认为，政府支出的经济增长效应呈现出非线性的特征，政府支出对经济增长表现出促进还是抑制作用与政府支出规模大小和研究对象所处的经济发展水平有关。

政府支出对私人消费和投资会产生影响，但其效果是挤入还是挤出并没有一

① Feldstein M S. Rethinking the role of Fiscal Policy [R]. National Bureau of Economic Research, 2009.

② Ramey V A. Identifying Government Spending Shocks: It's all in the timing [J]. The Quarterly Journal of Economics, 2011, 126 (1): 1-50.

致的结论，这取决于政府支出与私人消费和投资之间是替代还是互补的关系。当政府支出与私人消费和投资之间存在替代关系时，政府支出增加会导致私人消费和投资减少，政府支出与私人消费和投资之间表现为挤出效应。当政府支出与私人消费和投资之间存在互补关系时，政府支出增加会引致私人消费和投资的增加，对私人投资和消费产生挤入效应。此外，政府支出对私人投资和消费的影响还与风险厌恶程度、制度环境、经济发展水平和经济周期所处阶段等因素有关。

财政政策影响宏观经济波动已成为共识，政府支出作为重要的财政政策工具影响宏观经济稳定。财政政策作为宏观调控的重要手段，其与货币政策相互协调配合共同作用于产出等宏观经济变量。逆经济风向行事的宏观调控思路对熨平经济周期波动具有重要作用。政府支出虽然能对宏观经济产生影响，但需要考虑经济风向并掌握好政策实施力度和退出时机，同时财政政策和货币政策相互作用形成合力对政府支出的政策效果也至关重要。

政府支出存在区域差异效应学术界看法较为一致，政府支出在空间上的策略性互动行为将影响地方政府支出决策。从注重整体到侧重考察整体中各部分的效应差异是财政政策效果研究的重要转变。从国内外经验研究来看，对政府支出规模和结构的经济增长效应存在区域差异这一客观事实达成了较为一致的共识，但在研究的拓展上相对不足。空间上的相依性会影响政府支出决策，政府间的策略互动行为便是重要体现。地方政府间策略互动行为的形成主要有三种机制，财政政策外溢效应机制、财政竞争机制和标尺竞争机制（郭庆旺和贾俊雪，2009①）。地方政府间是策略性互补还是策略性替代与经济发展水平和政府支出的性质密切相关。

Barro 法则和 Armey 曲线已成为研究最优政府支出规模和结构的基准分析框架，现有研究结论大多支持政府规模与经济增长之间的非线性关系。从理论上看，最优政府支出结构需满足以下条件，即当财政支出占比等于该项财政支出边际生产贡献占比时可实现最优经济增长。政府规模有广义和狭义之分，从国内外现有研究来看，政府规模通常用政府支出占 GDP 的比重来衡量（顾昕，2015②），国内学者研究使用的政府支出基本是指一般公共预算支出。政府支出结构的分类，大多分为生产性政府支出和消费性政府支出，但基于研究目的的不同，生产

① 郭庆旺，贾俊雪．地方政府间策略互动行为、财政支出竞争与地区经济增长［J］．管理世界，2009（10）：17－27＋187.

② 顾昕．走向大政府时代？——政府规模增长的度量问题［J］．学习与探索，2015（12）：106－112.

性政府支出和消费性政府支出所包含的具体支出类别可能略有差异。

总的来说，国内外现有关于政府支出经济增长效应的研究，在研究方法上采用内生经济增长模型和一般均衡模型进行分析的较多。在研究对象上，对政府支出规模的研究多于政府支出结构的研究，不过研究对象从过去单一的考察政府支出规模到注重政府支出规模和结构的协同是趋势。在实证方法上，大多采用VAR、SVAR、PVAR和联立方程模型，近年来使用动态随机一般均衡模型分析财政政策有效性的研究越来越多，并且实证研究更加注重政府支出变量内生性问题的解决。在研究结论上，政府支出与经济增长之间的非线性效应得到大多数学者的支持，而政府支出对私人消费和投资的影响并没有统一结论。生产性财政支出对经济增长具有重要作用基本成为共识，由于研究对象的不同，同时生产性财政支出没有统一的划分标准，生产性财政支出对经济增长的影响效果可能存在差异。政府支出在空间上存在相关性，政府支出效果在区域间存在差异，同时政府支出会影响宏观经济波动。

现有关于政府支出经济增长效应的研究也存在一些不足。一是，对经济增长的研究文献从全国层面研究的多，对区域研究的少。二是，从公共投入、人力资本、财税政策、体制机制等方面对经济增长的原因进行了较多分析，但在区域经济增长和区域差异分析方面的研究文献较少。同时一些文献研究了区域经济增长的差异，但缺乏对区域经济增长差异的解释，尤其是从地理经济学方面解释区域差异。三是，现有研究大多采用省级面板数据进行静态分析，对区域动态分析较少。动态随机一般均衡模型具有坚实的微观基础，近年诸多学者将其分析框架引入公共政策分析，研究财政政策的宏观经济效应。现有运用动态随机一般均衡模型分析财政政策效应的研究大多从整体出发，很少从区域动态效应视角展开。四是，区域发展差异由过去的区域禀赋因素，逐渐转换为要素流动、产业结构变化等带来的新旧动能转换差异，而现有研究对政府支出影响区域经济增长的传导机制关注较少。

政府支出与经济增长的关系，不同研究结果的差异性可能暗含着这样一种事实，即政府支出对经济增长的影响与研究对象所在的经济发展阶段和水平相关，政府支出对经济增长的影响在不同区域间存在异质性特征，这为本书研究工作的开展提供了基础。本书的任务在于从静态和动态两个维度探讨政府支出与经济增长的关系，呈现政府支出对不同地区经济增长效应差异的现实，寻求产生政府支出经济增长效应区域异质性的深层次原因，探索区域经济协同发展的有效路径。

第3章 政府支出经济增长效应的理论分析

财政政策宏观经济效应主要包括财政支出规模和不同类型财政支出对产出等宏观经济变量的静态和动态效应以及税收政策的长短期效应。财政政策的效应至少包含经济和社会两个维度，政府支出对产出、就业、劳动、投资、消费、物价水平、进出口等的影响都属于政府支出宏观经济效应的范畴。考虑到政府支出在我国经济增长中扮演着重要角色（付文林和沈坤荣，2012①），本书聚焦于政府支出宏观经济效应中的经济增长效应。

本章从凯恩斯经济学、新古典综合派和新凯恩斯主义经济学三个主流经济思想流派对经济增长理论进行追溯。从市场失灵、财政职能、公共风险三个方面阐述政府支出的合理性，并对政府支出扩张的原因进行了理论上的解析。同时基于IS—LM模型对政府支出影响经济增长的作用机制、传导路径、决定因素进行了理论分析，对动态随机一般均衡理论进行了介绍。最后，基于现有理论，从影响因素和作用路径方面给出了本书关于政府支出经济增长效应区域差异的理论分析框架。

3.1 经济增长理论中的财政政策

为指导和解决现实经济问题，不同历史发展阶段，各种经济理论应运而生。近代西方经济学形成了百家争鸣、百花齐放的格局。不同思想流派所形成的理论观点、分析范式和政策主张，为后续研究奠定了扎实的理论基础，也为决策者提

① 付文林，沈坤荣．均等化转移支付与地方财政支出结构［J］．经济研究，2012，47（05）：45－57.

供了可供参考的政策工具组合。经济增长是宏观经济学的核心问题。各西方经济学流派的学说中包含着丰富的经济增长理论，财政政策作为经济增长理论政策主张的有机构成，经过多年理论与实践的不断融合促进，对指导经济实践具有广泛而深远的意义。

3.1.1 凯恩斯经济学

20 世纪 30 年代西方资本主义国家爆发了规模空前的经济大危机，经济大萧条所带来的失业和生产过剩，使得传统经济理论所信奉的市场自动调节机制在解释现实经济面前显得苍白无力。为提振经济，西方资本主义国家普遍通过财政和金融手段来干预经济，在美国实施的罗斯福新政便是典型代表。在这样的经济背景下，提倡通过政府干预来调节经济的凯恩斯经济学应运而生，为资本主义国家经济治理提供了理论基础。凯恩斯经济学继承和发展了重商主义的国家干预主义、马尔萨斯的有效需求不足理论、孟德维尔的高消费促进繁荣的寓言和霍布森的过度储蓄导致萧条的学说（缪一德和杨海涛，2007[①]）。在此基础上，凯恩斯在《就业、利息和货币通论》中提出了有效需求理论，主张政府直接干预经济进行需求管理的宏观调控思路，对现代宏观经济学的理论体系进行了重构。

凯恩斯经济学在研究方法上强调宏观总量分析，并且将经济学区分为微观经济学和宏观经济学。在假设条件上，凯恩斯经济学认为经济处于非充分就业状态，价格、货币工资率和利率的调整机制具有名义黏性，货币能影响实际经济产出因而是非中性的。有效需求理论是凯恩斯经济学的核心，社会总需求决定充分就业水平，当有效需求不足时充分就业的目标便无法实现。凯恩斯通过进一步研究发现，有效需求不足主要受边际消费倾向递减、资本边际效率递减、流动偏好三大心理规律的影响。其中，边际消费倾向递减引致消费不足，资本边际效率递减和流动偏好引致投资不足，消费和投资的不足共同导致了全社会总需求不足。

根据有效需求理论，凯恩斯提出政府应充分运用财政政策和货币政策，通过调节边际消费倾向、资本边际效率和利率等因素对经济进行积极干预的政策主张。凯恩斯认为降低税率、增加政府支出，即实行赤字财政政策可以弥补私人有效需求不足，提高包括消费需求和投资需求在内的全社会有效需求，进而提高产

① 缪一德，杨海涛主编．当代西方经济学流派［M］．成都：西南财经大学出版社，2007.

出和就业水平，促进经济增长。政府支出增加将在两方面影响消费需求：一方面政府支出增加可以直接扩大有效需求，进而有利于提高产出水平，进而促进经济增长；另一方面，政府支出可以提高私人收入水平，而收入水平直接影响私人有效需求，收入水平的提高会刺激私人有效需求，全社会有效需求的增加会提振社会生产、促进经济增长。在资本边际效率较低时，政府投资可以弥补私人部门投资需求的不足。政府在公共领域的合理投资，一方面通过改善基础设施等经济增长所需环境条件，提高经济增长动力；另一方面政府投资能创造就业机会提高社会成员收入水平，提高有效需求促进经济增长。此外，政府投资还能通过乘数效应对国民收入产生影响，政府投资的变动能带来数倍产出的相同变动。

对于经济波动，凯恩斯主张实行逆经济风向行事的相机抉择的财政政策。在经济萧条时，政府可以通过公债来融资，实施减少税收和扩大支出的扩张性财政政策，以刺激社会有效需求拉动经济增长。在经济繁荣时，政府可以控制需求，实行紧缩性财政政策防止经济过热。扩张性财政政策将产生财政赤字，而紧缩性财政政策将产生财政盈余，在一个经济周期内，两者可相互抵消实现财政平衡，因此提倡周期性财政平衡预算。

3.1.2　新古典综合派

19 世纪 70 年代初经济学界出现了边际革命，新古典经济学横空出世。其代表人物有英国的杰文斯、奥地利的门格尔和瑞典的瓦尔拉斯。19 世纪末英国经济学家马歇尔出版了《经济学原理》，形成了较为完整的新古典经济学理论体系。20 世纪 50 年代初，萨缪尔森完成了对新古典学派理论和凯恩斯理论的综合，标志着新古典综合派形成。新古典综合派综合了凯恩斯的国民收入决定理论和以马歇尔为代表的新古典学派的价值论和分配论，形成了一个既包含宏观经济学也包含微观经济学的经济理论体系。新古典综合派的代表人物有阿尔文·汉森、保罗·萨缪尔森、詹姆斯·托宾、罗伯特·索洛、亚瑟·奥肯、詹姆斯·S. 杜森贝等。

新古典综合派的经济理论包括分析产品市场和货币市场均衡条件的希克斯—汉森模型，用于解释经济周期和经济波动的乘数—加速数模型，解释经济增长的哈罗德—多马模型和新古典经济增长模型，分析失业和通货膨胀关系的菲利普斯曲线以及对滞胀成因的解释。希克斯—汉森模型是凯恩斯有效需求理论和新古典一般均衡理论的有机综合体（蒋自强和史晋川，2008[①]），其政策含义表明，可以通过协调财政政策和货币政策，使产品市场和货币市场同时实现均衡，同时通过利率的中介作用实现充分就业均衡。经济周期分为繁荣、衰退、萧条、复苏四个阶段。乘数—加速数模型结合了凯恩斯的乘数理论和阿夫塔里昂的加速原理，通过分析在乘数和加速数作用下政府投资、私人消费和投资以及国民收入之间的相互关系，来解释宏观经济的周期性波动。投资变动在乘数作用下会引起消费和收入更大的变动，在加速数作用下消费和收入的变动会带来更大的投资变动，因此经济呈现出繁荣—衰退交替的周期性变动。哈罗德经济增长模型认为资本—产量比率 V、储蓄率 s 和有保证的增长率 G_w 之间满足 $G_w = s/V$ 时可实现经济稳定增长。多马经济增长模型指出，只有当投资增长率等于资本生产率和储蓄倾向之乘积时，经济才能实现稳定增长。哈罗德—多马模型的经济意义在于，投资的长短期效应不同，短期主要通过乘数效应增加有效需求，而长期通过增加资本存量促进经济增长。但由于哈罗德—多马模型严苛的假设和均衡条件使得其只能是理论上存在，很难指导实践。新古典增长模型认为经济增长的动力来自于资本存量和劳动力的增长，其基本分析方程为，资本深化等于人均储蓄减去资本广化，即 $\Delta k = sy - (n + \delta)k$，$\Delta k$ 为资本深化，s 为储蓄率，y 为人均产出，k 为人均资本存量，n 为劳动增长率，δ 为资本折旧率。经济增长的稳态条件为资本深化等于 0，即 $sy = (n + \delta)k$。菲利普斯曲线描述了失业率与通货膨胀之间此消彼长的反向变动关系。菲利普斯曲线的政策含义在于，为实施政府干预的总需求管理提供了一份可供选择的菜单。新古典综合派对经济滞胀原因的分析主要有华尔特·海勒的微观经济部门供给异常变动说，萨缪尔森微观财政支出结构变化说以及托宾的微观市场结构说三种理论解释（缪一德和杨海涛，2007）。

新古典综合派政策主张的核心思想是需求管理。提倡政府通过财政政策、货币政策和收入政策对投资、消费、储蓄和进出口等宏观经济变量进行需求管理，以实现充分就业、物价稳定、经济增长和国际收支平衡的宏观经济调控总目标。新古典综合派的经济政策主张归纳起来主要有补偿性财政政策和货币政策，增长性财政货币政策以及为解决滞胀的多样化财政货币政策。补偿性财政货币政策的核心思想是逆经济风向行事，根据经济繁荣与萧条情况相应实施紧缩与扩张的政

① 蒋自强，史晋川．当代西方经济学流派（第三版）［M］．上海：复旦大学出版社，2008.

策。当经济繁荣时，政府部门可以在缩减政府支出、提高税率的同时减少货币供给、提高利率以抑制社会总需求；当经济萧条时，可以扩大政府支出、降低税率，同时增加货币供给、降低利率，以刺激社会总需求。补偿性财政政策会导致赤字财政和盈余财政交替出现的情况，难以满足传统年度预算平衡的要求。为此，托宾和奥肯等提出了增长性财政货币政策的理论，打破了传统平衡预算的原则。他们主张经济表现应以是否发挥潜力作为标准，提出以潜在国民生产总值和充分就业预算为锚的财政政策长期目标。新古典综合派主张运用多种政策工具解决失业与通货膨胀并存的滞胀问题。比如，实行财政政策与货币政策的松紧搭配，在管理总需求的同时又保持物价稳定；财政政策和货币政策的微观化，即针对微观主体实际情况制定差异化的财政货币政策。

3.1.3　新凯恩斯主义经济理论

20 世纪 70 年代，西方国家出现失业与通货膨胀并存的经济滞胀现象，处于主流地位的凯恩斯主义对此毫无解释力，面临着来自现实和理论的双重挑战。20 世纪 80 年代，新凯恩斯主义以主张政府干预经济的姿态出现在西方经济学界。新凯恩斯主义旨在通过微观非均衡的分析方法，对凯恩斯主义宏观理论和微观基础进行重构，以增强凯恩斯理论的微观基础和对现实经济的解释力度。新凯恩斯主义的代表人物有劳伦斯·萨默斯、格里高利·曼昆、约瑟夫·斯蒂格利茨、奥利维尔·布兰查德、詹纳特·耶伦等。

新凯恩斯主义学派的经济理论包括劳动市场的工资黏性，产品市场的价格黏性，信贷配给论，经济周期理论等。新凯恩斯主义把非市场出清作为重要假设之一，即在出现需求冲击或供给冲击后，工资和价格不能迅速调整到使市场出清的状态（高鸿业，2007①），价格和工资存在黏性。此外，新凯恩斯主义还把经济当事人最大化原则和理性预期纳入分析框架，夯实了宏观经济学的微观基础。新凯恩斯主义认为，货币等名义变量会对产量和就业量等实际变量产生影响，因此货币是非中性的，古典二分法失效。

新凯恩斯主义从劳动的需求曲线和供给曲线出发，在工资具有刚性或黏性的情况下，价格水平的变化会引起劳动力市场就业量的变动，从而对总产量产生影响。将价格水平变动与总产量变动之间的对应关系描绘出来便可得到新凯恩斯短

① 高鸿业．西方经济学（宏观部分）第 4 版［M］．北京：中国人民大学出版社，2007.

期总供给曲线，新凯恩斯短期总供给曲线向右上方倾斜，斜率为正。在此基础上，运用新凯恩斯总供给曲线并结合长期劳动合同的交错性用来分析宏观经济波动。工资和价格的黏性使得经济在受到总需求冲击后从一个非充分就业的均衡状态恢复到充分就业的均衡状态需要经历一个漫长且痛苦的过程，新凯恩斯主义主张用财政政策和货币政策来刺激总需求，缩短工资和价格的缓慢调整时间，加速经济的恢复速度。新凯恩斯主义在价格和就业方面的经济政策大都针对价格和工资黏性展开，主张通过财政政策等政府干预措施以恢复价格弹性和工资弹性，完善市场机制以促进经济增长稳定。同时采取与价格实际扰动相协调，与价格名义扰动相反的货币政策，以稳定就业率和总产出。在使用财政政策和货币政策调控总需求方面，新凯恩斯主义与凯恩斯经济学的政策主张基本类似，但新凯恩斯主义的经济政策更加注重量化方面的研究。

3.2 政府支出的逻辑起点

政府的存在有其合理性，政府通过法律行政手段和经济手段可以直接或间接对宏观经济进行调控。例如，政府可向社会提供公共产品，优化配置社会资源，可以调节经济总水平维持经济稳定发展，可以通过调整收入分配格局满足社会公平要求，还可以营造良好的制度环境满足有效竞争的需要。政府的种种作用说明其在市场经济中具有重要地位。政府支出作为政府行为活动的重要载体，其合理性有必然的起因与逻辑。

3.2.1 政府支出的合理性

政府支出是指政府为满足社会公共需要而进行的有计划的财政资金分配活动，其反映了政府活动的范围和政策动向。政府支出的合理性问题可从市场失灵、财政职能、公共风险等方面寻找答案。

(1) 市场失灵

看不见的手的原理认为，市场可以依靠其内在的机制实现资源的帕累托最优配置。但从经济实践来看，市场不是万能的，也会存在失灵的情况。由于垄断、外部性、公共物品和不完全信息等原因，完全竞争的市场机制在很多场合下不能实现资源的有效配置和经济运行的最佳效率（陈纪瑜等，2003①；高鸿业，2007②），因为市场机制一般只能保证资源配置的边际私人收益和边际私人成本相等，无法保证边际社会收益和边际社会成本相等。

市场失灵的表现，一是垄断。垄断常常导致资源配置缺乏效率。追求利润最大化的垄断厂商，其价格远高于边际成本，而产量远低于帕累托最优产出。另外一些特殊行业，比如电力和供水，随着产量的不断提高会出现规模收益递增而边际成本递减的情况，充分竞争的结果是走向自然垄断，如果仍然依靠市场价格机制进行调节必然带来资源配置的低效率。二是外部性。外部性是指经济参与者的经济活动对其他人所产生的影响，这种影响可能是有利的也可能是不利的，但该参与者并没从中得到收益或承担相应成本。外部性所造成的成本和收益之间的不一致性会对经济主体的行为产生影响，容易导致过度的经济活动，造成资源配置的低效率。三是公共物品。公共物品因其非排他性和非竞争性的特征，社会成员存在“免费搭车”的心理，容易造成“公地悲剧”，因此市场提供公共物品的效率不高。四是不完全信息。信息的不完全和不对称容易导致逆向选择和道德风险，这会使得市场价格机制不能真实地反映供求关系，导致资源配置低效率。此外，由于经济行为主体高度分散化，市场运行机制本身存在的缺陷使得决策权高度分散，加大了经济运行的交易成本，不利于经济效率的提升。同时初始资源禀赋的差异，使收入分配无法通过市场机制自动调节来实现。

政府对经济进行适当干预可以弥补市场机制失灵所存在的不足。政府可以通过公共管制或政府直接投资等干预措施，消除垄断导致的市场竞争失效，实现产品供给的帕累托最优价格和产出。可以通过税收和津贴使外部成本或收益内部化，避免经济利益外溢导致市场资源配置低效。而要使公共产品有效率地提供，必须由政府承担起提供公共产品和服务的任务。

（2）财政职能

政府活动对经济各方面的影响和产生的变化体现为财政的职能。财政具有资源配置、收入分配、经济稳定与发展三大职能（陈共，2012③）。

一是资源配置职能。政府和市场均有配置资源的功能，但两者资源配置的机

① 陈纪瑜，郭平，罗宏斌．财政学［M］．长沙：湖南大学出版社，2003.

② 高鸿业．西方经济学（微观部分）第 4 版［M］．北京：中国人民大学出版社，2007.

③ 陈共．财政学（第七版）［M］．北京：中国人民大学出版社，2012.

制存在差异。市场主要以价格机制来引导要素的流动，实现资源的优化配置。政府主要通过财政收支等政策工具影响微观主体的行为预期，使各类资源合理地配置到国民经济和社会发展的各个部门，实现对资源要素的调控。由于市场机制本身所存在的缺陷，完全依靠价格机制无法使整个社会资源配置最优化，因而需要政府进行适当干预。财政参与资源配置的方式有如下几种：通过合理确定财政支出规模，实现资源配置的整体效率；优化财政支出结构，保证重点支出，压缩一般支出，提高资源配置的结构效率；合理安排政府投资的规模和比重，发挥政府投资对社会投资的调节作用；通过政府投资、税收和补贴等财政政策手段，带动和促进民间投资、吸引外资和对外贸易，提高经济增长率。

二是收入分配职能。效率通过市场实现，公平通过政府实现。在市场经济体制下，经济参与者在初次分配时市场以要素丰裕程度作为分配依据，由于要素的初始禀赋差异和稀缺程度不同，难免造成收入分配上的差距。政府为实现收入分配社会公平的目标，需要对参与经济分配的各主体之间的利益关系进行调节，通过再次分配手段使各经济参与者的收入差距保持在合理的范围内。政府可以通过划分财政分配和市场分配的界限，规范工资制度，强化行政管理、税收调节、转移支付等方式对社会分配不公平问题进行纠正。

三是经济稳定与发展职能。财政政策可通过调节社会总供求关系实现经济的稳定增长。一方面，可发挥财政的自动稳定器作用。当经济繁荣时，收入水平提高，所得税制度使居民进入更高的纳税等级，自动减少收入增幅，同时收入水平的提高使得需要政府救济的人员减少，政府社会保障支出和转移支出减少。当经济萧条时，所得税减少转移支付增多，发挥着对经济的自动稳定作用。同时，财政的自动稳定器作用还可以通过农产品价格维持制度得以体现。另一方面，通过实施相机抉择的财政政策，平抑经济波动。经济繁荣时，实施减少政府支出的紧缩性财政政策，抑制社会总需求；经济衰退时，实行增加政府支出的扩张性财政政策，刺激社会总需求。通过逆经济风向行事的财政调控规则，实现经济的稳定与发展。

（3）公共风险

经济社会的风险根据其属性、化解和防范方式可分为私人风险和公共风险两类。私人风险，个体行为所产生的影响由个体自身承担，这类风险可通过市场机制来进行分散、转移、化解和防范。比如行为个体基于对自身未来健康方面的考虑，通过保险市场进行健康方面的投保分散可能存在的风险。公共风险与私人风险不同，是一种社会群体性影响，其无法通过个体的分散化等市场化方法实现对风险的化解，必须由一个独立于群体的代理组织——政府来承担风险化解的任务。一方面由于每个群体成员都面临着相应的风险，即使有个别成员能进行风险转移，但从社会整体来看风险并没有消除；另一方面公共风险涉及面广，防范和化解的成本极高，作为个体无法承担如此高的风险成本。因此，公共风险的防范和化解必须由政府来承担。

公共风险通常具有关联性、不可分割性和隐蔽性三个重要特征（刘尚希，2010①）。随着社会分工的细化和技术的不断改进，社会秩序的排列组合方式呈几何级数方式增长，由此带来的不确定性也急剧放大，公共风险也随之扩大。公共风险的内涵并非一成不变，根据经济社会发展所处阶段的不同，个体防范和化解风险的能力也会有所差异，在低经济发展水平阶段属于公共风险的事项随着经济水平的提高可能不再属于公共风险的范畴，也即公共风险的范畴是一个动态变化的过程。

财政作为一种制度安排，在防范和化解公共风险方面扮演着重要角色。一方面，财政承担制度成本。现实经济中，经济组织的运行都是有成本的，这些成本大都具有外部性特征。比如，市场秩序的维护、社会治安和公共安全等，很难由某一个或某一些个体来承担，这些方面的制度安排所带来的成本负担离不开财政的支持。另一方面，财政作为兜底者是公共风险的最终承担者。随着经济的多元化，公共风险也呈现出多样化特征。一部分公共风险可以通过相应的制度安排来防范和化解，而有些公共风险必须依靠国家的帮助，比如自然灾害、金融危机等，这类公共风险的治理需要强大的国家财政做支撑。从这个意义上来讲，财政担负着公共风险兜底者的责任。制度是公共风险的产物，制度安排的科学合理程度直接决定了公共风险的化解效果。与经济社会发展阶段相适应的制度安排，能明确风险责任，减少财政作为最终风险承担者的压力。因此，完善的制度结构、明晰的风险责任，对于公共风险的治理至关重要。

3.2.2 政府支出扩张理论

一国的基本国情在一定程度上决定了本国政府支出的规模，各个时期的财政学家对政府支出增长的原因做了大量解释。总的来说，经济社会的发展是政府支

① 刘尚希．公共风险视角下的公共财政［M］．北京：经济科学出版社，2010.

出规模扩大的根本原因，而政府职能的扩大是政府支出规模扩大的直接原因（陈纪瑜等，2003）。对政府支出增长趋势的研究，比较有代表性的是瓦格纳的政府活动扩张法则、皮科克和威斯曼的梯度渐进增长理论、马斯格雷夫和罗斯托的经济发展阶段论以及鲍莫尔的非均衡增长理论。

（1）瓦格纳法则

德国财税学家阿道夫·瓦格纳在分析了19世纪英国、法国、德国等欧洲国家以及日本、美国等发达国家政府支出增长情况后发现，政府支出增长与经济增长之间存在正相关关系。即随着人均收入的提高，以政府支出占GDP比重来衡量的政府支出的相对规模也会相应扩大。学术界把这一发现称为公共支出不断上升定律，也叫政府活动扩张法则，即瓦格纳法则。对此，瓦格纳认为现代工业的发展所带来的社会进步必然带来国家职能活动的不断扩张。其中政治因素和经济因素是政府支出增长的主要原因。社会经济日益发展，国家活动范围扩大，经济活动日趋复杂。一方面需要更加复杂的制度和法律来维持市场秩序，需要投入更多的人力物力财力来保障经济的正常运转；另一方面工业化所带来的城市化，需要政府投入更多的资源提供公共产品和服务。这些都会导致政府支出规模扩大。

（2）梯度渐进增长理论

在瓦格纳法则的基础上，皮科克和威斯曼分析了英国1890—1955年政府支出的统计数据，发现政府支出的增长受到内在和外在因素的双重影响。其中外在因素，比如战争、经济社会动荡等是政府支出增长的主要因素。在经济社会正常期，经济和国民收入稳步增长，既定的税收制度会使得政府收入会随着国民收入的增长而增加，政府支出与GDP之间会呈现出正相关关系，具有规模效应。当国家出现危机特别是战争危机，政府支出会大量替代私人支出，公共支出规模会快速扩张。但危机结束后，意识效应会使得政府支出很难退回到危机前的水平。这种替代效应和规模效应会使得政府支出呈现出梯度渐进增长的特征，因此皮科克和威斯曼的梯度渐进增长理论又称为替代—规模效应理论。

（3）经济发展阶段论

马斯格雷夫和罗斯托从经济发展阶段视角解释了政府支出增长的原因。在经济发展的不同时期，政府支出规模和结构的增长存在差异。经济发展早期，经济增长是政府部门的首要目标，为此政府会加大在道路交通等基础设施领域的支出，这一阶段的特征是政府投资占社会总投资的比重较大。当经济发展由早期迈入中期阶段时，基础设施建设等基本已经完成，政府投资支出主要用于弥补私人投资的不足，这部分支出相比早期会大幅降低。但经济发展中期，市场失灵问题逐步显现，政府为纠正市场失灵而进行相应干预的支出会增加。当经济发展进入成熟期，人们对公共产品和服务供给水平的标准和要求将会提高，特别是教育、医疗卫生和社会保障方面的公共服务。政府在调整支出结构的同时，政府支出规模有可能再次扩张。

(4) 非均衡增长理论

美国经济学家鲍莫尔将国民经济部门区分为进步部门和非进步部门，前者的生产效率不断提高，后者的生产效率提高缓慢。在此基础上通过分析两部门的非均衡增长，对政府支出增长的原因进行了阐述。进步部门和非进步部门的差异取决于技术和劳动的相对重要性。进步部门技术占主导地位，而非进步部门以劳动为主。在初始工资率水平相当的情况下，进步部门生产效率提高所带来的工资水平提高速度会快于非进步部门，而非进步部门——主要是公共部门的工资水平却朝进步部门看齐。在其他因素不变的情况下，这会导致公共部门的规模扩张。公共部门低效率的非均衡发展将使得政府支出规模不断增加。

3.3　IS—LM 框架下的政府支出效应分析

产品市场和货币市场一般均衡的 IS—LM 模型，是凯恩斯宏观经济学国民收入决定理论的核心。其核心思想是产品市场和货币市场通过利率中介相互作用，共同决定均衡的国民收入和利率水平。IS—LM 模型较好地刻画了财政政策和货币政策对经济增长的作用机制，成为经济政策效果分析的重要工具。

3.3.1　IS—LM 模型

考虑包括家庭、企业和政府三部门的封闭经济。IS 曲线描述了产品市场均衡时国民收入和利率的相互关系。三部门经济中的均衡收入 Y 等于总需求 AD，总需求等于消费 C、投资 I 和政府购买支出 G 三者之和，即有 $Y=C+I+G$。设 $\bar{C}$、β、τ 分别表示自发性消费、边际消费倾向和边际税率，则消费方程可表示为 $C=\bar{C}+\beta(1-\tau)Y$。设 $\bar{I}$、d、r 分别表示自发性投资、利率对投资需求的影响系数、实际利率水平，则投资函数可表示为 $I=\bar{I}-dr$，其中 d 大于 0。总需求函数可表示成，$AD=\bar{C}+\beta(1-\tau)Y+\bar{I}-dr+G$。因此，描述产品市场均衡时国民收入和利率相互关系的*IS*曲线可表示为，$Y=(\bar{C}+\bar{I}-dr+G)/[1-\beta(1-\tau)]$，或$r=(\bar{C}+\bar{I}+G)/d-Y[1-\beta(1-\tau)]/d$。

以国民收入Y为横轴，实际利率r为纵轴表示的IS曲线的截距等于（$\bar{C}+\bar{I}+G$）/d，斜率为$dr/dY=-[1-\beta(1-\tau)]/d$。斜率$dr/dY$小于0，故IS曲线向右下方倾斜。IS曲线斜率大小与边际消费倾向β、边际税率τ和投资对利率的敏感系数d有关。当边际消费倾向β较大时，IS曲线斜率绝对值较小。因为政府支出乘数与边际消费倾向成正比，当利率变化引起投资发生变动时，会引致收入发生更大幅度的变动，因此IS曲线较平坦。反之，当边际消费倾向较小时，IS曲线较陡峭。当投资对利率变动较为敏感时，即d较大时，IS曲线斜率绝对值较小，IS曲线较平坦。反之，当d较小时IS曲线比较陡峭。在边际消费倾向和投资对利率变化的敏感系数一定时，边际税率τ越小，IS曲线越平缓，反之越陡峭。从经济实践来看，边际消费倾向相对稳定，而边际税率也不轻易发生变动，因此投资对利率的敏感程度是影响IS曲线斜率的主要因素。

LM曲线描述了货币市场均衡时国民收入与利率的相互关系。货币需求受到交易动机、预防性动机和投资动机的影响，其中交易动机和预防性动机跟收入成正比，而投机性动机与利率负相关。货币需求函数可表示成$L=kY-hr$，其中k表示货币需求对收入的敏感系数，h表示货币需求对利率的敏感系数，k和h均大于0。假定货币供给外生给定，政府提供的真实货币供给量$m=M/P$，其中M表示名义货币供给，P表示价格水平。货币市场均衡时有货币供给等于货币需求，即$M/P=kY-hr$。因此，描述货币市场均衡时国民收入和利率相互关系的LM曲线可表示为，$r=kY/h-m/h$。

LM曲线的截距为$-m/h$，斜率为$dr/dY=k/h>0$，故LM曲线向右上方倾斜。LM曲线斜率大小与货币需求对收入的敏感系数k和货币需求对利率的敏感系数h相关。货币需求对利率的敏感系数h一定时，货币需求对收入的敏感系数k越大，LM曲线越陡峭。当货币需求对收入的敏感系数k一定时，货币需求对利率的敏感系数h越大，LM曲线越平坦。

当产品市场和货币市场同时实现均衡时，均衡的国民收入和利率被决定。也即IS曲线和LM曲线的交点决定了均衡的国民收入和利率水平。产品市场和货币市场同时实现均衡的点并不一定是充分就业均衡，通过财政政策或货币政策进行调控可实现均衡就业。

三部门封闭经济的 IS—LM 模型如图 3 - 1 所示。

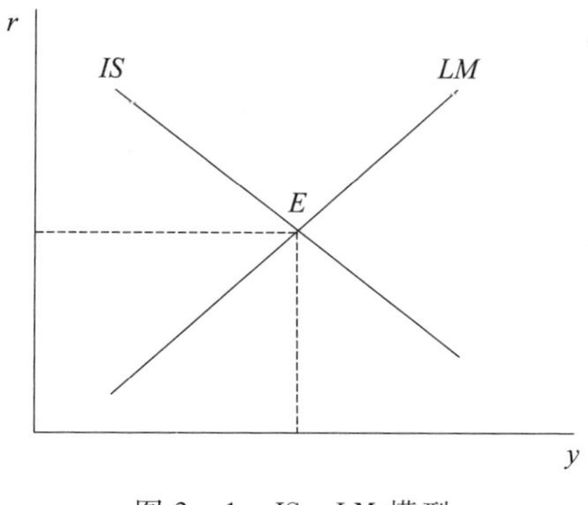

图 3 - 1　IS—LM 模型

3.3.2　政府支出影响经济增长的作用机制

财政政策作为宏观调控工具之一，可以通过政府支出变动和税收变动来影响总需求进而调节国民收入。政府支出或税收的变动通过乘数效应和挤出效应对以国民收入衡量的经济增长产生影响。

乘数效应是经济变量的变动所引起的总需求变动情况，其可分为正的乘数效应和负的乘数效应。乘数效应是政府支出影响经济增长的重要作用机制，政府支出变动所引致的国民收入数倍变动称之为政府支出乘数。设 ΔG 和 ΔY 分别表示政府支出变动和国民收入水平变动，则政府支出乘数可表示为 $\Delta Y/\Delta G$。由总需求方程可知，三部门封闭经济的政府支出乘数为$1/[1-\beta(1-\tau)]$。其表示在利率水平不变的情况下，政府支出变动一单位将引起总产出变动$1/[1-\beta(1-\tau)]$个单位。由 IS 曲线和 LM 曲线可知，产品市场和货币市场均衡的国民收入水平为 $Y=[(\bar{C}+\bar{I}+G)/d]/[k/h+[1-\beta(1-\tau)]/d]$，可得产品市场和货币市场均衡的政府支出乘数为 $dY/dG=(1/d)/[k/h+[1-\beta(1-\tau)]/d]$。产品市场和货币市场均衡时的政府支出乘数要小于不考虑利率变动的政府支出乘数$1/[1-\beta(1-\tau)]$。当货币需求对利率的敏感系数 h 趋于无穷大时，产品市场和货币市场均衡的政府支出乘数与不考虑利率变动的政府支出乘数相等。当货币需求对利率的敏感系数 h 很小时，也即货币需求对利率不敏感时，政府支出乘数趋近于 0。同时当货币需求对收入的敏感系数 k 较大时，产品市场和货币市场均衡时的政府支出乘数将变小。

挤出效应是影响政府支出经济增长效应的另一途径。挤出效应是政府支出增加所带来的私人消费和私人投资减少，进而使总产出增量低于利率不变时总产出水平增量的经济效应。当政府支出增加时，会引致总需求增加进而提高产出水平，产出水平的提高会使流通中货币需求增加导致利率上涨，利率的上涨将会使私人投资减少进而降低总需求使产出水平下降。由 IS 曲线可推算出政府支出的挤出效应大小为 $\Delta r/|-[1-\beta(1-\tau)]/d|$ 。政府支出挤出效应的大小与货币需求对利率的敏感系数 h、货币需求对收入的敏感系数 k、利率对投资需求的影响系数 d 和政府支出乘数大小有关。

因此，当政府支出增加时，乘数作用使得国民收入增加，同时产品市场和货币市场的调整使得利率水平提高。而利率水平的提高会对一部分私人投资产生抑制作用，降低政府支出的乘数效应，使政府支出所引致的国民收入增加幅度下降。

3.3.3 政府支出影响经济增长的比较静态分析

政府支出的变动将通过影响产品市场的均衡，进而通过利率中介作用对国民收入产生影响。可以使用 IS—LM 模型对政府支出的经济增长效应进行比较静态分析。

如图 3-2 所示，IS 曲线和 LM 曲线相交于 E_0，决定了均衡的利率水平 r_0 和国民收入水平 y_0。当 LM 曲线不变，实施增加政府支出的扩张性财政政策，IS 曲线将右移至 IS_1，与 LM 曲线相交于新的均衡点 E_1，确定了新的均衡利率水平 r_1 和国民收入水平 y_1。增加政府支出的扩张性财政政策在乘数作用机制下，使得国民收入水平由 y_0 增加到了 y_1。同时，产品市场和货币市场的均衡使得利率水平由 r_0 提高到了 r_1。假若保持利率水平 r_0 不变，增加政府支出的扩张性财政政策使得 IS 曲线右移，新的均衡点 E_2 所对应的国民收入水平为 y_2，并且 $y_2>y_1$。由此可知，由于利率水平的提高使得国民收入水平由 y_2 下降到了 y_1，$|y_2-y_1|$ 即为利率上升引起的挤出效应。$|y_2-y_1|$ 的大小等于 $\dfrac{r_1-r_0}{|-[1-\beta(1-\tau)]/d|}$。

3.3.4 决定政府支出效应的因素

从 IS—LM 模型的比较静态分析可知，政府支出的经济增长效应是乘数效应和挤出效应的综合反映。在乘数作用下，产出变动数倍于政府支出变动。在挤出

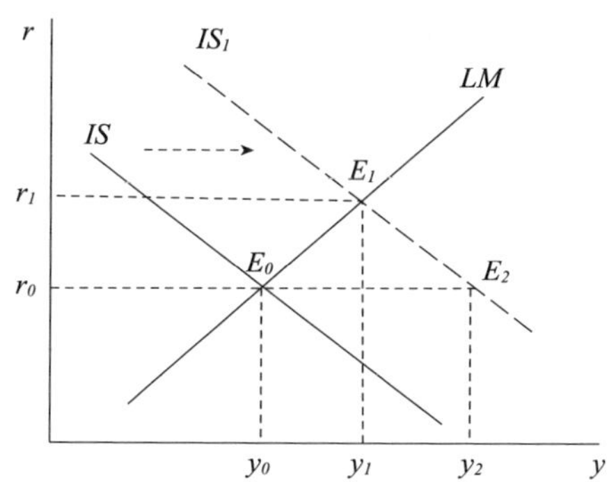

图 3－2　政府支出变动的比较静态分析

效应下，产出的变动将小于不考虑利率因素时的产出增量。因此，影响乘数效应和挤出效应的因素均会对政府支出的政策效果产生影响。支出乘数主要受边际消费倾向的影响，挤出效应大小与货币需求对利率的敏感系数 h、货币需求对收入的敏感系数 k、利率对投资需求的影响系数 d 有关。结合 IS—LM 模型，可以通过 IS 曲线和 LM 曲线的形状来分析政府支出的政策效果大小。

当边际消费倾向 β 较大，或投资对利率变动较为敏感即 d 较大时，IS 曲线斜率绝对值较小，IS 曲线较平坦。在 LM 曲线保持不变的情况下，IS 曲线变动引起的国民收入变化越小，政府支出的政策效果越小。反之 IS 曲线越陡峭，政府支出的政策效果越大。如图 3－3 所示，假定面临相同的货币市场，产品市场和货币市场均衡所决定的初始利率水平和国民收入水平相同。当政府支出有一个 ΔG 的增量时，IS 曲线右移至 IS_1，移动距离 $E_0E_2=\frac{\Delta G}{1-\beta(1-\tau)}$。由于利率上升导致私人投资减少，因此，实际收入增加无法达到 y_2 的水平。挤出效应使得产品市场和货币市场在 E_1 点实现新的均衡，均衡的利率和国民收入水平分别为 r_1、y_1 和 r_2、y_3。由（1）和（2）可知，收入的变动 $y_0y_1<y_0y_3$，挤出效应 $y_1y_2>y_3y_2$。即政府支出 ΔG 的增量变化，IS 曲线越平坦政策效果越小。

当货币需求对收入的敏感系数 k 越小，或货币需求对利率的敏感系数 h 越大时，LM 曲线越平坦。政府支出 ΔG 的增量变化，IS 曲线变动会引起较大的国民收入变化，政府支出的政策效果就越大。反之，LM 曲线越陡峭，政府支出的政策效果越小。

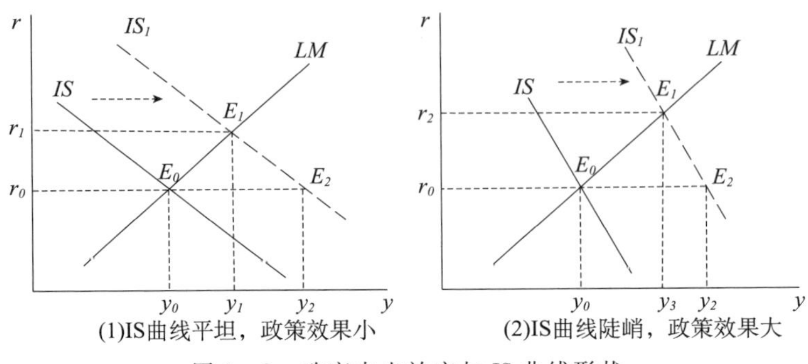

图 3－3 政府支出效应与 IS 曲线形状

3.4 动态随机一般均衡分析

DSGE 模型是目前主流的宏观经济政策分析工具。DSGE 模型在一般均衡的分析框架下考虑了变量的时间路径，并将随机性特征纳入经济模型中。DSGE 模型通过考察家庭、企业、政府等行为主体的最优决策，使得宏观经济学的分析具有扎实的微观基础，增强了经济模型对现实经济的解释力。目前，诸多国家的中央银行、财政部门等政府部门，以及国际货币基金组织、世界银行、OECD 等国际组织都在积极开发具有针对性的 DSGE 模型。比如美国的 SIGMA 模型，国际货币基金组织的 GEM、GFM、GIMF 模型，英国的 BEQM 模型，智利的 MAS 模型，瑞典的 RAMSEs 模型，秘鲁的 MEGA—D 模型，挪威的 NEMO 模型，加拿大的 TOTEM 模型，芬兰的 EDGE 模型，欧洲央行的 NAWM 模型等[①]。各国或经济组织旨在通过构建复杂的动态随机一般均衡模型以刻画现实经济，对经济形势和政策效果进行分析和预测。

3.4.1 DSGE 模型简介

Kydland 和 Prescott（1982）[②]、Long 和 Plosser（1983）[③] 在拉姆齐（Ramsey,

① 各国央行 DSGE 模型：http://www.bis.org/publ/work258.pdf.

② Kydland F E, Prescott E C. Time to Build and Aggregate Fluctuations [J]. Econometrica: Journal of the Econometric Society, 1982: 1345－1370.

③ Long Jr J B, Plosser C I. Real Business Cycles [J]. Journal of Political Economy, 1983, 91 (1): 39－69.

1928[①]）模型的基础上引入外生技术冲击构建了真实经济周期（Real Business Cycles，RBC）模型用于分析经济周期波动，这是 DSGE 模型的雏形。最初的 RBC 模型研究了技术冲击下家庭和企业两部门经济的最优决策问题，为 DSGE 模型拓展搭建了基本分析框架。一方面宏观经济分析建立在家庭和厂商的最优决策上，弥补了过去宏观经济分析微观基础不足的缺陷；另一方面运用动态最优理论，刻画了经济行为主体在不确定环境中的最优决策行为，这成为宏观经济理论分析的方法论基础。RBC 模型考虑的是一个处于完全竞争环境，没有经济摩擦的相对完美经济体，这与现实经济存在较大差距。同时，RBC 模型仅包括家庭和企业两部门经济，没有把政府部门纳入分析框架，无法对政策效果进行模拟评估。因此，RBC 模型在解释现实经济和模型拓展运用上大打折扣。

随着人们对现实经济的关注越来越高，经济学家们试图运用数理经济模型尽可能地对现实经济进行刻画，以揭示经济发展波动背后的深层原因，诸多学者在 RBC 模型的基础上进行了相应拓展。一方面，将更多的外生冲击纳入动态随机一般均衡分析。最初的 RBC 模型仅包括技术冲击，拓展后的模型包括劳动力供给冲击、偏好冲击、成本冲击、政府支出冲击、税收冲击、货币供给冲击等不同部门或行为个体的外生冲击。另一方面，拓展了模型的分析对象。将政府部门、货币当局、金融部门、外贸部门等纳入动态随机一般均衡分析框架，使得模型的分析能力得到提高。此外，放松了 RBC 模型较为严格的假设条件。比如引入垄断竞争机制、价格黏性和工资黏性，各种名义摩擦和实际摩擦的引入使模型更加贴近现实经济（张佐敏，2015[②]）。通过不同方面的拓展，DSGE 模型在传统 RBC 模型的基础上得到了快速发展。

DSGE 模型分析了家庭、厂商、政府部门等经济行为主体在一定约束条件下的动态最优化决策。相比于传统的宏观计量分析方法，DSGE 模型所具有的动态性、随机性和一般均衡特征使得其在宏观经济政策效果分析方面具有明显优势。DSGE 模型的各行为主体，基于理性预期，动态地考察其决策行为对当期和未来的影响。模型通过引入多种外生随机冲击，以便更好地反映现实经济的随机性和不确定性，并结合行为主体的理性决策共同刻画了模型的动态特征。同时，DSGE 模型将各行为主体纳入一般均衡分析框架，系统全面地考察各行为主体之

① Ramsey F P. A Mathematical Theory of Saving [J]. The Economic Journal, 1928, 38 (152): 543 -559.
② 张佐敏．财政规则与政策效果研究 [M]. 北京：科学出版社，2015.

间的相互作用关系，进而通过情景模拟考察整个经济体的运行情况。因此，相对于一般的实证分析方法，DSGE 模型具有以下几方面优势：一是 DSGE 模型基于家庭效应最大化、厂商成本最小化、政府政策规则等条件构建经济体系的动态均衡条件，具有扎实的微观基础。二是能系统考察局部市场对经济体运行的影响。DSGE 模型在一般均衡的分析框架下能考察劳动力市场和资本市场等要素市场以及中间品和最终品等产品市场均衡情况。能基于局部市场的外生冲击变化分析整个经济体系的运行状况。三是通过政策效果模拟可以揭示各种政策规则的作用机理。DSGE 模型的这些优点，使得其在宏观经济政策分析方面得到广泛运用。

DSGE 模型分析步骤包括模型构建与求解、参数确定、模型应用分析等部分。根据所要解决的问题确定经济中行为个体等研究对象，通过分析研究对象的影响因素，并将影响过程用数学方程的形式刻画出来，形成包含行为个体最优决策方程的经济动态系统。使用对数线性化方法将经济动态系统转化为可以求解的线性动态经济系统。通过校准法或最大似然法、贝叶斯估计等方法得到模型相关系统参数，实现对现实经济的拟合，并根据拟合情况对模型进行修正。在此基础上分析不同的政策规则组合对主要经济变量的影响。DSGE 模型分析框架如图 3－4 所示。

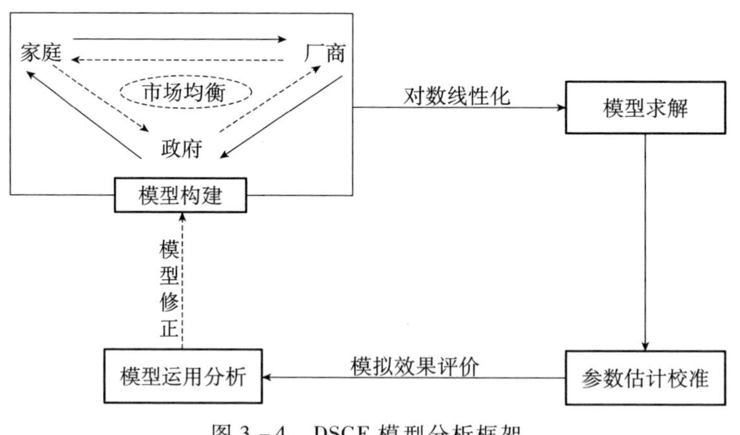

图 3－4　DSGE 模型分析框架

3.4.2　对数线性化

对数线性化是将非线性动态系统转化为便于求解的线性动态系统的方法，是

DSGE 模型求解的重要过程（Uhlig，1995[①]）。定义对数离差形式，

$$\hat{x}_t = \ln X_t - \ln X^* = \ln\left(\frac{X_t}{X^*}\right) = \ln\left(\frac{X_t - X^*}{X^*} + 1\right) \approx \frac{X_t - X^*}{X^*} \tag{3.1}$$

其中，X^* 表示变量 X_t 的稳态值，$\hat{x}_t$ 表示变量 X_t 偏离稳态值 X^* 的对数离差。

对数线性化就是将非线性动态系统方程组中的变量 X_t 全部表示成 $\hat{x}_t$ 的形式。假设存在非线性方程 $X_{t+1} = f(X_t, Y_t)$，对其在稳态点（X^*，Y^*）处进行一阶泰勒展开，

$$X_{t+1} \approx f(X^*, Y^*) + f_X(X^*, Y^*)(X_t - X^*) + f_Y(X^*, Y^*)(Y_t - Y^*) \tag{3.2}$$

两边同时除以 $f(X^*, Y^*)$ 并整理可得，

$$\frac{X_{t+1} - f(X^*, Y^*)}{f(X^*, Y^*)} + 1 \approx 1 + f_X(X^*, Y^*)\frac{X^*}{f(X^*, Y^*)}\frac{(X_t - X^*)}{X^*} + f_Y(X^*, Y^*)\frac{Y^*}{f(X^*, Y^*)}\frac{(Y_t - Y^*)}{Y^*} \tag{3.3}$$

由于稳态时有 $X_{t+1}^* = X_t^* = f(X^*, Y^*)$，化解可得线性方程，

$$\hat{x}_{t+1} \approx f_X(X^*, Y^*)\hat{x}_t + f_Y(X^*, Y^*)\frac{Y^*}{X^*}\hat{y}_t \tag{3.4}$$

对于多变量非线性方程，可以采用同样的方法进行对数线性化处理。

3.4.3　模型求解

DSGE 模型的求解方法主要有 BK 方法（Blanchard 和 Kahn，1980[②]）、待定系数法（Undetermined Coefficients Method）（Uhlig，1995）、Schur 方法（Schur decomposition）（Klein，2000[③]）和 QZ 因式分解法（Sims，2002[④]）。其中 BK 方法是 Dynare 工具箱求解一阶模型最经典的方法。本书采用 BK 方法对 DSGE 模型进行求解，本部分简要介绍 BK 方法的求解过程。

---

① Uhlig H. A Toolkit for Analyzing Nonlinear Dynamic Stochastic Models Easily [R]. Center for Economic Research Discussion Paper, No. 1995 - 97.

② Blanchard O J, Kahn C M. The Solution of Linear Difference Models under Rational Expectations [J]. Econometrica: Journal of the Econometric Society, 1980: 1305 - 1311.

③ Klein P. Using the Generalized Schur form to Solve a Multivariate Linear Rational Expectations Model [J]. Journal of Economic Dynamics and Control, 2000, 24 (10): 1405 - 1423.

④ Sims C A. Solving Linear Rational Expectations Models [J]. Computational Economics, 2002, 20 (1): 1 - 20.

对数线性化模型可以表示成如下状态空间形式，

$$E_t X_{t+1} = MX_t \tag{3.5}$$

其中 $X_t = \begin{pmatrix} \underset{n\times 1}{X_{1t}} \\ \underset{m\times 1}{X_{2t}} \end{pmatrix}$，$M = \begin{pmatrix} \underset{n\times n}{M_{11}} & \underset{n\times m}{M_{12}} \\ \underset{m\times n}{M_{21}} & \underset{m\times m}{M_{22}} \end{pmatrix}$，$n$ 为控制变量的个数，m 为状态变量的个数，E_t 为期望算子，矩阵 M 为 $n+m$ 维方阵，具有 $n+m$ 个特征值与特征向量。

设定政策方程为，

$$X_{1t} = PX_{2t} \tag{3.6}$$

其中 P 为 $n\times m$ 维向量。

由（3.5）可知，

$$E_t X_{1t+1} = M_{11}X_{1t} + M_{12}X_{2t} = (M_{11}P + M_{12})X_{2t} = \underset{n\times m}{C}X_{2t} \tag{3.7}$$

$$E_t X_{2t+1} = M_{21}X_{1t} + M_{22}X_{2t} = (M_{21}P + M_{22})X_{2t} = \underset{m\times m}{A}X_{2t} \tag{3.8}$$

其中，$A = (M_{21}P + M_{22})$，$C = (M_{11}P + M_{12})$。

X_{2t}的理性预期形式为，

$$X_{2t} = AX_{2t-1} + B\varepsilon_t \tag{3.9}$$

由政策方程 $X_{1t} = PX_{2t}$可得，

$$X_{1t} = PX_{2t} = PAX_{2t-1} + PB\varepsilon_t = CX_{2t-1} + D\varepsilon_t \tag{3.10}$$

其中，$C = PA$，$D = PB$。

因此，对数线性化模型的状态空间可由（3.9）和（3.10）进行刻画，其中（3.10）为测量方程，（3.9）为转移方程。

对矩阵 M 进行 Jordan 分解，$M = Q\Lambda Q^{-1}$，Q 为特征向量，Λ 为特征值矩阵。把 Λ 按从小到大的顺序排列，

$$\Lambda = \begin{pmatrix} \underset{k\times k}{\Lambda_1} & 0 \\ 0 & \underset{l\times l}{\Lambda_2} \end{pmatrix} \tag{3.11}$$

其中向量 Λ_1 的特征值的绝对值均小于 1，向量 Λ_2 的特征值的绝对值均大于 1，并且 $k + l = n + m$。

定义 $Z_t = Q^{-1}X_t$，代入（3.5）有，

$$E_t X_{t+1} = MX_t = Q\Lambda Q^{-1}X_t \tag{3.12}$$

两边乘以 Q^{-1}可得，$E_t Q^{-1}X_{t+1} = \Lambda Q^{-1}X_t$，即有

$$E_t Z_{t+1} = \Lambda Z_t \tag{3.13}$$

又 $Z_t = \begin{pmatrix} \underset{k\times 1}{Z_{1t}} \\ \underset{l\times 1}{Z_{2t}} \end{pmatrix}$，代入（3.13）有，

$$E_t\begin{pmatrix} Z_{1t+1} \\ Z_{2t+1} \end{pmatrix} = \begin{pmatrix} \Lambda_1 & 0 \\ 0 & \Lambda_2 \end{pmatrix}\begin{pmatrix} Z_{1t} \\ Z_{2t} \end{pmatrix} = \begin{pmatrix} \Lambda_1 Z_{1t} \\ \Lambda_2 Z_{2t} \end{pmatrix} \tag{3.14}$$

由（3.14）可知 $E_t Z_{2t+1} = \Lambda_2 Z_{2t} = \Lambda_2^2 Z_{2t-1} = \cdots = \Lambda_2^t Z_{21}$，对于任意给定的 $Z_{21} \neq 0$，因为 $|\Lambda_2| \geqslant 1$，故当 t 增大时，$Z_{2t} \to \infty$，这不满足横截性条件。因此，对于 $\forall t$，有 $Z_{2t} = 0$。

将 Q^{-1} 进行分块处理，$Q^{-1} = \begin{pmatrix} \underset{k\times n}{G_{11}} & \underset{k\times m}{G_{12}} \\ \underset{l\times n}{G_{21}} & \underset{l\times m}{G_{22}} \end{pmatrix}$，将 Q^{-1} 代入 $Z_t = Q^{-1}X_t$ 可得，

$$Z_t = \begin{pmatrix} \underset{k\times 1}{Z_{1t}} \\ \underset{l\times 1}{Z_{2t}} \end{pmatrix} = Q^{-1}X_t = \begin{pmatrix} G_{11} & G_{12} \\ G_{21} & G_{22} \end{pmatrix}\begin{pmatrix} X_{1t} \\ X_{2t} \end{pmatrix} \tag{3.15}$$

由 $Z_{2t} = 0$ 可得，$Z_{2t} = G_{21}X_{1t} + G_{22}X_{2t} = 0$，故政策方程为 $X_{1t} = -G_{21}^{-1}G_{22}X_{2t}$。其中，

$$P = -G_{21}^{-1}G_{22} \tag{3.16}$$

由齐次线性方程组解的判定条件，当方程个数等于未知数个数时，有唯一解；当方程个数小于未知数个数时，有无穷解；当方程个数大于未知数个数时，无解。BK 方法中解的存在性和唯一性需要满足 BK 条件，即当非稳定特征根的个数 l 等于控制变量的个数 n 时，模型有唯一解。

3.4.4　模型参数校准与估计

DSGE 模型通过行为方程刻画经济主体的行为特征，而行为方程包括大量结构性参数。模型对现实经济的模拟效果，很大程度上取决于结构参数的取值。DSGE 模型参数通常采用校准和估计确定。

校准法（Calibration）是根据经济变量的长期数量关系来确定模型参数的方法，这类参数主要反映模型的稳态特征（刘斌，2010①）。Kydland 和 Prescott

① 刘斌．动态随机一般均衡模型及其应用［M］．北京：中国金融出版社，2010.

(1982）较早使用校准法赋值 RBC 模型的相关参数，对现实经济进行模拟分析。校准法虽然不是严格意义上的统计估计方法，但校准法得到的参数源于现实经济数据，是对稳态时变量间长期关系的良好近似替代，因此受经济政策环境变化的影响相对较小，能较好地解决卢卡斯批判问题（张佐敏，2015）。

估计方法用于确定反映模型动态特征的参数赋值。常用的估计方法有极大似然估计法（Maximum Likelihood Method）、广义矩估计方法（GMM）、模拟矩估计方法（SMM）和贝叶斯估计（Bayesian Estimation），其中贝叶斯估计是 DSGE 模型动态参数估计的最主要方法。贝叶斯估计认为，待估计参数是一个随机变量，在考虑参数先验分布特征的基础上，根据贝叶斯估计原理得到参数的后验分布特征，相对于极大似然估计，其估计的参数有效性更高。贝叶斯估计首先需要设定待估参数分布类型、均值、标准差等先验分布特征；其次，运用卡尔曼滤波方法得到模型状态空间形式解的对数似然函数；再次，结合先验分布和对数似然函数求解参数的后验分布密度函数；最后，基于马尔科夫蒙特卡洛方法（MCMC）计算后验分布均值、标准差等特征信息。

DSGE 模型参数的确定是校准法和估计的有机结合，对于可以通过历史数据信息识别的参数通常使用校准法，对于无法使用历史数据信息识别的参数通常使用贝叶斯估计方法得到。

3.5 政府支出经济增长效应区域差异的影响机制

地区之间由于资源禀赋、自然条件、政策制度等方面的不同，政府支出对经济增长的影响会呈现出差异。本部分从生产要素差异、市场化程度以及制度变迁三个主要方面分析政府支出经济增长效应区域差异的作用路径。

3.5.1 影响经济增长的因素

资本、劳动和土地作为产出的投入要素直接作用于经济增长。在经济发展的初级阶段，生产要素资源投入不足，要素投入的增加会带来相应的经济增长。随着要素的进一步投入和产出规模的扩大，生产要素的继续增加未必能带来相应的产出增长。一方面产出的增长会经历规模报酬递增、不变和递减的阶段，当生产技术无法满足过多的要素投入时，生产便会进入规模报酬不变甚至递减的阶段。

另一方面，经济增长需要各要素之间有一个合理的配置比例，过多的投入会带来资源的浪费，而过少的投入则无法达到最优的产出规模。

经济增长除受资本、劳动、土地等传统生产要素影响外，资源配置情况、规模经济、知识进展、技术水平、政策制度等也是影响经济增长的重要因素。资源配置效率的高低将影响经济的产出水平，资源有效配置将提高生产要素转换为产出的效率，同时也有利于要素资源的充分利用。而无效的资源配置不仅造成资源的浪费，还会侵蚀部分产出降低社会福利水平。资源配置效率的高低与经济的开放程度以及市场化程度都密切相关。知识进展和技术水平主要通过影响生产技术进而影响产出。一方面生产技术水平的提高，能有效提高单位投入的产出水平，相同的投入能带来更大的产出或相同的产出水平只需要更少的生产要素投入。另一方面生产技术水平的提高能为经济增长带来持久动力。政策制度也是影响经济增长的重要因素，有效的政策制度将为经济的持续健康发展保驾护航。政府通过完善法律体系、健全市场规则，减少政府干预降低经济运行的交易成本，营造良好的经济社会运行环境，为市场在资源配置中发挥决定性作用夯实基础的同时，更好地服务于经济增长。

3.5.2　政府支出经济增长效应区域差异的作用路径

政府支出通过乘数效应和挤出效应对经济增长产生影响，那么不同地区之间政府支出经济增长效应的差异是如何产生的呢？本部分重点从资源禀赋、市场化程度以及制度变迁三个方面分析政府支出经济增长效应区域差异的作用路径。

资源禀赋差异影响产出的作用机制如图 3－5 所示。XX'、YY'、ZZ'表示生产可能性曲线，U_0、U_1、U_2 分别表示效用无差异曲线，且 $U_1 > U_0 > U_2$。假定经济系统使用两种生产要素，不同地区初始生产能力均为 XX'所代表的生产可能性曲线，效用无差异曲线为 U_0，经济在 E_0 点实现帕累托最优配置。此时各地区间均拥有 OC 数量的要素 2 和 OD 数量的要素 1。为简化分析，假定不同地区间初始资源禀赋和初始经济发展水平相同，由于区域间生产生活条件存在差异，生产要素在区域间流动将导致后天资源要素的丰裕程度不同。对于生产生活条件便利的地区，其吸引要素的能力要大于生产生活条件较差的地区，因此要素资源会从生产生活条件差的地区向便利的地区流动。生产生活条件便利的地区由于集聚了更多的生产要素资源，其生产能力由初始生产能力 XX'提升到 YY'所代表的水平，其效用无差异曲线为 U_1，并在 E_1 点实现帕累托最优配置。生产生活条件差的地区由于要素资源流出，生产能力由初始生产能力 XX' 下降到 ZZ' 所代表的水平，效用无差异曲线为 U_2，并在 E_2 点实现帕累托最优配置。随着生产要素资源在区域间的流动，会形成地区间资源禀赋的后天差异。要素流入的地区资源丰裕，产出能力增强，逐渐变成经济发达地区。而要素流出的地区资源相对匮乏，产出能力较初始生产能力有所下降，这些地区逐渐成为经济欠发地区。由于生产生活条件的先天差异导致要素在区域间流动形成资源禀赋的后天差异，进而使得地区间经济发展出现差距，造成区域间经济发展失衡。

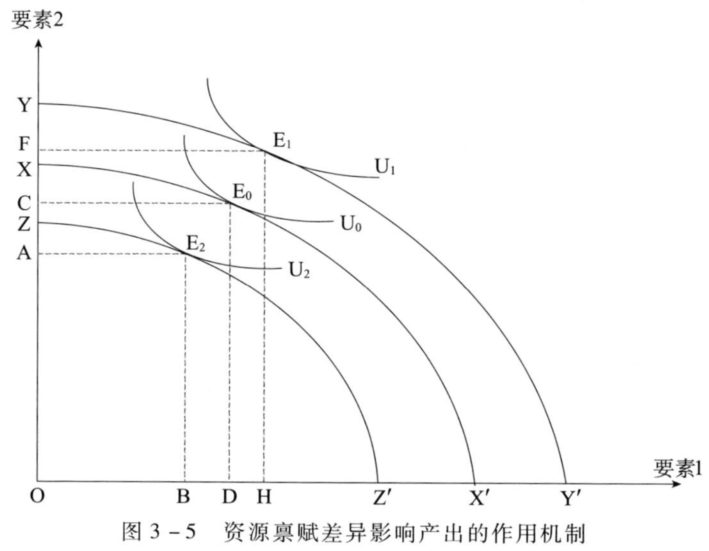

图 3－5　资源禀赋差异影响产出的作用机制

市场化程度差异影响产出的作用机制如图 3－6 所示。假设经济使用资本和劳动两种生产要素进行生产，初始状态下地区间生产能力处于 $y_0 = A_0f(k,\ l)$ 所表示的水平，使用要素（k，l），产出水平为 y_0。市场化程度的差异会使得地区间经济社会发展的交易成本以及资源配置的效率存在差异。市场化程度高的地区，经济社会发展的交易成本较低，同时在市场机制作用下资源配置的效率较高。低交易成本和高配置效率使得产出效率得到提升，生产函数由 $y_0 = A_0f(k,\ l)$ 上移到 $y_1 = A_1f(k,\ l)$ 所表示的水平。使用同样的要素投入（k，l），市场化程度提高后的产出水平为 y_1，y_1 大于 y_0，也即市场化程度改善使得产出水平得到了提升。市场化程度较低的地区，经济社会发展的交易成本较高，同时市场化程度较低的地区政府对经济的干预较多，市场配置资源的机制被扭曲，市场机制的优势难以得到充分发挥。高交易成本和低配置效率削减了经济的产出效率，生

产函数由 $y_0 = A_0 f(k, l)$ 下移到 $y_2 = A_2 f(k, l)$ 所表示的水平。使用同样的要素投入（k，l），市场化程度较低的地区产出水平为 y_2，y_2 小于 y_0，也即市场化程度较低的地区产出水平也相对较低。地区间市场化程度的不同将导致产出效率的差异，使得区域经济发展呈现出差距。

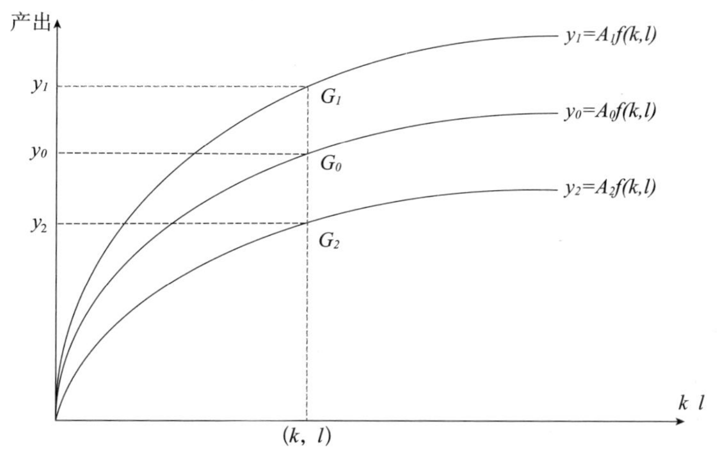

图 3－6　市场化程度差异影响产出的作用机制

制度变迁影响产出的作用机制如图 3－7 所示。当制度供给与需求基本均衡时，制度处于稳定状态；当制度不能满足需求时，将发生制度的变迁。横轴表示制度状态，纵轴表示制度收益或成本。$SYS-S_0$ 为制度供给曲线，在其他条件不变的情况下，制度收益越高，制度供给的数量或质量越高。$SYS-D_0$ 为制度需求曲线，在其他条件不变的情况下，制度成本越低，对制度的需求越高。由于区域间资源禀赋和自然历史条件的差异，区域均衡发展需要一定的制度安排作保障。初始制度安排下，制度供给曲线 $SYS-S_0$ 与制度需求曲线 $SYS-D_0$ 在 E_0 点实现制度均衡。当区域经济均衡发展时，现有政策制度能够满足经济社会发展需要，因此没有制度变迁的动力。当区域经济非均衡发展时，为缩小经济欠发达地区与发达地区的差距，经济欠发达地区的地方政府希望得到更多的政策支持以发展经济，对政策制度的需求将增加。同时中央政府为实现区域经济协调发展的目标，也会考虑相应的制度安排以保持区域均衡发展。随着经济发展水平的不断提高，地区间经济发展的失衡，便会出现经济政策制度演变的需求和供给动力。

区域经济的非均衡发展，一方面使得宏观经济调控有效性下降，另一方面不利于社会稳定。通过发展经济提高生活水平和质量成为民众的普遍诉求，对于经济欠发达地区来讲，人们对区域协调经济政策制度的需求会增加，从而产生新的经济政策需求，制度需求曲线从 $SYS-D_0$ 向上移动到 $SYS-D_1$ 的位置。为有效控制区域经济发展失衡，提高宏观调控的有效性和保持社会稳定，中央政府致力于出台有助于缩小区域经济发展差距的政策制度，从而形成新的制度供给，制度供给曲线从 $SYS-S_0$ 右移动到 $SYS-S_1$ 的位置。新的制度供给与制度需求在 E_1 点实现新的均衡。在区域经济政策制度变迁需求和供给的共同作用下，形成新的区域政策制度，其目标是缩小区域间经济社会发展差距。

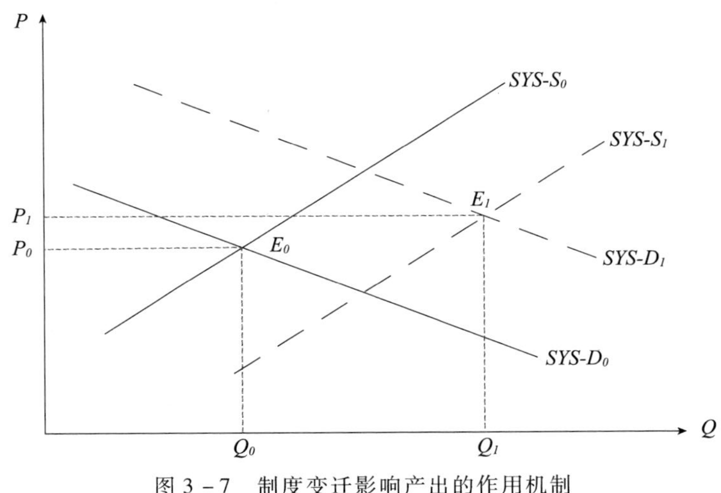

图 3-7 制度变迁影响产出的作用机制

3.6 本章小结

本章从凯恩斯经济学、新古典综合派和新凯恩斯主义经济学三个主流经济思想流派对经济增长理论进行追溯。从市场失灵、财政职能和公共风险三个方面阐述了政府支出的合理性，基于瓦格纳的政府活动扩张法则、皮科克和威斯曼的梯度渐进增长理论、马斯格雷夫和罗斯托的经济发展阶段论以及鲍莫尔的非均衡增长理论对政府支出扩张的原因进行了解析。运用 IS—LM 模型对政府支出影响经济增长的作用机制、传导路径和决定因素进行了理论分析，对动态随机一般均衡模型的构建与求解、参数确定、模型应用分析等作了说明。最后，从资源禀赋、市场化程度以及制度变迁三个方面分析了政府支出经济增长效应区域差异的作用路径。

第4章　政府支出经济增长效应区域静态差异测度与分解

政府支出作为重要的政策工具，在宏观经济调控实践中有重要地位。从政府支出和经济增长现状入手探讨政府支出与经济增长的影响关系，旨在对政府支出经济增长效应的区域差异特征作出回应。本章主要从总量和结构视角分析政府支出经济增长效应的区域静态差异。首先，描述了政府支出规模和结构以及经济增长的区域差异特征事实。其次，分析政府支出乘数效应、产出弹性和支出效率的时变特征和区域差异。最后，基于泰尔指数对政府支出和经济增长的区域差异进行分解，在此基础上分析了政府支出差异对区域经济增长差异的反馈效应。

4.1　区域差异特征事实

区域差异特征事实来自于对政府支出和经济增长情况的纵向和横向考察，纵向上分析历年来政府支出规模、结构以及经济增长情况的变化趋势，横向上通过对比全国、东部、中部、西部不同区域之间的政府支出和经济增长水平差异。结合纵向变化和横向对比，对政府支出和经济增长的区域差异特征事实进行全面扫描。这些事实包括政府支出的GDP占比，政府支出的构成情况，政府支出规模、结构以及经济增长在各区域内的离散程度。

离散程度是用来测度数据分布离中趋势和分散程度的指标，反映离散程度的统计指标通常有极差、极值比、方差、变异系数等。极差是样本最大值与最小值的差额，反映的是绝对差距。极差指标包含相对差距和规模因素在内，并且容易受到极端值的影响，不能准确地描述出数据的分散程度特征。极值比是样本最大值与最小值之间的比例关系，反映的是相对差距，极值比指标虽然剔除了数量规模因素，但并不能度量样本所有指标的差距，同时极值比指标易受到异常值的影响，以此来衡量通常会扩大样本差异。方差是样本数据离差平方的平均数，剔除了规模因素能较好地测定样本各主体的离散程度，但不利于比较不同组数据之间的差异程度。变异系数是样本标准差与平均数的比值，较好地克服了方差的不足，能比较不同组别或不同样本数据的离散程度大小，但变异系数的不足之处在于不能对差异进行分解。综合考虑各指标的优缺点，本章选取极值比和变异系数来衡量区域间政府支出和经济增长的差异。其中运用极值比对相对差距进行初步判断，使用变异系数衡量区域内个地区之间的相对差异情况。变异系数越小说明样本数据分布较为均衡，个体间差异越小。极值比和变异系数计算公式如（4.1）和（4.2）所示。

$$极值比\ E = Max(x_i)/Min(x_i) \tag{4.1}$$

$$变异系数\ V = \sqrt{\sum (x_i - \bar{x})^2 (n-1)}/\bar{x} \tag{4.2}$$

其中，x_i 为样本数据，$\bar{x}$ 为样本均值，n 为样本容量，$Max(x_i)$ 和 $Min(x_i)$ 分别表示样本数据 x_i 的最大值与最小值。

4.1.1 政府支出区域差异事实

政府支出区域差异事实包括政府支出规模和支出结构两个方面，政府支出结构遵循本书关于支出分类的基本原则。

（1）政府支出规模

随着经济社会的快速发展，我国政府支出规模也迅速扩大。以政府支出占GDP的比重来看①，全国和各区域间呈现出递增的态势，其中年平均占比西部最高、中部次之、东部最低。1997 年我国政府支出的 GDP 占比为 8.50%，之后呈现出不断上升的趋势，到 2015 年该比重达到 20.62%，1997—2015 年间平均占比为 14.13%。政府支出占 GDP 的比重在区域间整体上也呈现出递增的态势。2015 年西部地区政府支出占 GDP 的比重为 29.13%，在三大区域中最高，其次为中部和东部，占比分别为 22.08% 和 16.92%。1997—2015 年东部、中部、西部平均占比分别为 11.71%、14.94% 和 20.63%，其中西部和中部地区的政府支出 GDP 占比高于全国水平。政府支出占 GDP 的比重如图 4 - 1 所示。

---

① 政府支出 GDP 占比、生产性政府支出占政府支出的比重通过区域数据汇总后计算得到，其中年平均占比取各年度平均值计算得到。

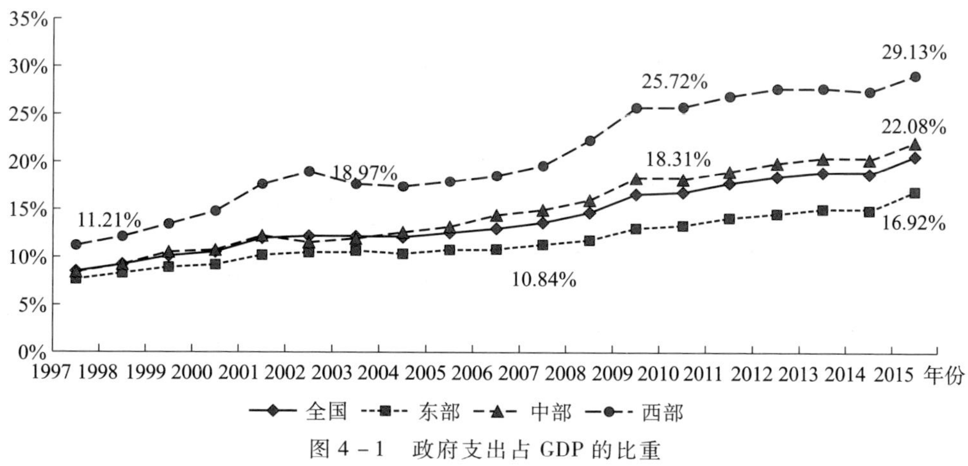

图 4－1　政府支出占 GDP 的比重

1997—2015 年，人均政府支出绝对额全国、东部、中部、西部年均增长率分别为 18.25%、16.83%、19.02%、19.78%①。东部地区人均政府支出的绝对水平虽然高于中部和西部地区，但中部和西部地区的增长幅度要大于东部地区，预计区域间政府支出的绝对差距将逐步缩小。在相对水平上，我国人均政府支出差距呈现出缩小趋势。1997 年全国人均政府支出最高省份是最低省份的 9.12 倍，到 2015 年该比值下降到 3.69。在区域内部，东部地区的人均政府支出相对差距要大于中部地区的和西部地区，但呈现出缩小的态势。东部地区人均政府支出极值比从 1997 年的 6.77 下降到 2015 年的 3.48。西部地区各省份之间的人均政府支出差距保持在较小范围内，但从 2009 年开始有缓慢扩大的迹象。中部地区各省份之间人均政府支出相对差距较小且基本稳定。人均政府支出极值比如图 4－2 所示。

人均政府支出变异系数变化趋势与人均政府支出极值比基本一致。全国人均政府支出变异系数由 1997 年的 0.78 下降到 2015 年的 0.46，各省份间人均政府支出水平相对差距在逐步缩小。在区域内部，东部地区各省份人均政府支出水平差距大于中部和西部地区，这也印证了由人均政府支出极值比得出的初步判断。中部地区和西部地区人均政府支出水平虽不及东部地区，但在区域内各省份之间的人均政府支出差距要小于东部地区。东部地区人均政府支出变异系数 1997 年为 0.74，2015 年为 0.46，说明东部地区各省份之间人均政府支出差距在不断缩

① 年均增长率通过分别汇总全国、东部、中部、西部数据后计算年复合增长率得到。

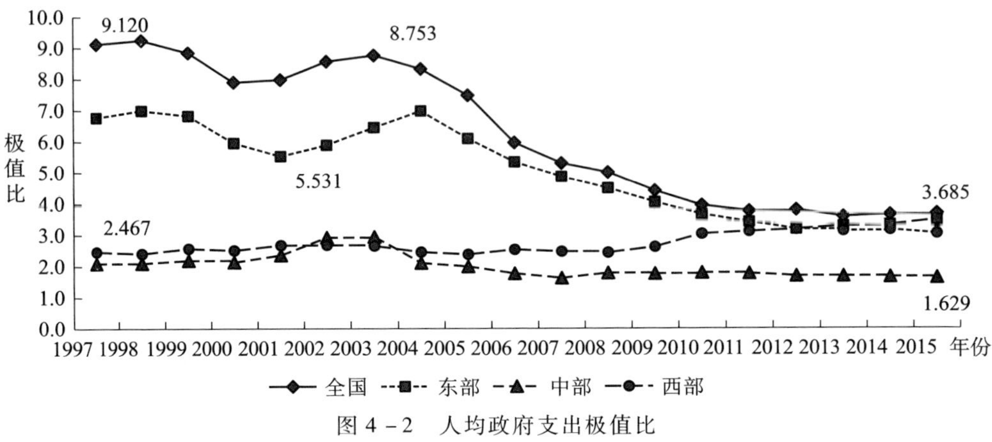

图 4－2 人均政府支出极值比

小。中部地区人均政府支出变异系数稳中有降，而西部地区人均政府支出变异系数从 2009 年开始有所扩大。人均政府支出变异系数如图 4－3 所示。

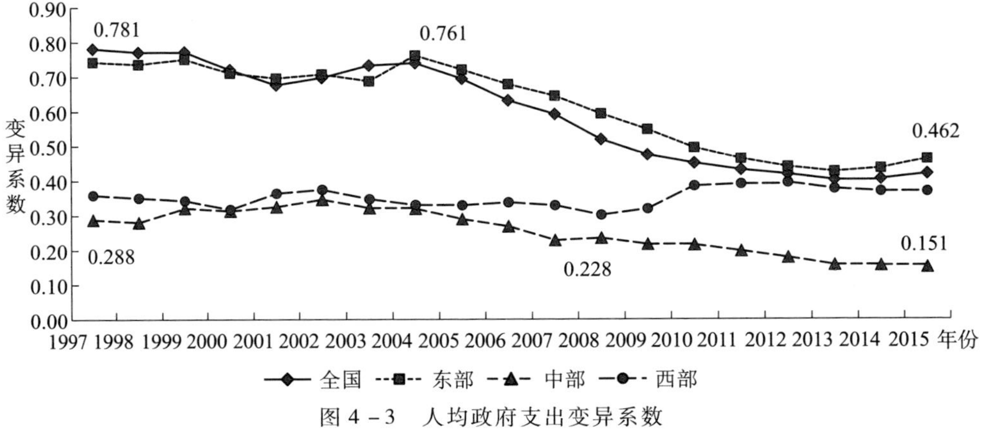

图 4－3 人均政府支出变异系数

（2）生产性政府支出

生产性政府支出占政府支出的比重可以反映出政府支出结构的变化特征。总的来看，1997—2015 年间生产性政府支出占政府支出的平均比重全国、东部、中部、西部分别为 45.23%、46.50%、42.59%、45.55%，无论全国还是各区域间生产性政府支出占比都较大，并且东部地区生产性政府支出占比要高于中部地区和西部地区。从各区域生产性政府支出占比的变化趋势来看，生产性政府支出占比呈现出明显的“V”型时变特征。2007 年以前，东中西部各区域生产性政府支出占比整体上均呈现出逐步下降的趋势，其中东部地区由1997年的48.35%下降到2006年的38.11%，中部地区由1997年的42.26%下降到2006年的33.95%，西部地区由1997年的45.24%下降到2006年的39.43%。2007年及其以后，各区域生产性政府支出占比基本呈现出逐年上升的态势。其中东部地区2015年为57.06%，较2006年上升了18.95个百分点；中部地区2015年为52.39%，较2006年上升了18.44个百分点；西部地区2015年为53.39%，较2006年上升了13.96个百分点。生产性政府支出占比的“V”型特征，尤其是2007年以来比重的逐渐增加，这一变化与全球金融危机发生的时间基本吻合。全球金融危机后，我国政府采取了积极的财政政策刺激计划，加大了政府在基础设施建设等方面的投资，这一定程度上反映出生产性政府支出在稳定经济增长方面有着重要作用。生产性政府支出占政府支出的比重如图4-4所示。

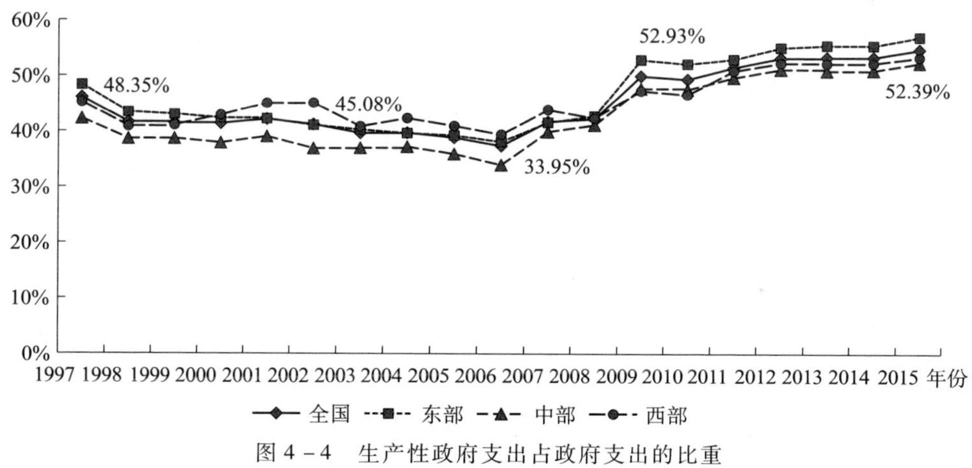

图4-4 生产性政府支出占政府支出的比重

人均生产性政府支出绝对额全国、东部、中部、西部1997—2015年年均增长率分别为19.40%、17.91%、20.45%、20.89%，中部和西部地区年均增长率显著高于东部地区，这意味着虽然东部地区人均生产性政府支出绝对水平高于中西部地区，但如果保持现有的年均增长速度，未来中西部地区与东部地区的人均生产性政府支出绝对差距会逐步缩小。从人均生产性政府支出的极值比来看，各省份之间的相对差距在逐步缩小，1997年全国该值为11.55，到2015年缩小为4.17。区域层面，东部地区各省人均生产性政府支出相对差距大于中部和西部地区。东部地区该值由1997年的7.81下降到2015年的3.80，中部地区各省份之间的相对差距基本保持稳定，而西部地区从2009年开始有缓慢扩大的趋势。人均生产性政府支出极值比如图 4－5 所示。

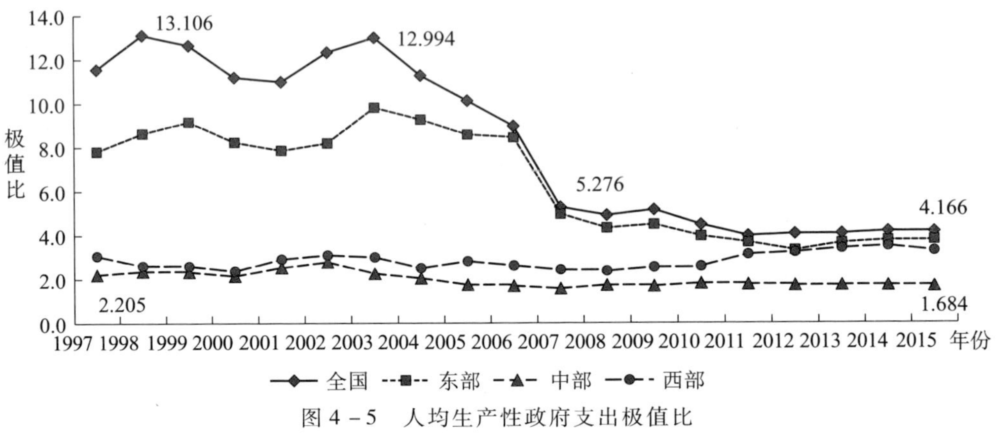

图 4－5 人均生产性政府支出极值比

全国人均生产性政府支出变异系数呈缩小态势，由 1997 年的 0.87 下降到 2015 年的 0.46，说明各省份之间人均生产性政府支出绝对水平差距在逐步缩小。区域层面，东部地区人均生产性政府支出变异系数要高于中部地区和西部地区，说明东部地区各省份人均生产性政府支出离散程度更高。东部地区人均生产性政府支出变异系数由 1997 年的 0.79 缩小到 2015 年的 0.49，呈现出逐步下降的趋势。西部地区人均生产性政府支出变异系数较为稳定，但从 2009 年开始呈现出缓慢扩大的迹象。中部地区人均生产性政府支出变异系数最小，呈现出稳中有降的特征。人均生产性政府支出变异系数如图 4－6 所示。

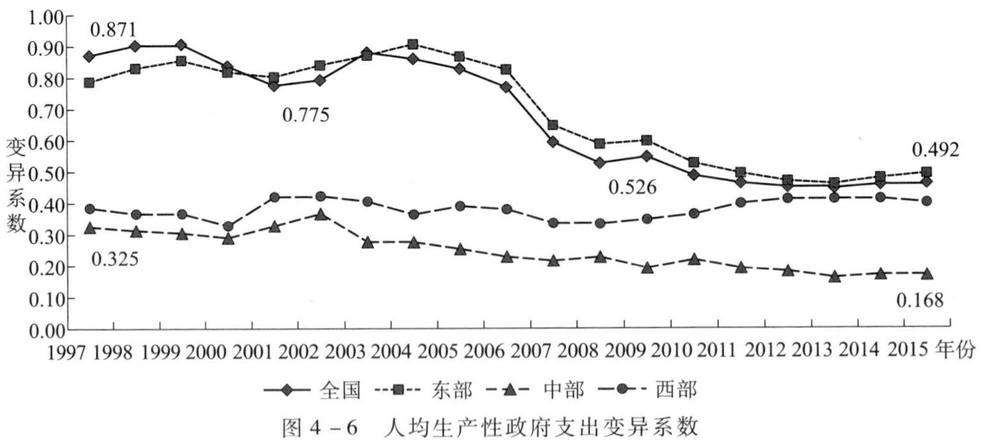

图 4－6 人均生产性政府支出变异系数

(3) 非生产性政府支出

全国、东部、中部、西部 1997—2015 年人均非生产性政府支出绝对额年均增长率分别为 17.10%、15.64%、17.75%、18.71%，近几年西部地区人均非生产性政府支出绝对额已经超过东部地区，而中部地区与东部地区人均非生产性政府支出的绝对差距也在逐步缩小。1997 年全国人均非生产性政府支出极值比为 7.63，从 2003 年开始逐年下降，到 2015 年该值为 3.31，这一变化趋势与政府支出以及生产性政府支出基本一致。就三大区域来看，东部地区省份非生产性政府支出相对差距要大于中部和西部地区，但呈现出缩小的态势，东部地区人均非生产性政府支出极值比由 1997 年的 5.92 下降到 2015 年的 3.26。相对于东部地区，中部和西部各省份人均非生产性政府支出相对差距变化不大，基本保持稳定。人均非生产性政府支出极值比如图 4－7 所示。

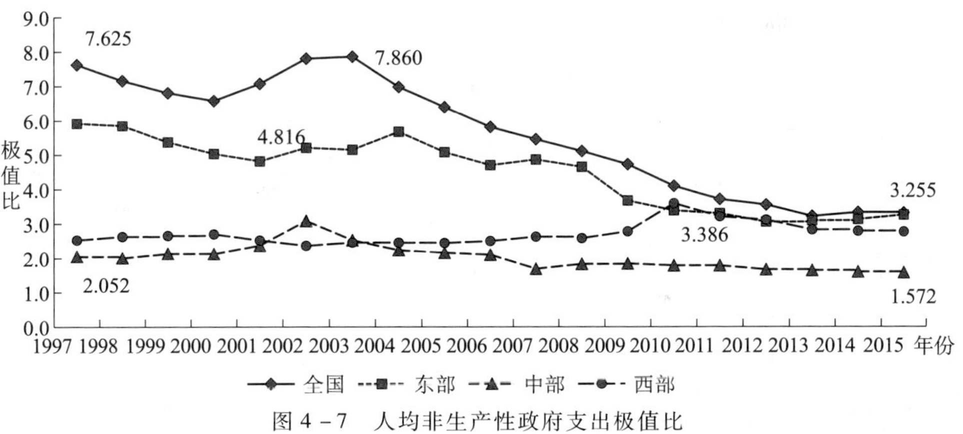

图 4－7　人均非生产性政府支出极值比

人均非生产性政府支出变异系数除西部地区外，全国、东部和中部地区均呈现出明显下降态势。全国人均非生产性政府支出变异系数 1997 年为 0.72，2015 年下降为 0.38。东部地区人均非生产性政府支出变异系数由 1997 年的 0.71 缩小到 2015 年的 0.46。中部地区人均非生产性政府支出变异系数在经历一个缓慢上升后，从 2004 年开始逐步下降，到 2015 年该值为 0.14。西部地区在 2009 年以前人均非生产性政府支出变异系数基本保持稳定，2009 年以后出现了扩大迹象。就区域内部而言，以变异系数衡量的人均非生产性政府支出内部差异东部地区最大，西部地区次之，中部地区最小。人均非生产性政府支出变异系数如图 4－8 所示。

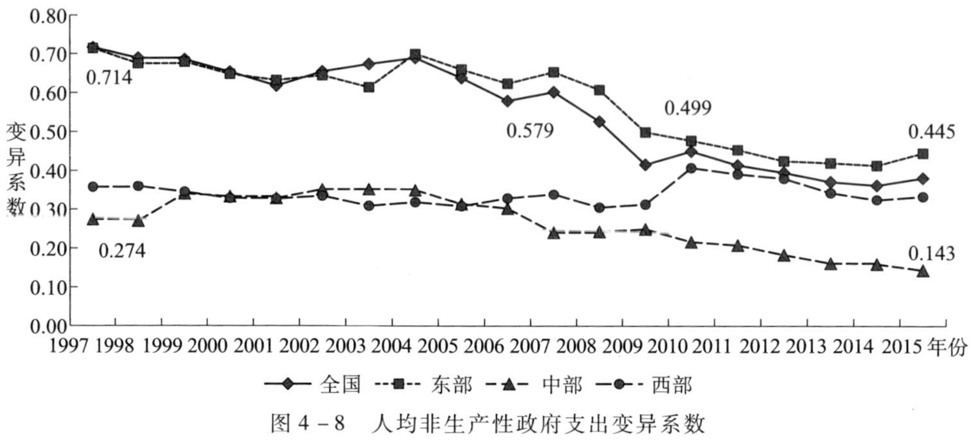

图 4-8 人均非生产性政府支出变异系数

4.1.2 经济增长区域差异事实

经济增长通常以一国或地区的 GDP 来表征。经过改革开放近 40 年的快速发展，我国经济总量跃居世界前列。1997—2015 年全国、东部、中部、西部人均 GDP 年均增长率分别为 12.57%、11.81%、12.82%、13.59%，西部地区和中部地区人均 GDP 增速明显高于东部地区。虽然中西部地区与东部地区相比在人均 GDP 绝对额上仍存在差距，但是若保持现有的区域增速特征，预计未来绝对差距将逐步缩小。

全国人均 GDP 极值比由 1997 年的 10.56 大幅缩小到 2015 年的 4.09，数据背后体现的是我国区域经济发展政策的成效。就区域内部而言，东部地区各省份人均 GDP 的极值比要大于中部和西部地区。虽然东部地区人均 GDP 水平高于中西部地区，但东部地区各省份人均 GDP 分化程度要高于中西部地区。从变化趋势来看，东部地区人均 GDP 极值比由 1997 年的 4.16 下降到 2015 年的 2.66，中部地区和西部地区人均 GDP 极值比则相对稳定。人均 GDP 极值比如图 4-9 所示。

人均 GDP 变异系数全国和东部地区下降趋势较为显著，说明全国各省份之间以及东部地区经济发展的差距得到了有效控制。1997 年全国人均 GDP 变异系数为 0.66，2015 年下降到 0.43。东部地区则由 1997 年的 0.48 下降到 2015 年的 0.32。区域层面，东部地区人均 GDP 变异系数大于中部和西部地区，东部地区人均 GDP 水平高于中西部地区，但在区域内部各省份之间的分化程度要高于中

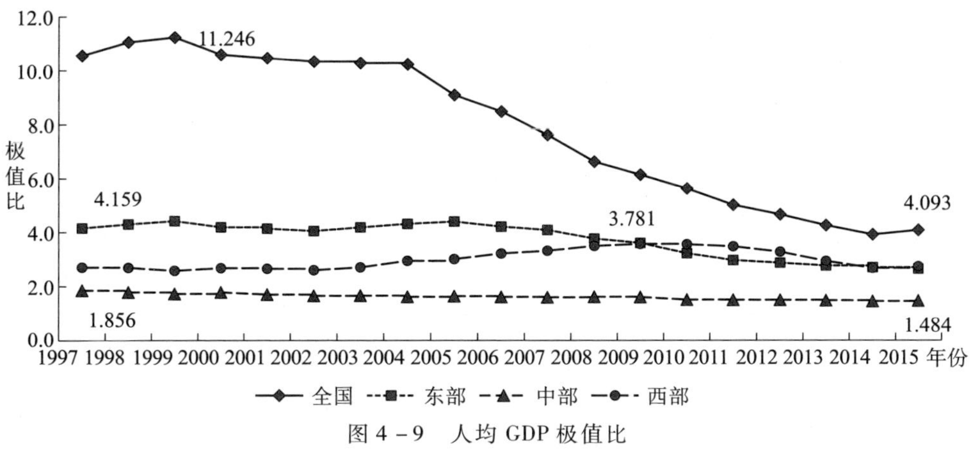

图 4－9　人均 GDP 极值比

西部地区。中部地区人均 GDP 变异系数最小，并呈现出逐渐缩小的趋势。东部、中部、西部区域间人均 GDP 变异系数的变化趋势与人均政府支出规模和结构的变化趋势基本保持一致。人均 GDP 变异系数如图 4－10 所示。

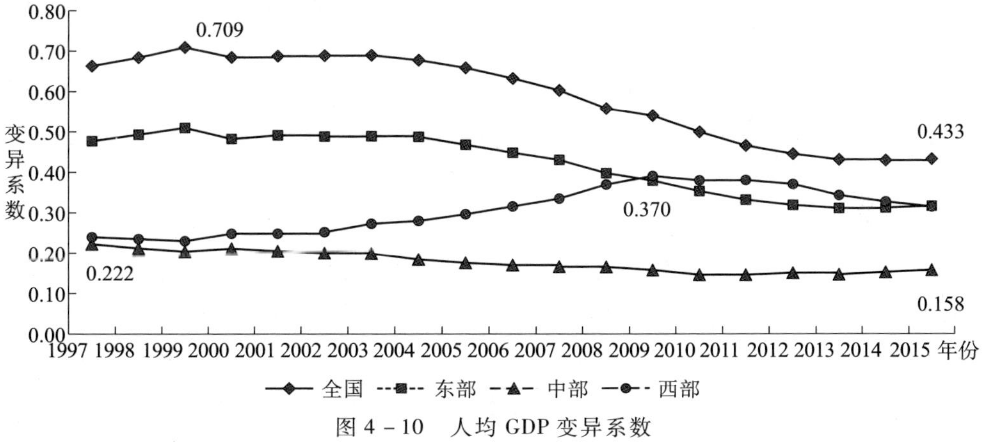

图 4－10　人均 GDP 变异系数

4.2　政府支出乘数效应

政府支出变动所带来的产出变动情况称之为政府支出乘数效应。在三部门经济中，不考虑利率变动的政府支出乘数 $K_G = \Delta Y/\Delta G = 1/[1-\beta(1-\tau)]$，其中 β

为边际消费倾向，τ 为边际税率。简约形式的政府支出乘数可通过估计边际消费倾向 β 和边际税率 τ 计算得到。根据定义，边际消费倾向是指消费的变动与收入变动之比，也即增加一单位的收入中用于增加消费部分的比例。用 ΔC 和 ΔY 分别表示消费的变动和收入的变动，则边际消费倾向 $\beta = \Delta C/\Delta Y$，通常边际消费倾向介于0和1之间。边际税率是指课税对象数额的增量中税额所占的比率，也即增加收入所纳税额与增加收入的比。

本部分政府支出乘数采用简化的方式进行估计，主要思路是先测算边际消费倾向和边际税率，然后根据公式 $1/[1-\beta(1-\tau)]$ 计算政府支出乘数大小。本书使用社会消费品零售总额作为消费的近似替代变量，同时使用平均税率近似替代边际税率，其中平均税率由税收总额与产出的比值计算得到。

4.2.1 政府支出乘数效应时变特征

对各省1997—2015年政府支出乘数的测算结果显示，我国各省历年政府支出乘数均为正数且大于1，波动范围介于1和3之间，表明我国政府支出对经济增长的整体促进作用明显。在1999年和2009年均出现了政府支出乘数的峰值，这与我国两轮积极财政政策实施的时间窗口基本吻合。为有效应对亚洲金融危机给我国经济带来的影响，1998年我国启动了以增加政府投资为主的积极财政政策。2007年由美国次贷危机引发的金融危机席卷全球，我国于2008年再次实施积极财政政策以抑制经济的过快下滑和大幅波动。从年度变化趋势发现，政府支出乘数在积极财政政策实施的当年会有明显的改善，在政策实施的第二年会出现峰值。从长期来看，1998年积极财政政策的长期效应不如2008年积极财政政策长期效应显著，其原因可能是2008年以来的积极财政政策除了加大基础设施方面的投资外，还通过财政政策措施助力经济发展方式的转变和经济结构的调整，使得经济增长的内生动力更足。从全国政府支出乘数变化趋势图4-11中可以看出，经历2009年政府支出乘数峰值后虽有一个短暂的回落，从2011年开始政府支出乘数得到了持久提升。

4.2.2 政府支出乘数效应区域特征

区域政府支出乘数的时变特征与全国基本一致，在两轮积极财政政策实施后政府支出乘数在短期均有明显提高。从东部、中部、西部三大区域来看，区域间政府支出乘数效应存在差异。1997—2015年政府支出乘数年度平均值中

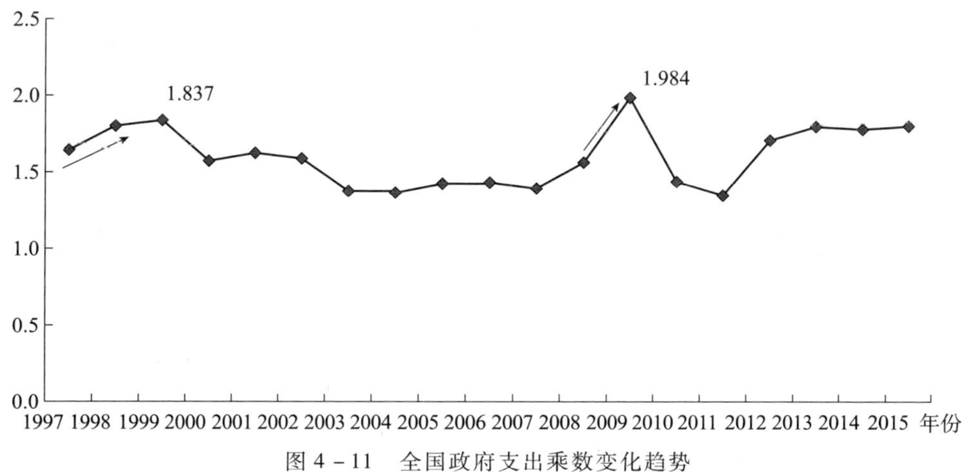

图 4－11　全国政府支出乘数变化趋势

部地区最高、西部地区最低，分别为 1.67 和 1.54，全国平均水平为 1.60。其主要原因是西部地区的边际消费倾向较低，这一方面与西部经济发展水平有关，经济发展水平限制了居民增收能力，基于对未来的理性预期和长远考虑，会将收入中的大部分用于储蓄而不是消费，较低的边际消费倾向使得政府支出对国民收入增长的放大作用受到削减。另一方面，西部地区自然条件和市场经济环境不及东部和中部地区，降低了政府支出对经济增长的传导效率。政府支出乘数的区域差异特征，在一定程度上表明根据区域发展特征有针对性地制定和实施财政支出政策，有助于提高财政政策的有效性。区域政府支出乘数如表 4－1 所示。

表 4－1　区域政府支出乘数

年份	全国	东部	中部	西部
1997	1.644	1.658	1.779	1.531
1998	1.801	1.840	1.893	1.696
1999	1.837	1.813	1.860	1.845
2000	1.572	1.454	1.568	1.694
2001	1.624	1.558	1.753	1.597
2002	1.588	1.555	1.670	1.561
2003	1.376	1.368	1.400	1.367
2004	1.365	1.394	1.343	1.352

续表

年份	全国	东部	中部	西部
2005	1.424	1.413	1.469	1.403
2006	1.431	1.428	1.508	1.378
2007	1.392	1.397	1.446	1.349
2008	1.562	1.638	1.634	1.434
2009	1.984	2.147	1.939	1.855
2010	1.436	1.481	1.457	1.377
2011	1.345	1.418	1.347	1.272
2012	1.707	1.815	1.897	1.461
2013	1.795	1.847	1.974	1.614
2014	1.778	1.783	1.940	1.656
2015	1.799	1.747	1.916	1.764
平均	1.603	1.619	1.673	1.537

注：表中各年数据为区域省份平均值，表中平均值为各年度平均值。

4.3 政府支出产出弹性

政府支出产出弹性是指政府支出的相对变动与经济产出相对变动的比值①，政府支出产出弹性可表示为 $\eta_{GY}=\frac{\Delta Y}{Y}\Big/\frac{\Delta G}{G}=\frac{\Delta Y}{\Delta G}\times\frac{G}{Y}$，其含义是政府支出每变动一个百分比带来的产出变动百分比数。弹性的估计，一种方式是通过产出弹性公式计算，另一种较为常用的方法是对各变量取对数值后建立回归方程，解释变量的系数便是需要估计的弹性值。为了便于考察政府支出产出弹性的时变特征，本章选用时变参数状态空间模型对政府支出的产出弹性进行估计。

4.3.1 时变参数的状态空间模型构建与估计

状态空间模型将能够反映经济系统真实状态的时间变量视为动态随机变量，

① 政府支出乘数与政府支出产出弹性有本质区别。从定义上来看，政府支出乘数是绝对量的变动，而政府支出产出弹性是相对量的变动。从公式上来看，政府支出乘数 $=\Delta Y/\Delta G$，政府支出产出弹性 $=\frac{\Delta Y}{Y}\Big/\frac{\Delta G}{G}=\frac{\Delta Y}{\Delta G}\times\frac{G}{Y}$。政府支出产出弹性更能反映政府支出对经济产出变动的影响。

用来考察可观测系统和不可观测变量之间的相互关系，通过对状态变量的估计实现分析和预测的目的。状态空间模型使用卡尔曼滤波方式进行估计。相对于传统的 OLS 估计方法，状态空间模型的优势在于能够解决经济结构发生变化时经济变量参数的动态求解问题。时变参数状态空间模型包括测量方程和状态方程。测量方程主要刻画不可观测向量与可观测向量之间的关系，状态方程则用来表示状态向量从当期状态转换成下一期的随机变化过程。

$$\text{测量方程}: y_t = x_t\alpha_t + z_t\beta + \mu_t \qquad \mu_t \sim i.i.d \quad N(0,\sigma_\mu^2) \tag{4.3}$$

$$\text{状态方程}: \alpha_t = \gamma\alpha_{t-1} + \varepsilon_t \qquad \varepsilon_t \sim N(0,Q) \tag{4.4}$$

其中，y_t 为可观测变量向量，x_t 是具有时变参数的解释变量向量，z_t 是具有固定参数的解释变量向量，α_t 为时变参数向量，β 为固定参数向量。时变参数向量 α_t 是状态方程中的状态向量，通过 y_t 和 x_t 可估计得到 α_t。随机扰动项 μ_t 和 ε_t 相互独立，μ_t 满足独立同分布条件，服从均值为 0，方差为 σ_μ^2 的正态分布。ε_t 服从均值为 0，协方差矩阵为 Q 的正态分布。

在本章中可观测变量 y_t 为人均 GDP（元）的对数值，具有时变参数的解释变量 x_t 分别为人均政府支出（元）g 的对数值和人均生产性政府支出（元）pg 的对数值。为突出政府支出的作用，本章没有考虑固定参数解释变量。因此，将本章的状态空间模型设定为，

$$\text{测量方程}: Lngdpp_t = Lnx_t\alpha_t + \mu_t \tag{4.5}$$

$$\text{状态方程}: \alpha_t = \gamma\alpha_{t-1} + \varepsilon_t \tag{4.6}$$

其中 $Lngdpp$ 表示人均 GDP 的对数值，Lnx 表示人均政府支出 g 和人均生产性政府支出 pg 的对数值。为进一步考察东部、中部和西部区域之间政府支出产出弹性的区域性特征，本章对全国和东中西部分别进行估计。

（1）指标说明与平稳性检验

各时间序列变量为区域省份汇总后根据总人口计算人均值得到，包括人均 GDP、人均政府支出和人均生产性政府支出。各变量均已根据相应价格指数调整为以 1997 年为基年的可比价数据。本章使用 Eviews 9.0 软件对时变参数状态空间模型进行估计。状态空间模型要求各变量是平稳的并存在长期均衡关系。各变量的 ADF 检验结果显示，全国、东部、中部和西部的人均 GDP 指标和人均政府支出指标在 5% 的显著性水平下，均为二阶单整变量。各变量 ADF 检验结果如表 4-2 所示。

表 4-2 变量平稳性检验

	变量	检验形式	5% 临界值	ADF 检验统计量	P 值	结论
全国	*Lngdpp*	(C, T, 3)	-3.760	-1.669	0.714	非平稳
	Δ*Lngdpp*	(C, T, 3)	-3.760	-0.223	0.985	非平稳
	Δ^2 *Lngdpp*	(C, T, 3)	-3.760	-5.603	0.002	平稳
	Lng	(C, T, 3)	-3.710	-1.997	0.562	非平稳
	Δ*Lng*	(C, T, 3)	-3.710	-2.391	0.370	非平稳
	Δ^2 *Lng*	(C, T, 3)	-3.733	-4.986	0.006	平稳
	Lnpg	(C, T, 3)	-3.733	-2.313	0.405	非平稳
	Δ*Lnpg*	(C, T, 3)	-3.710	-3.067	0.145	非平稳
	Δ^2 *Lnpg*	(C, T, 3)	-3.733	-7.158	0.000	平稳
东部	*Lngdpp*	(C, T, 3)	-3.760	-1.803	0.652	非平稳
	Δ*Lngdpp*	(C, T, 3)	-3.710	-1.655	0.726	非平稳
	Δ^2 *Lngdpp*	(C, T, 3)	-3.760	-4.914	0.007	平稳
	Lng	(C, T, 3)	-3.733	-2.615	0.279	非平稳
	Δ*Lng*	(C, T, 3)	-3.710	-3.426	0.081	非平稳
	Δ^2 *Lng*	(C, T, 3)	-3.066	-7.061	0.000	平稳
	Lnpg	(C, T, 3)	-3.733	-2.540	0.307	非平稳
	Δ*Lnpg*	(C, T, 3)	-3.733	-1.278	0.856	非平稳
	$\triangle^2$ *Lnpg*	(C, T, 3)	-3.733	-8.928	0.000	平稳
中部	*Lngdpp*	(C, T, 3)	-3.760	-1.925	0.597	非平稳
	Δ*Lngdpp*	(C, T, 3)	-3.760	-0.039	0.990	非平稳
	Δ^2 *Lngdpp*	(C, T, 3)	-3.760	-5.887	0.002	平稳
	Lng	(C, T, 3)	-3.733	-2.392	0.369	非平稳
	Δ*Lng*	(C, T, 3)	-3.710	-2.780	0.222	非平稳
	Δ^2 *Lng*	(C, T, 3)	-3.066	-6.514	0.000	平稳
	Lnpg	(C, T, 3)	-3.733	-2.337	0.394	非平稳
	Δ*Lnpg*	(C, T, 3)	-3.710	-3.267	0.105	非平稳
	Δ^2 *Lnpg*	(C, T, 3)	-3.733	-7.624	0.000	平稳
西部	*Lngdpp*	(C, T, 3)	-3.760	-1.290	0.850	非平稳
	Δ*Lngdpp*	(C, T, 3)	-3.760	0.431	0.997	非平稳
	Δ^2 *Lngdpp*	(C, T, 3)	-3.760	-5.702	0.002	平稳
	Lng	(C, T, 3)	-3.760	-2.598	0.286	非平稳
	Δ*Lng*	(C, T, 3)	-3.710	-2.021	0.549	非平稳
	Δ^2 *Lng*	(C, T, 3)	-3.760	-4.440	0.016	平稳

续表

	变量	检验形式	5% 临界值	ADF 检验统计量	P 值	结论
西部	*Lnpg*	（C，T，3）	-3.710	-1.928	0.597	非平稳
	$\Delta Lnpg$	（C，T，3）	-3.710	-2.925	0.180	非平稳
	$\Delta^2 Lnpg$	（C，T，3）	-3.733	-5.139	0.005	平稳

注：△表示一阶差分，Δ^2 表示二阶差分；检验形式（C，T，K）中，C 表示截距项、T 表示趋势项、K 表示滞后阶数。

（2）协整关系检验

根据平稳性检验结果，各区域变量均为二阶单整，可以进行协整关系检验。协整关系检验需要确定滞后阶数，本章根据构建两变量的 VAR 模型来确定最优滞后阶数。通过比较 LR、AIC 和 SC 统计量的大小发现，区域间各变量协整关系检验的最优滞后阶数为 1。同时区域各组变量 VAR 模型的 AR 单位根均在单位圆内，说明当滞后阶数为 1 时所构建的 VAR 模型满足稳定性条件。在此基础上对各区域数据进行 Johansen 协整检验，检验结果表明在 5% 的显著性水平上区域各组变量之间存在协整关系。Johansen 协整检验结果如表 4 - 3 所示。

表 4 - 3　Johansen 协整检验

	假设	特征值	迹统计量	5% 临界值	P 值
全国	无协整关系	0.699	35.747	29.797	0.009
	至多一个协整关系	0.434	15.316	15.495	0.053
东部	无协整关系	0.656	31.423	29.797	0.032
	至多一个协整关系	0.424	14.357	15.495	0.074
中部	无协整关系	0.665	30.402	29.797	0.043
	至多一个协整关系	0.346	11.793	15.495	0.167
西部	无协整关系	0.876	62.693	42.915	0.000
	至多一个协整关系	0.297	5.983	12.518	0.102

（3）状态空间模型估计结果

由平稳性检验和 Johansen 协整检验结果可知，可使用卡尔曼滤波方法对设定的状态空间模型进行估计。全国估计结果见表 4 - 4 所示①。表 4 - 4 结果表明状

① 本章估计的结果包括全国、东部、中部、西部人均 GDP 和人均政府支出与人均生产性政府支出共 8 组结果，这里仅报告了全国 2 组结果。东部、中部、西部的 6 组结果状态变量估计结果均在 5% 的水平上显著，并且模型估计残差在 10% 的显著性水平上均通过平稳性检验。

态变量的估计结果在5%的水平上是显著的。

表 4-4 全国状态变量估计结果

		最终状态值	Z 统计量	P 值
Lngdpp 与 *Lng*	状态变量	0.7439	589.84	0.0000
	对数似然值	AIC	SC	H-Q
	19.620	-1.8548	-1.7554	-1.8379
Lngdpp 与 *Lnpg*		最终状态值	Z 统计量	P 值
	状态变量	0.6747	287.34	0.0000
	对数似然值	AIC	SC	H-Q
	10.413	-0.8855	-0.7861	-0.8687

为检验状态空间模型估计的有效性，还需要对模型估计残差进行平稳性检验。表4-5为残差平稳性检验结果，检验结果表明状态空间模型估计残差在10%的显著性水平上不存在单位根，是平稳的。由残差序列的自相关系数和偏自相关系数计算结果可知，在10%的显著性水平上残差序列不存在序列相关。以上检验表明，状态空间模型的卡尔曼滤波方法估计结果是稳健的。

表 4-5 残差平稳性检验

	检验形式	10%临界值	ADF 检验统计量	P 值	结论
Lngdpp 与 *Lng* 残差	(0, 0, 3)	-1.606	-1.720	0.081	平稳
Lngdpp 与 *Lnpg* 残差	(0, 0, 3)	-1.606	-1.819	0.078	平稳

4.3.2 政府支出产出弹性区域特征

人均政府支出产出弹性1997—2015年全国平均值为0.75，也即人均政府支出每增加一个百分点能带动人均产出增加0.75个百分点。从变化趋势上来看，人均政府支出产出弹性呈现出“L”型特征，其中2003年为人均政府支出产出弹性变化的拐点。在2003年之前人均政府支出产出弹性逐年递减，由1997年的0.76下降到2003年的0.74，2003年以后基本保持稳定。人均政府支出产出弹性在区域间呈现出差异，中部地区人均政府支出产出弹性最高，为0.77；西部地区最低，为0.73。东部、中部、西部人均政府支出产出弹性的变化趋势与全国基本保持一致，2003年以前呈现出逐年递减的特征，之后基本保持不变。人均政府支出产出弹性的区域特征与政府支出乘数区域特征基本吻合。西部地区的人均政府支出产出弹性和政府支出乘数均低于东中部地区，而人均政府支出的年均增长率要高于东中部地区。绝对规模的增长没有带来效率的改进，这是区域财政政策实施面临的突出矛盾。因此，如何改善政府支出效率，提高政府支出的产出弹性应成为政府部门施政所需考虑的重要问题，也是未来区域财政政策研究的重要课题。人均政府支出产出弹性变化趋势如图 4 - 12 所示。

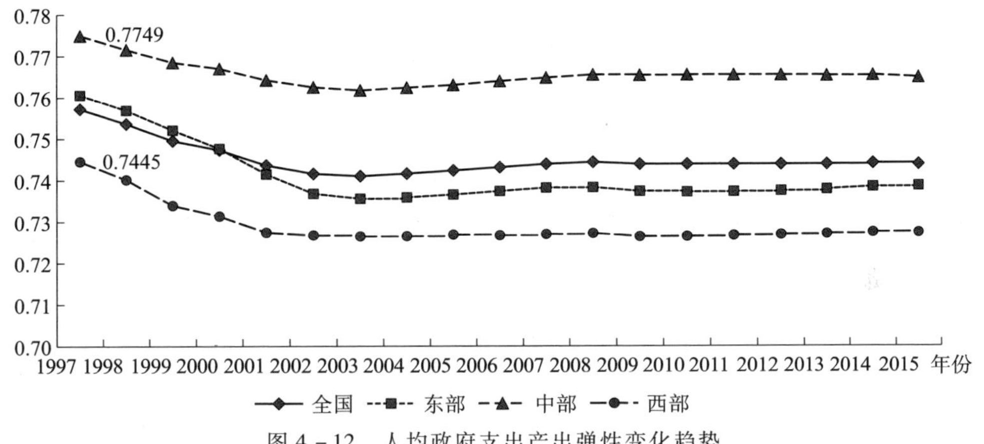

图 4 - 12　人均政府支出产出弹性变化趋势

为分析生产性政府支出对产出的影响，基于状态空间模型考察了人均生产性政府支出的产出弹性。测算结果显示，全国 1997—2015 年人均生产性政府支出的产出弹性平均值为 0.67，也即人均生产性政府支出每增加一个百分点会使人均 GDP 增加 0.67 个百分点。全国人均生产性政府支出产出弹性的变化趋势呈现出与人均政府支出产出弹性截然不同的特征，全国人均政府支出产出弹性呈现出先下降后基本保持不变的“L”型特征，而人均生产性政府支出产出弹性则呈现出先上升后基本保持稳定的特征。人均生产性政府支出产出弹性的区域特征与人均政府支出产出弹性的区域特征也存在差异。西部地区人均生产性政府支出的产出弹性最高，东部地区的人均生产性政府支出产出弹性最低。未来在区域财政政策方面，可根据区域财政支出的产出弹性特征制定差异化的政策调整思路，比如完善区域政府支出结构以更好地适应区域经济社会发展需要，最终实现区域协调发展的目的。人均生产性政府支出产出弹性变化趋势如图 4 - 13 所示。

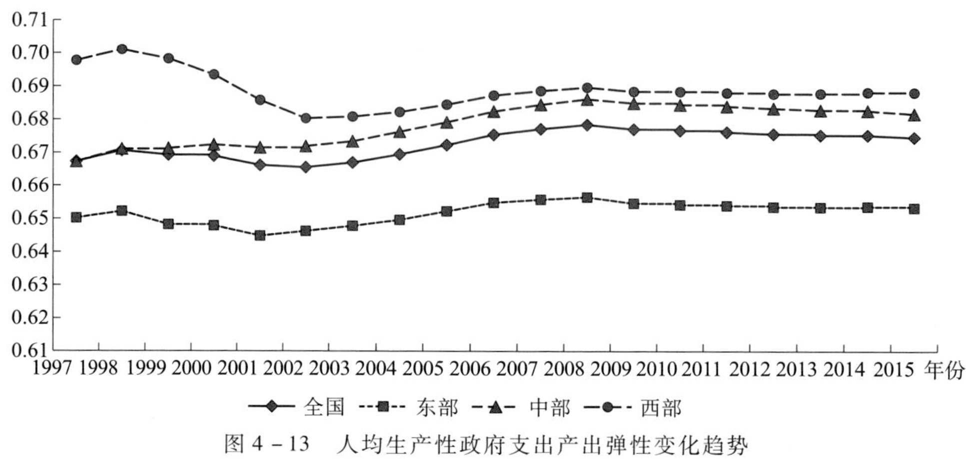

图 4－13 人均生产性政府支出产出弹性变化趋势

4.4 政府支出效率

政府支出乘数和政策支出产出弹性都是基于对产出结果的考察，而政府支出效率则侧重于考察从投入到产出中间过程的效率情况，也即基于投入和产出体系分析政府支出投入对经济产出的资金配置效率。本部分通过构建政府支出配置效率评价模型，探讨政府支出配置效率的区域差异及变化趋势。

4.4.1 数据包络分析

数据包络分析（Data Envelopment Analysis，DEA）是美国运筹学家 A. Charns 等于 1978 年最先提出的用来评价相对效率的非参数分析方法。DEA 模型的核心思想是基于“帕累托最优”效应，通过对投入和产出比率的综合分析，确定各决策单元是否有效。设有 n 个决策单元（DMU），每个决策单元有 m 种投入 $x_j=(x_{1j}, x_{2j}, \cdots, x_{mj})^T>0$ 和 s 种产出 $y_j=(y_{1j}, y_{2j}, \cdots, y_{sj})^T>0$。$\nu_i$ 表示第 i 种输入指标的权重，u_r 表示第 r 种输出指标的权重，所有权重均由决策单元组成的全部被评价对象来决定，第 j 个被评价的决策单元 DUM_j 的运行效率评价指数为：$h_j=\frac{u^T y_j}{\nu^T x_j}=\sum_{r=1}^{s} u_r y_{rj} \Big/ \sum_{i=1}^{m} \nu_i x_{ij}$，$j=1, 2, \cdots, n$。在此式中，可以选取合适的 u 和 ν 使 $h_j \leq 1$，h_{j0} 越大则 DEA 越有效。

总效率 θ_C：采用具有不变规模报酬的 C^2R 模型计算，评价各 DMU 运行效率的 C^2R 模型为：

$$\text{Max} \frac{\sum_{r=1}^{s} u_r y_{rj}}{\sum_{i=1}^{m} v_i x_{ij}} = V_p$$

$$\begin{cases} v^T x_j \geqslant u^T y_j \\ u_r \geqslant 0 \quad r = 1,2,\cdots,s \\ v_i \geqslant 0 \quad i = 1,2,\cdots,m \end{cases} \tag{4.7}$$

令 $t = \frac{1}{v^T x_0}$，$w = tv$，$\mu = tu$ 对式（4.7）进行 Charns-Cooper 变换得：

$$\text{Max } u^{\mathrm{T}} y_0 = V_p$$

$$\begin{cases} w^T x_j \geqslant \mu^T y_j \quad \mathrm{j} = 1,2,\cdots,n \\ w_T x_0 = 1 \\ w \geqslant 0, \mu \geqslant 0 \end{cases} \tag{4.8}$$

根据线性规划的对偶论：式（4.8）对偶规划模型：

$$\text{Min } [\theta_C - \varepsilon(\sum_{r=1}^{n} S_r{}^+ + \sum_{i=1}^{m} S_i{}^+)]$$

$$\begin{cases} \sum_{j=1}^{n} \lambda_j x_{ij} + S_i^- = \theta_C x_{ij0} \\ \sum_{j=1}^{m} \lambda_j y_{rj} - S_i^+ = y_{ij0} \\ \lambda_j \geqslant 0 \quad j = 1,2,\cdots,n \\ S_i^- \geqslant 0, S_i^+ \geqslant 0 \end{cases} \tag{4.9}$$

式（4.9）中，x_{ij}为第 j 个被评价决策单元 DMU_j 对第 i 种类型投入的投入量，y_{rj}为第 j 个被评价决策单元 DMU_j 对第 r 种类型产出的产出量。S_i^-、S_i^+ 分别为松弛变量，ε 为非阿基米德无穷小量，θ_C、S_i^+、λ_j、S_i^- 为待估计量。

通过以上线性规划模型可计算政府支出的总效率 θ_C，如果 $\theta_C = 1$ 表示总效率有效，如果 $\theta_C < 1$ 表示总效率无效。

技术效率 θ_V：采用具有可变规模报酬的 BC^2 模型计算，评价各 DMU 运行效率的 BC^2 模型为：

$$\operatorname{Min}\left[\theta_V-\varepsilon\left(\sum_{r=1}^{n}S_r^{+}+\sum_{i=1}^{m}S_i^{+}\right)\right]$$

$$\begin{cases}\sum_{j=1}^{n}\lambda_j x_{ij}+S_i^{-}=\theta_V x_{ij0}\\ \sum_{j=1}^{m}\lambda_j y_{rj}-S_i^{+}=y_{ij0}\\ \sum_{j=1}^{n}\lambda_j=1,\lambda_j\geqslant 0\\ S_i^{-}\geqslant 0,S_i^{+}\geqslant 0\end{cases}\tag{4.10}$$

通过以上线性规划模型可计算政府支出的技术效率 θ_V，如果 $\theta_V=1$ 表示技术效率有效，如果 $\theta_V<1$ 表示技术效率无效。

规模效率 θ_S：根据总效率和技术效率计算政府支出的规模效率 θ_S，计算公式为 $\theta_S=\frac{\theta_C}{\theta_V}$，如果 $\theta_S=1$ 表示规模报酬有效，$\theta_S<1$ 表示规模报酬无效。

4.4.2 评价指标选取与数据说明

为突出政府支出对产出的影响，政府支出配置效率评价投入产出指标体系中的投入指标分别选取人均政府支出（元）和人均生产性政府支出（元），产出指标选取人均 GDP（元）。本书借鉴伏润民等（2008）①、马萍（2017）② 的方法，运用 DEAP 软件对我国 1997—2015 年人均政府支出和人均生产性政府支出的配置效率进行测度与分解。所需数据均来自《中国统计年鉴》《中国人口和就业统计年鉴》和《中国财政年鉴》。

4.4.3 政府支出效率区域差异

政府支出配置总效率主要从整体上反映政府支出与产出之间的关系，也就是用来分析在相同政府支出情况下经济产出的差异情况。人均政府支出和人均生产性政府支出产出效率如表 4－6 所示。1997—2015 年，全国人均政府支出配置总

① 伏润民，常斌，缪小林．我国省对县（市）一般性转移支付的绩效评价——基于 DEA 二次相对效益模型的研究［J］．经济研究，2008，43（11）：62－73.

② 马萍．学校布局调整中基础教育资源配置效率评价——基于 X 省 2002—2013 年数据的 DEA 分析［J］．中国人口·资源与环境，2017，27（S2）：252－255.

效率平均值为 0.53，变化趋势上呈现出先下降后上升的 “W” 型特征。人均政府支出产出效率由 1997 年的 0.56 下降到 2003 年的 0.41，在 2003 年和 2007 年之间有小幅波动，之后缓慢上升，2015 年回升到 0.57。人均政府支出产出效率区域差异情况，东部地区人均政府支出产出平均效率最高，西部地区最低，西部地区平均效率接近东部地区的一半。东部、中部和西部人均政府支出产出效率均呈现出先下降后上升的 “W” 型特征，波动区间基本分布在 2003 年到 2007 年，2007 年后呈缓慢回升态势。同时，从变化趋势上来看，2015 年开始人均政府支出产出效率出现了下降的迹象。人均政府支出产出效率西部最低的特征一定程度上回应了西部地区人均政府支出乘数和人均政府支出产出弹性较低的原因，人均政府支出效率不高使得政府资源大量消耗产生沉淀，无法反映到经济产出上来。这种情况下政府支出规模的扩大，并不会带来相应的产出增长效应。

人均生产性政府支出产出效率全国 1997—2015 年平均值为 0.53，整体上呈现出 “W” 型的变化趋势，其中 2002 年到 2007 年为底部区间，人均生产性政府支出存在一定波动。人均生产性政府支出产出效率区域差异较为明显，东部地区人均生产性政府支出产出效率平均值为 0.66，而西部地区仅为 0.38，两者差距较大。东中西部人均生产性政府支出产出效率基本也呈现出 “W” 型的变化特征，但从 2015 年开始有下降迹象。西部地区人均生产性政府支出产出效率较低，具有较大的改进空间。结合人均生产性政府支出产出弹性来看，西部地区人均生产性政府支出产出弹性高于东中部地区，如果未来西部地区人均生产性政府支出产出效率能得到有效改善，生产性政府支出对西部经济将发挥更大的促进作用。

表 4-6　人均政府支出产出总效率

年份	人均政府支出产出效率				人均生产性政府支出产出效率			
	全国	东部	中部	西部	全国	东部	中部	西部
1997	0.5618	0.6466	0.5939	0.4537	0.6145	0.6658	0.6934	0.5058
1998	0.5716	0.6648	0.6025	0.4559	0.6115	0.6740	0.6810	0.4984
1999	0.5791	0.6919	0.5901	0.4582	0.6251	0.7159	0.6704	0.5014
2000	0.6032	0.7307	0.6381	0.4504	0.6397	0.7541	0.7270	0.4617
2001	0.5364	0.6870	0.5603	0.3685	0.4974	0.6345	0.5555	0.3179

续表

年份	人均政府支出产出效率				人均生产性政府支出产出效率			
	全国	东部	中部	西部	全国	东部	中部	西部
2002	0.4868	0.6040	0.5800	0.3019	0.3392	0.4154	0.4471	0.1846
2003	0.4082	0.4862	0.4858	0.2738	0.4791	0.5809	0.5766	0.3065
2004	0.4624	0.5956	0.4729	0.3215	0.3898	0.5190	0.4104	0.2457
2005	0.4596	0.5947	0.4629	0.3222	0.4349	0.5609	0.4685	0.2845
2006	0.4143	0.5495	0.3974	0.2913	0.4060	0.5332	0.4249	0.2650
2007	0.4181	0.5526	0.4063	0.2923	0.3788	0.5032	0.3848	0.2500
2008	0.5393	0.7028	0.5385	0.3763	0.5697	0.7357	0.5916	0.3877
2009	0.5232	0.6946	0.5186	0.3552	0.5550	0.7015	0.5811	0.3895
2010	0.5677	0.7495	0.5741	0.3814	0.6018	0.7565	0.6376	0.4210
2011	0.5626	0.7367	0.5736	0.3805	0.5903	0.7515	0.6279	0.4016
2012	0.5796	0.7598	0.5870	0.3941	0.6001	0.7605	0.6348	0.4146
2013	0.5840	0.7557	0.5851	0.4114	0.6123	0.7636	0.6440	0.4378
2014	0.5836	0.7533	0.5864	0.4118	0.6057	0.7534	0.6394	0.4336
2015	0.5741	0.7305	0.5749	0.4172	0.5981	0.7371	0.6243	0.4400
平均	0.5271	0.6677	0.5436	0.3746	0.5342	0.6588	0.5800	0.3762

注：表中全国、东部、中部、西部数据为各区域内省份效率值的平均值。

水平效率主要反映政府支出与经济产出的投入产出基础，是一个静态效率。提升效率则侧重于反映资金配置效率的提升情况，也即优化资金配置的努力程度。政府支出配置效率不仅要看各年度的水平效率，更主要的是需要考察年度间的效率提升情况。水平效率低的地区，如果拥有较高的提升效率，那么未来的发展潜力较大，与其他地区的差距存在缩小的可能。相反水平效率高而提升效率低的地区，有可能被其他地区所超越。人均政府支出产出的水平效率东部地区最高，西部地区最低，而提升效率东部地区也高于西部地区。人均生产性政府支出产出水平效率与提升效率的区域分布特征与人均政府支出基本一致。结合水平效率和提升效率可推测，如果按照现有效率配置政府支出，区域间经济产出差异有扩大的趋势。若要使区域经济协调发展，则急需改善中西部地区现有的政府支出效率配置格局，通过提升政府支出效率，更好地发挥政府支出对中西部地区经济增长的促进作用。人均政府支出产出的水平效率和提升效率如表 4 - 7 所示。

表 4－7　　人均政府支出产出的水平效率和提升效率

	人均政府支出		人均生产性政府支出	
	水平效率	提升效率	水平效率	提升效率
全国	0.5680	0.7258	0.6063	0.5329
东部	0.6886	0.8133	0.7015	0.6144
中部	0.5844	0.6866	0.6588	0.4861
西部	0.4355	0.6669	0.4729	0.4854

注：表中全国、东部、中部、西部数据为各区域内省份效率值的平均值。

4.5　政府支出对区域经济增长差异的反馈

政府支出差异与经济增长差异的关系是本章探讨的重要问题。上文通过变异系数分析了政府支出和经济增长的区域差异特征事实，但变异系数无法考察区域差异的来源。为此，本部分运用泰尔指数对政府支出和经济增长区域差异进行分解，从区域间差异和区域内部差异两个维度分析区域差异的构成及变化情况。在此基础上，考察了政府支出差异对经济增长差异的影响。

4.5.1　泰尔指数

泰尔指数（Theil Index）又称泰尔熵标准，其计算原理是基于信息论中的熵概念，通常用来衡量个人或地区之间收入差距或不平等情况。采用泰尔指数计算不平等的优点在于，可以衡量组内差距和组间差距对总差距的贡献。当前我国经济社会存在着东部、中部、西部的差异发展格局，而这些差异有多少来自于区域间，有多少来自于区域内部，需要通过运用实证予以测算分析。将泰尔指数应用于我国政府支出与经济增长区域差距的测度与分解，具有适用性和可行性。

本文采用 $\alpha = 1$ 时的广义熵指数，其基本公式为，

$$T = \frac{1}{n}\sum_{i=1}^{n} \frac{x_i}{\bar{x}}\log\left(\frac{x_i}{\bar{x}}\right) \tag{4.11}$$

其中，n 为样本数，x_i 为个体 i 的水平指标，$\bar{x}$ 为样本水平指标均值。

在此基础上，按照东部、中部、西部进行区域分组，采用区域分解法将差距分解为区域间差距和区域内部差距。设 $j=1$，2，3 分别代表东部、中部和西部，N_j 表示各区域省份数，y_i 表示第 i 个个体指标占该类总指标和的比值，Y_j 表示各

区域指标和占该类总指标和的比值，差距分解公式为，

$$T = \underbrace{\sum_{j=1}^{3} Y_j \log \frac{Y_j}{N_j/N}}_{T_b} + \underbrace{\sum_{j=1}^{3} Y_j \Big[\sum_{i \in j} \frac{y_i}{Y_j} \log \frac{y_i/Y_j}{1/N_j} \Big]}_{T_w} \tag{4.12}$$

其中，T_b 表示组间差距，T_w 表示组内差距。

本章按照以上方法测算和分解 1997—2015 年我国区域人均政府支出（元）差距、人均生产性政府支出（元）差距、人均非生产性政府支出（元）差距和人均 GDP（元）差距。

4.5.2 政府支出区域差异分解

对 1997—2015 年政府支出泰尔指数的测算结果显示，地区间人均政府支出泰尔指数、人均生产性政府支出泰尔指数以及人均非生产性政府支出泰尔指数均呈现出缩小的态势。人均生产性政府支出泰尔指数最大，而人均非生产性政府支出泰尔指数最小，说明生产性政府支出的区域差距要大于非生产性政府支出差距。2004 年以前三类政府支出泰尔指数均呈现出波动，之后基本呈现逐年递减的变化趋势。这一趋势特征与全国人均政府支出变异系数、人均生产性政府支出变异系数和人均非生产性政府支出变异系数的变化趋势基本一致，这也验证了本章泰尔指数测算结果的灵敏性和有效性。人均政府支出泰尔指数从 1997 年的 0.21 缩小到 2015 年的 0.07，人均生产性政府支出泰尔指数则从 1997 年的 0.25 下降到 2015 年的 0.09，人均非生产性政府支出泰尔指数 1997 年为 0.18，2015 年为 0.06，这说明我国政府支出各省份之间的差距在逐步缩小。虽然西部省份政府支出绝对额水平低于东部和中部地区，但从年均增幅来看，西部地区普遍高于东中部地区，1997—2015 年西部地区人均政府支出、人均生产性政府支出和人均非生产性政府支出的年均增幅分别为 19.78%、20.89% 和 18.71%，这是我国地区间政府支出差距缩小的直接原因。人均政府支出差距的泰尔指数如图 4-14 所示。

对人均政府支出泰尔指数分解结果显示，人均政府支出差距主要来自于组内贡献，而非东中西部区域之间的差异。1997—2015 年组间贡献和组内贡献的平均值分别为 25.14% 和 74.86%，其中从 2009 年开始组内贡献达到 80% 以上，而组间贡献基本呈现逐年减小的变化趋势。对组内差距的分解结果表明，东部地区最高，其平均差异贡献为 54.28%；其次是西部地区，其平均差异贡献为

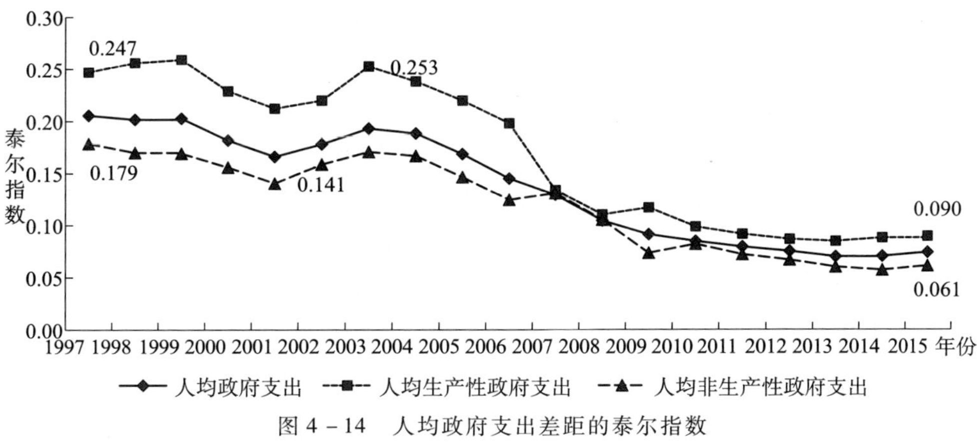

图 4－14　人均政府支出差距的泰尔指数

16.90%；平均差异贡献最小的是中部地区，为 3.68%。组内区域差异贡献变化趋势来看，东部地区差异贡献维持在较高水平，从 2009 年开始有所下降。中部地区差异贡献呈现出"M"型特征，但波动幅度较小，基本保持在 3% 到 5% 之间。而西部地区差异贡献则呈上升趋势，从 1997 年的 7.93% 上升到 2015 年的 29.35%，其中从 2009 年开始上升趋势尤为明显，这一变化趋势与西部地区人均政府支出变异系数的变化趋势基本吻合。综合分析表明，1997—2015 年人均政府支出差距来源以东中西部区域内部各省份间差异为主，东中西部区域之间的差距非主要因素。人均政府支出泰尔指数分解及变化趋势如表 4－8 和图 4－15 所示。

表 4－8　　人均政府支出泰尔指数分解

年份	组间贡献	组内贡献	东部	中部	西部
1997	34.00%	66.00%	55.21%	2.87%	7.93%
1998	33.94%	66.06%	55.41%	2.79%	7.86%
1999	31.65%	68.35%	57.27%	3.67%	7.42%
2000	31.72%	68.28%	56.97%	3.86%	7.45%
2001	27.17%	72.83%	57.12%	4.63%	11.08%
2002	29.96%	70.04%	53.99%	4.31%	11.74%
2003	36.33%	63.67%	51.61%	3.50%	8.56%
2004	27.35%	72.65%	60.81%	3.96%	7.88%
2005	27.53%	72.47%	59.90%	3.74%	8.83%
2006	24.37%	75.63%	60.58%	3.98%	11.06%

续表

年份	组间贡献	组内贡献	东部	中部	西部
2007	24.33%	75.67%	60.53%	3.24%	11.90%
2008	21.17%	78.83%	61.19%	4.32%	13.32%
2009	19.30%	80.70%	58.78%	4.24%	17.68%
2010	17.71%	82.29%	50.32%	4.51%	27.46%
2011	17.86%	82.14%	46.48%	4.08%	31.58%
2012	18.03%	81.97%	43.73%	3.60%	34.65%
2013	18.12%	81.88%	45.39%	3.03%	33.45%
2014	18.80%	81.20%	46.32%	2.94%	31.94%
2015	18.26%	81.74%	49.71%	2.67%	29.35%
平均	25.14%	74.86%	54.28%	3.68%	16.90%

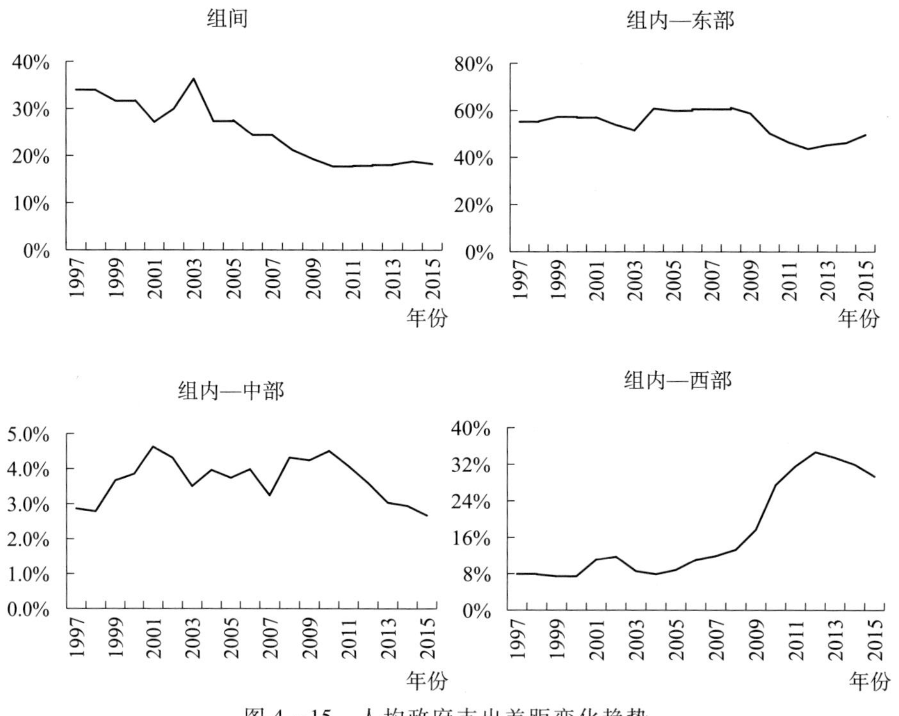

图 4-15 人均政府支出差距变化趋势

人均生产性政府支出泰尔指数分解结果显示，1997—2015 年人均生产性政府支出东中西部区域间差距平均贡献为 25.91%，而区域内贡献高达 74.09%，表明人均生产性政府支出差距主要来自于东中西部区域内省份之间的差异。其中东部区域内贡献最大，平均为 55.15%；西部次之，区域内平均贡献为 16.24%；中部地区最小，区域内平均贡献为 2.71%。变化趋势上，组间差距从 1997 年的 37% 下降到 2015 年的 20.41%，整体呈现缩小的态势，说明人均生产性政府支出的区域差距在逐步减小。组内贡献则从 63.00% 扩大到 2015 年的 79.59%，其中东部区域内差距贡献由 1997 年的 53.16% 下降到 2015 年的 48.73%，中部区域内差距贡献基本在 2% 到 4% 之间波动，西部区域内差距贡献则由 1997 年的 7.10% 攀升到 2015 年 28.24%。组内贡献的变化趋势表明，人均生产性政府支出区域内部的差距有逐步扩大的迹象，东部区域组内贡献近年虽有所下降，但整体维持在高位，而西部区域内各省份人均生产性政府支出水平差异呈现出加速分化的趋势。人均生产性政府支出泰尔指数的区域贡献和变化趋势特征与人均生产性政府支出变异系数的区域大小及变化趋势特征基本一致。人均生产性政府支出泰尔指数分解及其变化趋势如表 4－9 和图 4－16 所示。

表 4－9　　人均生产性政府支出泰尔指数分解

年份	组间贡献	组内贡献	东部	中部	西部
1997	37.00%	63.00%	53.16%	2.74%	7.10%
1998	35.72%	64.28%	55.48%	2.48%	6.33%
1999	32.94%	67.06%	58.27%	2.40%	6.39%
2000	32.11%	67.89%	59.11%	2.34%	6.44%
2001	25.92%	74.08%	58.84%	3.24%	12.00%
2002	27.12%	72.88%	55.96%	3.92%	13.00%
2003	30.47%	69.53%	58.53%	1.78%	9.22%
2004	24.95%	75.05%	65.02%	2.11%	7.92%
2005	26.25%	73.75%	62.07%	1.92%	9.76%
2006	24.75%	75.25%	62.82%	1.80%	10.62%
2007	24.66%	75.34%	59.86%	2.62%	12.86%
2008	22.51%	77.49%	57.66%	3.67%	16.16%
2009	24.18%	75.82%	57.58%	2.43%	15.82%
2010	22.20%	77.80%	52.47%	3.85%	21.48%
2011	20.30%	79.70%	47.36%	3.20%	29.14%
2012	19.92%	80.08%	44.58%	3.10%	32.40%
2013	20.35%	79.65%	44.48%	2.51%	32.65%
2014	20.55%	79.45%	45.84%	2.67%	30.94%
2015	20.41%	79.59%	48.73%	2.62%	28.24%
平均	25.91%	74.09%	55.15%	2.71%	16.24%

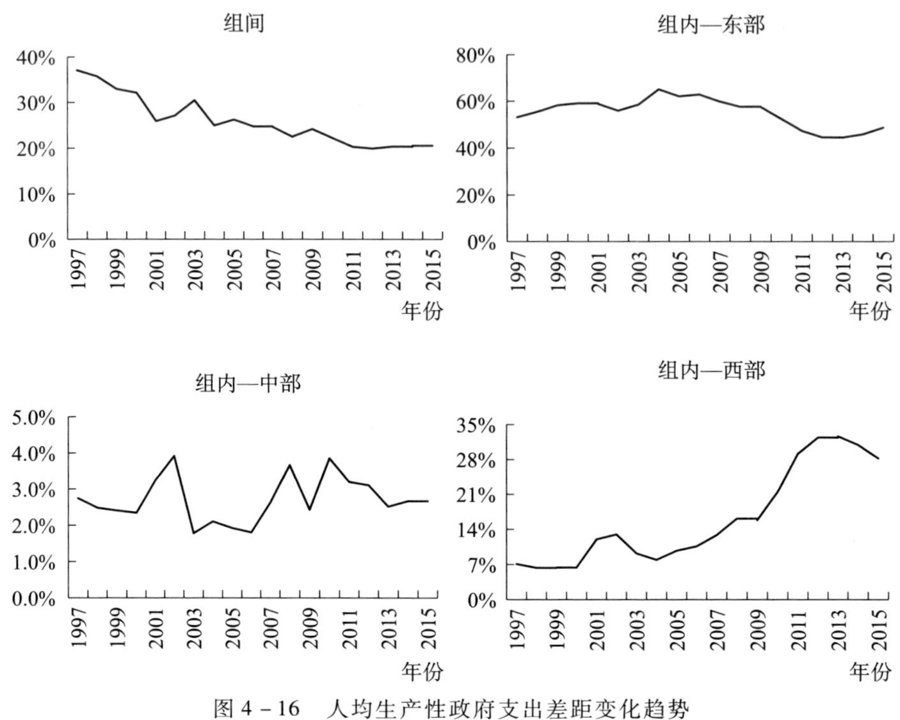

图 4-16 人均生产性政府支出差距变化趋势

人均非生产性政府支出差距以东中西部区域组内贡献为主，占比为76.48%，区域间贡献为23.52%。人均非生产性政府支出组内差距来源构成中，东部地区平均贡献为53.64%，中部地区平均贡献为4.88%，西部地区平均贡献为17.97%。由此说明人均非生产性支出差异主要来源于区域内各省份支出水平的不平等上，其中东部地区和西部地区最为明显。贡献的变化趋势上，人均非生产性政府支出差距组间贡献由1997年的30.10%下降到2015年的14.77%，下降趋势明显。组内贡献从1997的69.90%上升到2015年的85.23%，说明人均非生产性政府支出区域间差距有所改善，而区域内省份之间的差距逐渐成为差距来源的主因。东中西部组内贡献的变化趋势，东部地区在2008年达到最高值62.77%后有所回落；中部地区的峰值出现在2009年为7.37%，之后呈现波动下降趋势，2015年回落到3.09%；西部地区则由1997年9.33%逐步攀升到2010年的37.19%，之后虽有所回落但整体保持在30%左右的贡献水平。人均非生产性政府支出泰尔指数的区域贡献和变化趋势与人均非生产性政府支出变异系数的区域特征和变化趋势基本吻合。人均非生产性政府支出泰尔指数分解及变化趋势如

表 4 - 10 和图 4 - 17 所示。

表 4 - 10　　人均非生产性政府支出泰尔指数分解

年份	组间贡献	组内贡献	东部	中部	西部
1997	30. 10%	69. 90%	57. 34%	3. 24%	9. 33%
1998	31. 65%	68. 35%	55. 09%	3. 28%	9. 98%
1999	29. 87%	70. 13%	55. 84%	5. 27%	9. 02%
2000	30. 60%	69. 40%	54. 88%	5. 54%	8. 98%
2001	28. 19%	71. 81%	55. 56%	6. 10%	10. 15%
2002	32. 37%	67. 63%	52. 34%	5. 34%	9. 94%
2003	38. 92%	61. 08%	48. 54%	5. 11%	7. 44%
2004	28. 58%	71. 42%	57. 85%	5. 69%	7. 89%
2005	27. 84%	72. 16%	58. 24%	5. 47%	8. 46%
2006	23. 37%	76. 63%	58. 58%	6. 40%	11. 65%
2007	23. 92%	76. 08%	60. 80%	3. 69%	11. 58%
2008	19. 52%	80. 48%	62. 77%	4. 72%	12. 99%
2009	13. 27%	86. 73%	57. 18%	7. 37%	22. 18%
2010	13. 45%	86. 55%	44. 50%	4. 86%	37. 19%
2011	14. 33%	85. 67%	46. 49%	5. 20%	33. 98%
2012	15. 75%	84. 25%	43. 28%	4. 40%	36. 57%
2013	14. 35%	85. 65%	48. 89%	3. 88%	32. 88%
2014	16. 01%	83. 99%	48. 37%	3. 98%	31. 64%
2015	14. 77%	85. 23%	52. 61%	3. 09%	29. 53%
平均	23. 52%	76. 48%	53. 64%	4. 88%	17. 97%

4. 5. 3　经济增长区域差异分解

对人均 GDP 泰尔指数的测算结果显示，各地区人均 GDP 差距经历了一个由扩大到缩小的过程，人均 GDP 泰尔指数由 1997 年的 0. 16 下降到 2015 年的 0. 08。其变化趋势可分为两个阶段：第一阶段是 1997—2003 年的扩大阶段，泰尔指数由 0. 16 扩大到 2003 年的峰值水平 0. 20；第二阶段是 2004—2015 年的缩小阶段，人均 GDP 泰尔指数从峰值水平逐年下降到 2015 年的 0. 08。人均 GDP 泰尔指数变化趋势与人均 GDP 变异系数变化趋势基本一致。人均 GDP 差距的泰尔指数如图 4 - 18 所示。

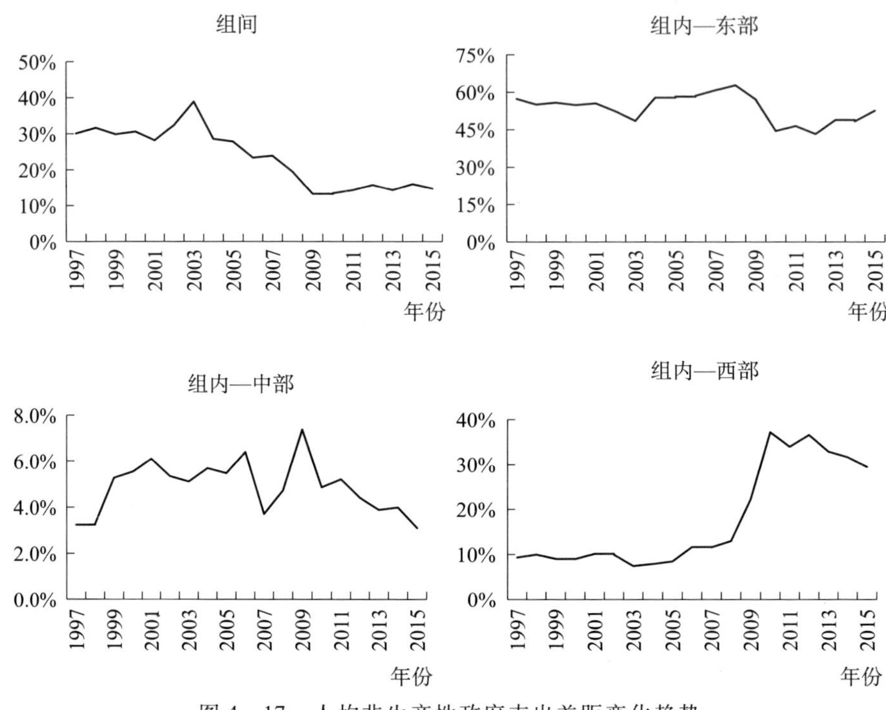

图 4-17 人均非生产性政府支出差距变化趋势

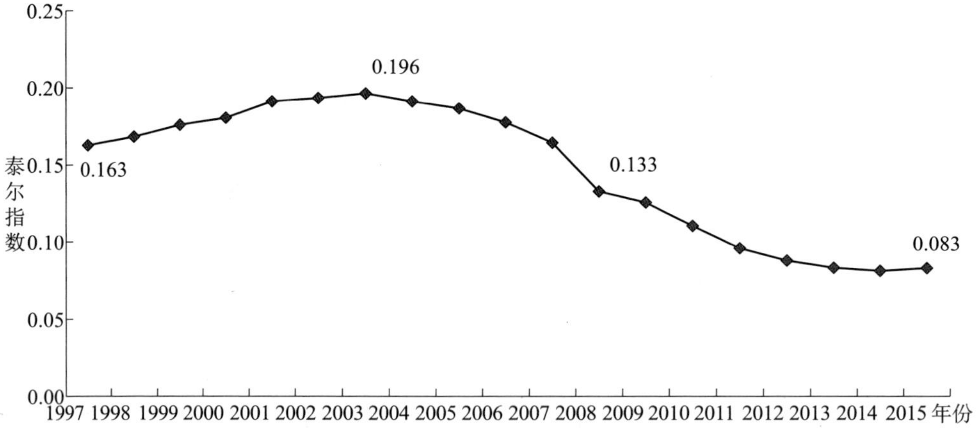

图 4-18 人均 GDP 差距的泰尔指数

与人均政府支出差距不同的是，人均 GDP 差距泰尔指数以东中西部区域之间的差距为主，但整体呈缩小趋势，1997—2015 年的平均贡献为 58.47%，区域内部的贡献为 41.53%。区域内部差距贡献的构成中，东部地区平均贡献最大，为 31.33%；中部地区的平均贡献为 1.72%；西部地区的平均贡献为 8.49%。由此可见，人均 GDP 差异主要还是体现在区域间发展的不均衡上，这一特征与人均政府支出差距构成具有显著差异。这从人均 GDP 的变异系数也可得到相互印证，与全国人均政府支出、人均生产性政府支出和人均非生产性政府支出的全国变异系数均不同，全国人均 GDP 变异系数要高于东中西部地区，说明全国各地区的差异相对与各区域内部要更大。从人均 GDP 差距贡献的变化趋势来看，东中西部区域间的差距从 1997 年的 61.27% 下降到 2015 年的 54.28%，区域间差距得到一定改善。而组内贡献从 38.73% 缓慢上升到了 45.72%，这说明我国人均 GDP 区域差距得到一定改善的同时，区域内部差距问题开始显现。东中西部组内贡献的分解结果显示，东部地区差异贡献表现出缓慢缩小的变化趋势；中部地区整体呈现出“U”型特征，以 2004 年为临界年份，之前贡献波动下降，但之后则表现出波动上升的趋势，不过波动范围较小，基本保持在 1% 到 2.5% 之间；西部地区组内贡献从 1997 年的 3.55% 逐年攀升到 2015 年的 13.81%，其中从 2007 年开始上升趋势尤为明显。东中西部组内差异贡献的变化趋势表明，东部和西部地区区域内省份人均 GDP 水平差异较大，其中近年来东部区域有所改善，而西部区域各省份间差距呈快速分化之势。人均 GDP 差距的泰尔指数分解及其变化趋势如表 4 – 11 和图 4 – 19 所示。

表 4 – 11　　　　人均 GDP 差距的泰尔指数分解

年份	组间贡献	组内贡献	东部	中部	西部
1997	61.27%	38.73%	32.90%	2.28%	3.55%
1998	61.17%	38.83%	33.53%	1.97%	3.33%
1999	61.43%	38.57%	33.84%	1.70%	3.03%
2000	60.78%	39.22%	34.17%	1.81%	3.25%
2001	62.23%	37.77%	33.14%	1.49%	3.13%
2002	62.51%	37.49%	32.91%	1.36%	3.22%
2003	62.08%	37.92%	32.91%	1.32%	3.69%
2004	61.27%	38.73%	33.54%	1.17%	4.03%
2005	61.70%	38.30%	32.43%	1.25%	4.63%
2006	61.30%	38.70%	31.99%	1.22%	5.49%
2007	60.25%	39.75%	31.79%	1.30%	6.66%
2008	56.73%	43.27%	31.06%	1.64%	10.58%

续表

年份	组间贡献	组内贡献	东部	中部	西部
2009	56.46%	43.54%	29.56%	1.57%	12.41%
2010	55.61%	44.39%	28.66%	1.51%	14.21%
2011	53.34%	46.66%	28.05%	1.77%	16.83%
2012	52.35%	47.65%	28.15%	2.12%	17.38%
2013	52.96%	47.04%	28.39%	2.23%	16.41%
2014	53.26%	46.74%	28.76%	2.39%	15.58%
2015	54.28%	45.72%	29.43%	2.48%	13.81%
平均	58.47%	41.53%	31.33%	1.72%	8.49%

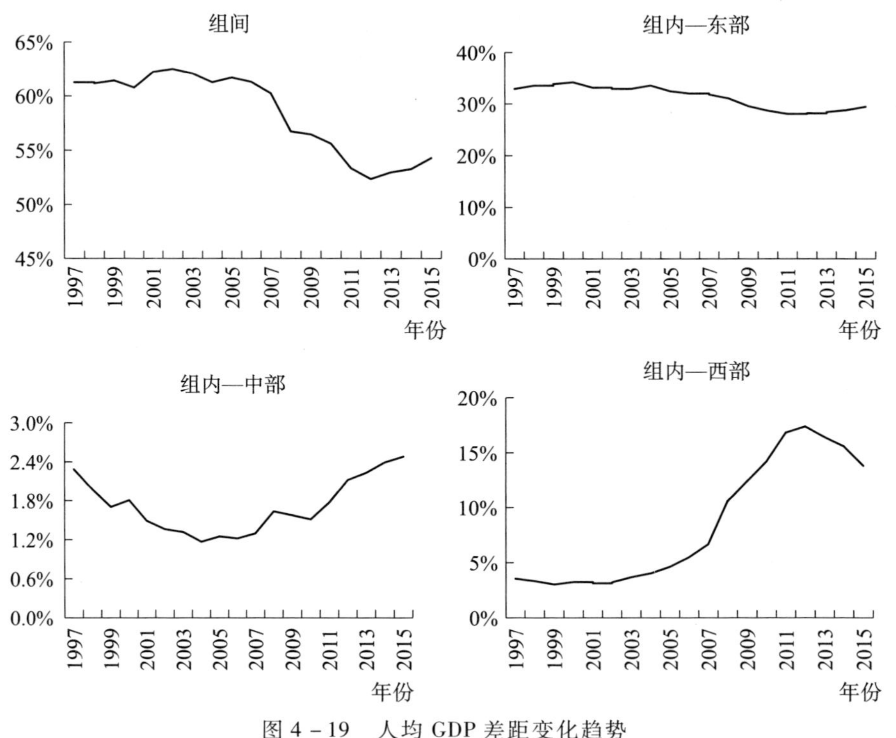

图 4-19 人均 GDP 差距变化趋势

4.5.4 政府支出差异对经济增长差异的回应

上文分析发现，政府支出差异与经济增长差异之间存在某些共性趋势特征。本部分通过所测算的经验数据进行相关性分析，以检验政府支出差异与经济增长差异之间的相互影响关系。人均 GDP 泰尔指数（A1）与全国政府支出乘数

（A2）、全国政府支出产出弹性（A3）、全国生产性政府支出产出弹性（A4）、全国政府支出产出效率（A5）、全国生产性政府支出产出效率（A6）、人均政府支出泰尔指数（A7）、人均生产性政府支出泰尔指数（A8）的相关性检验结果如表 4 - 12 所示。检验结果显示，人均 GDP 泰尔指数（A1）与全国生产性政府支出产出弹性（A4）、全国政府支出产出效率（A5）、全国生产性政府支出产出效率（A6）之间存在负相关关系，相关系数分别为 -0.714、 -0.596 和 -0.612，并且均在 1% 的水平上显著。人均 GDP 泰尔指数（A1）与人均政府支出泰尔指数（A7）、人均生产性政府支出泰尔指数（A8）之间存在正相关关系，相关系数分别为 0.947 和 0.950，并在 1% 的水平上显著。而人均 GDP 泰尔指数与全国政府支出乘数（A2）、全国政府支出产出弹性（A3）之间相关关系不显著。

进一步，本章对上述变量进行了格兰杰因果关系检验，检验结果如表 4 - 13 所示。检验结果表明，在 5% 的显著性水平上，全国生产性政府支出产出弹性（A4）、全国政府支出产出效率（A5）、全国生产性政府支出产出效率（A6）、人均政府支出泰尔指数（A7）、人均生产性政府支出泰尔指数（A8）均是人均 GDP 泰尔指数（A1）的格兰杰原因。

相关性检验和格兰杰因果关系检验结果表明，提高生产性政府支出产出弹性、政府支出产出效率和生产性政府支出产出效率将有助于降低人均 GDP 泰尔指数，也即有助于缩小各地区间经济发展差距。而人均政府支出和人均生产性政府支出地区间差异的扩大将不利于人均 GDP 水平地区差距的缩小。

表 4 - 12　变量相关性检验

	A2	A3	A4	A5	A6	A7	A8
A1	-0.386 (-1.674)	0.011 (0.045)	-0.714*** (-4.079)	-0.596*** (-2.970)	-0.612*** (-3.099)	0.947*** (11.808)	0.950*** (12.229)

注：括号内为 t 统计量值，*** 表示在 1% 的水平上显著。

表 4 - 13　格兰杰因果关系检验结果

	原假设	F 统计量	P 值	结论
A4	A4 不是 A1 的格兰杰原因	24.48	0.000	拒绝***
	A1 不是 A4 的格兰杰原因	1.533	0.235	接受
A5	A5 不是 A1 的格兰杰原因	6.308	0.013	拒绝**
	A1 不是 A5 的格兰杰原因	2.109	0.164	接受
A6	A6 不是 A1 的格兰杰原因	10.95	0.005	拒绝***
	A1 不是 A6 的格兰杰原因	2.182	0.159	接受

续表

	原假设	F统计量	P值	结论
A7	A7不是A1的格兰杰原因	7.238	0.018	拒绝**
	A1不是A7的格兰杰原因	0.288	0.600	接受
A8	A8不是A1的格兰杰原因	3.687	0.045	拒绝**
	A1不是A8的格兰杰原因	0.211	0.653	接受

注：***、**表示在1%、5%的水平上显著。

理论分析表明，政府支出对经济增长具有乘数效应。一方面通过加大政府支出力度可有效促进经济增长；另一方面如果不同地区政府支出规模不同，即使具有相同的乘数大小，那么也必然会带来经济增长的差异，更何况地区间普遍存在差异，乘数效应基本难以满足相同性假设，因此地区经济增长的差异几乎无法回避。从另一个维度来看，政府支出的差异会带来更大的经济增长差异吗？对这一问题的回答，可为我们制定区域均衡发展的财政政策找到一定的依据。图4-20展示的是人均GDP差距泰尔指数与人均政府支出差距泰尔指数和人均生产性政府支出差距泰尔指数的散点图。从图4-20中可以看出，人均GDP差距与人均政府支出差距和人均生产性政府支出差距均存在正相关关系，线性拟合的可决系数分别高达0.829和0.820。而格兰杰因果关系表明，人均政府支出泰尔指数和人均生产性政府支出泰尔指数均是人均GDP泰尔指数的格兰杰原因。因此，缩小地区间政府支出差异的政策将有助于区域经济的协调发展。

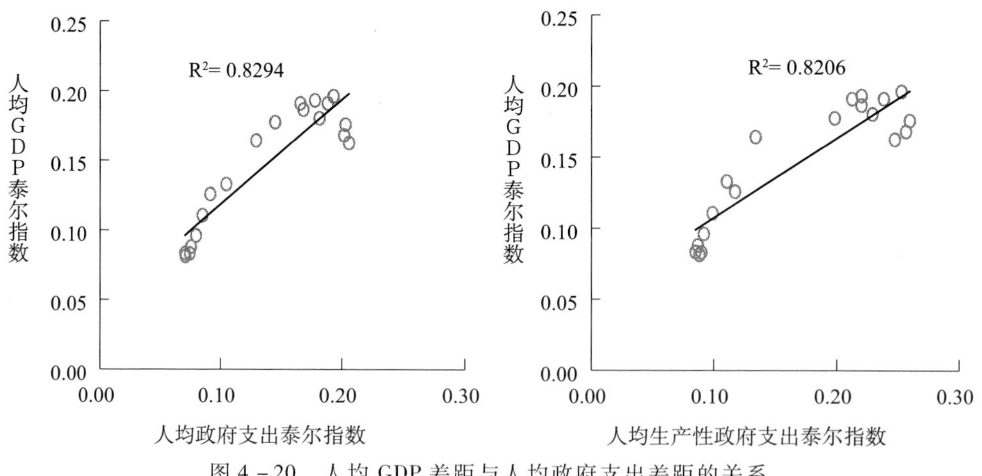

图4-20 人均GDP差距与人均政府支出差距的关系

4.6　本章小结

本章主要从静态视角分析了政府支出经济增长效应的区域差异。对区域差异特征事实的分析结果表明，政府支出的 GDP 占比，全国和东中西部各区域间呈现出递增的态势，其中年平均占比西部最高、中部次之、东部最低。生产性政府支出年平均占比则体现出东高西低，并且生产性政府支出占比变化趋势呈弱“V”型，从 2007 年开始占比有明显提升，这一特征与我国实施积极财政政策以应对全球金融危机的时间窗口基本吻合。1997—2015 年，人均政府支出绝对额年均增长率西部和中部地区高于全国和东部地区，人均生产性政府支出和人均非生产性政府支出绝对额年均增长率也具有相同的区域特征。人均政府支出、人均生产性政府支出和人均非生产性政府支出的极值比和变异系数均呈现出东高西低的区域分布特征。在变化趋势上，除西部地区从 2009 年开始略有扩大外，全国和其他区域均体现出缩小的态势。一方面表明无论全国还是区域间政府支出的差距正得以改善，同时也应该注意到西部区域内近年存在分化迹象。另一方面，东部地区人均政府支出的绝对水平虽然高于中部和西部地区，但中部和西部地区的增长幅度要大于东部地区，预计区域间政府支出的绝对差距将逐步缩小。全国人均 GDP 极值比和变异系数的测算结果表明地区间经济水平差异是不争的事实。1997—2015 年人均 GDP 年均增长率具有西高东低的特点，绝对额上中西部地区与东部地区存在差距，但增长率的差异有可能使区域差距趋于缩小。对此，从人均 GDP 极值比和变异系数的变化趋势上可得以验证。

基于简约形式的政府支出乘数测算结果显示，我国各省 1997—2015 年政府支出乘数均为正数且大于 1，表明我国政府支出对经济增长的整体促进作用明显。在 1999 年和 2009 年均出现了政府支出乘数的峰值，这与我国两轮积极财政政策实施的时间窗口基本吻合。从政府支出乘数的变化趋势上来看，积极财政政策政府支出乘数的短期效应要大于长期。从东部、中部、西部三大区域来看，1997—2015 年政府支出乘数年度平均值中部地区最高、西部地区最低，其中边际消费倾向较低是西部地区政府支出乘数较低的主要原因。

时变参数状态空间模型估计结果显示，人均政府支出产出弹性 1997—2015 年全国平均值为 0.75，人均生产性政府支出的产出弹性平均值为 0.67。从变化趋势上来看，人均政府支出产出弹性呈现出“L”型特征，其中2003年为人均政府支出产出弹性变化的拐点。人均政府支出产出弹性在区域间存在差异，中部地区最高，西部地区最低。人均政府支出产出弹性的区域特征与政府支出乘数区域特征基本吻合。西部地区的人均政府支出产出弹性和政府支出乘数均低于东中部地区，而人均政府支出的年均增长率要高于东中部地区。绝对规模的增长没有带来效率的改进，这是区域财政政策实施面临的突出矛盾。与全国人均政府支出产出弹性的“L”型特征不同，人均生产性政府支出产出弹性呈现出先上升后基本保持稳定的变化趋势。区域特征上，西部地区人均生产性政府支出的产出弹性最高，而东部地区最低。

人均政府支出产出效率的测算结果显示，1997—2015年人均政府支出配置总效率和人均生产性政府支出效率均呈现出先下降后上升的“W”型特征。区域分布上，东部地区效率平均值最高，西部地区最低。人均政府支出产出效率西部最低的特征一定程度上回应了西部地区人均政府支出乘数和人均政府支出产出弹性较低的原因。人均政府支出产出的水平效率东部地区最高，西部地区最低，而提升效率东部地区亦高于西部地区。人均生产性政府支出产出水平效率与提升效率的区域分布特征与人均政府支出基本一致。结合水平效率和提升效率可推测，如果按照现有效率配置政府支出，区域间经济产出差异有扩大的趋势。

对1997—2015年政府支出泰尔指数的测算结果显示，地区间人均政府支出泰尔指数、人均生产性政府支出泰尔指数以及人均非生产性政府支出泰尔指数均呈现出缩小的态势。其中人均生产性政府支出泰尔指数最大，而人均非生产性政府支出泰尔指数最小。对泰尔指数的分解结果表明，人均政府支出、人均生产性政府支出和人均非生产性政府支出差距主要来自于组内贡献，而非东部、中部、西部区域之间的差异。组内贡献的构成及变化趋势显示，东部区域内省份差异是组内差异的主要来源，但有缩小的趋势，而西部区域组内贡献提升明显。对人均GDP泰尔指数的测算结果显示，各地区人均GDP差距经历了一个由扩大到缩小的过程。与人均政府支出差距不同的是，人均GDP差距泰尔指数以东中西部区域之间的差距为主，但整体呈缩小趋势，而组内差距的扩大表明区域内部差距问题开始显现。组内差异贡献的变化趋势表明，东部和西部地区区域内省份人均GDP水平差异较大，其中近年来东部区域有所改善，而西部区域各省份间差距呈快速分化之势。同时极值比、变异系数和泰尔指数的交叉验证结果表明，本章对区域差异的测算结果是有效的。

相关性检验和格兰杰因果关系检验结果表明，提高生产性政府支出产出弹性、政府支出产出效率和生产性政府支出产出效率将有助于降低人均 GDP 泰尔指数，也即有助于缩小各地区间经济发展差距。而人均政府支出和人均生产性政府支出地区间差异的扩大将不利于人均 GDP 水平地区差距的缩小。

第5章　政府支出经济增长效应区域动态异质性

本章基于动态随机一般均衡模型（Dynamic Stochastic General Equilibrium, DSGE）探讨政府支出经济增长效应区域动态差异，侧重从短期和长期来考察政府支出冲击产生的宏观经济效应区域差异，包括冲击的正负影响、响应程度大小以及冲击的持续时间在不同区域之间的差异，进而分析政府支出经济增长效应在不同区域传导机制的差异。同时，基于敏感性分析考察不同政策组合对宏观经济效应的影响大小和响应程度。

5.1　考虑区域差异的理论模型构建思路

本章 DSGE 模型构建是在 Smets 和 Wouters（2003）①、Christiano 等（2005）②、Gali（2008）③ 的框架下进行相应简化和改进而成。模型中的行为决策主体包括代表性消费者、厂商、政府部门。模型构建基于以下基本假设，在封闭经济条件下，考虑消费者、厂商、政府部门所构成的经济系统最优行为决策问题。其中消费者是同质的，厂商分为最终品生产商和中间品生产商，中间品是最

① Smets F, Wouters R. An Estimated Dynamic Stochastic General Equilibrium Model of the euro area [J]. Journal of the European Economic Association, 2003, 1 (5): 1123－1175.

② Christiano L J, Eichenbaum M, Evans C L. Nominal Rigidities and the Dynamic Effects of a Shock to Monetary Policy [J]. Journal of Political Economy, 2005, 113 (1): 1－45.

③ Gali J. Monetary Policy, Inflation, and the Business Cycle: An Introduction to the New Keynesian Framework [M]. Princeton University Press, 2008.

终品生产商的生产要素投入。最终品厂商在完全竞争市场条件下进行决策，中间品厂商在垄断竞争市场条件下进行决策。政府部门通过制定财政政策和货币政策来参与经济系统行为决策，其中将政府财政支出分为生产性政府支出和非生产性政府支出，生产性政府支出通过形成公共资本进入厂商生产函数，非生产性政府支出进入消费者效用函数（Barro，1990①；Baxter 和 King，1993②；Andres 和 Domenech，2006③；Linnemann 和 Schabert，2006④；Kirsanova et al.，2007⑤；吴化斌等，2011⑥；李玉双，2015⑦；王文甫，2015⑧）。

理论模型构建包括以下几个部分：一是封闭经济下代表性消费者、厂商、政府三部门行为主体的决策问题；二是基于动态最优理论，求解出各行为主体最优决策的行为方程，得到经济系统的非线性动态均衡条件；三是对经济系统非线性动态均衡条件进行对数线性化处理。

对政府支出经济增长效应区域动态异质性的分析，主要通过所构建的 DSGE 模型中的关键参数来进行表征。也即在统一建构经济系统行为模型的基础上，将全国、东部、中部和西部假设为不同的封闭经济体，测算和估计全国及各区域的关键参数值来衡量区域之间的差异，并利用区域宏观经济变量分别进行贝叶斯估计得到体现区域异质性的后验分布，进而通过所构建的经济系统行为模型来分析政府支出的变化对经济变量的动态影响。

① Barro R J. Government Spending in a Simple Model of Endogeneous Growth [J]. Journal of Political Economy, 1990, 98 (5, Part 2): S103 – S125.

② Baxter M, King R G. Fiscal Policy in General Equilibrium [J]. The American Economic Review, 1993: 315 – 334.

③ Andrés J, Doménech R. Automatic Stabilizers, Fiscal Rules and Macroeconomic Stability [J]. European Economic Review, 2006, 50 (6): 1487 – 1506.

④ Linnemann L, Schabert A. Productive Government Expenditure in Monetary Business Cycle Models [J]. Scottish Journal of Political Economy, 2006, 53 (1): 28 – 46.

⑤ Kirsanova T, Satchi M, Vines D, et al. Optimal Fiscal Policy Rules in a Monetary Union [J]. Journal of Money, Credit and Banking, 2007, 39 (7): 1759 – 1784.

⑥ 吴化斌，许志伟，胡永刚，鄢萍．消息冲击下的财政政策及其宏观影响 [J]. 管理世界，2011，(09): 26 – 39.

⑦ 李玉双．大国财政政策的宏观经济效应：基于中国视角的分析 [M]. 上海：格致出版社、上海人民出版社，2015.

⑧ 王文甫．中国政府支出宏观效应及其传导机制研究 [M]. 北京：经济科学出版社，2015.

5.2 理论模型构建

5.2.1 消费者行为

假定经济系统中存在可以无限期存活的连续统（continuum）代表性消费者，其特征满足区间［0，1］上的连续型分布，且各消费者之间是同质的。消费者效用取决于消费、闲暇和非生产性政府支出，即 $U(c_t,\ l_t,\ G_t^U)$。假定消费者效用函数形式遵循固定跨期替代机制。

消费者效用函数具体形式设定为：

$$U(c_t,l_t,G_t^U) = \frac{c_t^{1-\gamma}}{1-\gamma} - \frac{l_t^{1+\varphi}}{1+\varphi} + V(G_t^U) \tag{5.1}$$

其中，c_t 为消费者在 t 期的消费水平，l_t 为 t 期的劳动供给，G_t^U 为 t 期政府支出中的非生产性政府支出。γ 表示相对风险厌恶系数，$1/\gamma$ 表示消费者跨期固定替代弹性参数。φ 表示劳动供给弹性系数的倒数，该系数越小表明实际工资的微小变化会对劳动供给产生较大影响。$V(\cdot)$ 为非生产性政府支出对消费者效用的影响函数。

消费者收入来源于以下几个方面：一是通过对外供给劳动和出租资本获得劳动收入和资本收入，同时劳动收入和资本收入需要按一定比例向政府部门缴纳税收；二是消费者可以通过持有政府债券获得收益，假定政府债券持有者当期债券收入来自于上期到期债券本息和；三是消费者可以获得来自厂商的利润分红。消费者支出去向包括：一是用于当期消费支出，同时根据一定的比例需向政府缴纳消费税；二是实物资本投资，用来进行资本积累；三是用于购买并持有政府发行的债券。

消费者面临的预算约束为：

$$(1+\tau_t^c)c_t + I_t + \frac{B_t}{P_t} = (1-\tau_t^l)w_t l_t + (1-\tau_t^k)r_t k_t + \frac{D_t}{P_t} + \frac{(1+R_{t-1})B_{t-1}}{P_t} \tag{5.2}$$

其中，k_t 为 t 期的资本存量，τ_t^c、τ_t^l、τ_t^k 分别为消费有效税率、劳动收入有效税率和资本收入有效税率。w_t 表示 t 期的工资率水平，r_t 表示 t 期的资本报酬率。R_t 为政府债券收益率，即名义利率。I_t 为 t 期的实物资本投资，B_t 为 t 期消费者购买并持有的政府债券数量，D_t 为 t 期消费者从企业获得的利润分红，P_t 为 t 期的价格水平。

消费者实物资本投资用于资本积累，但消费者进行实物资本投资面临着成本调整（Smets 和 Wouters，2003；Christiano et al.，2005）。当期资本积累水平取决于上一期资本积累水平和经过成本调整后的当期实物资本投资。消费者实物资本积累过程为：

$$k_t = (1-\delta)k_{t-1} + \left[1 - S\left(\frac{I_t}{I_{t-1}}\right)\right]I_t \tag{5.3}$$

其中，δ 为私人资本折旧率，$S\left(\frac{I_t}{I_{t-1}}\right)$ 为投资调整成本函数，且满足 $S(1)=S'(1)=0$，$S''(1)>0$。即当期实物资本投资等于上一期实物资本投资时，当期实物资本投资可以全部转化为当期存量资本（Smets 和 Wouters，2003）。假设投资调整成本函数为二次型形式（Christiano et al.，2005；刘斌，2010①），即 $S\left(\frac{I_t}{I_{t-1}}\right)=\frac{\kappa}{2}\left(1-\frac{I_t}{I_{t-1}}\right)^2$，$\kappa$ 为投资调整成本参数。故消费者资本积累方程可简化为：

$$k_t = (1-\delta)k_{t-1} + \left[1 - \frac{\kappa}{2}\left(1-\frac{I_t}{I_{t-1}}\right)^2\right]I_t \tag{5.4}$$

代表性消费者的行为决策目标是，在预算约束式（5.2）和资本积累形成条件式（5.4）下，通过选择消费水平 c_t、劳动供给 l_t、资本存量 k_t、实物资本投资 I_t、政府债券持有量 B_t，并将无限期效用按折现率 β 进行折现后，实现跨期贴现期望效用最大化。代表性消费者跨期贴现期望效用最大化问题为：

$$Max \quad E_0\sum_{t=0}^{\infty}\beta^t\left[\frac{c_t^{1-\gamma}}{1-\gamma} - \frac{l_t^{1+\varphi}}{1+\varphi} + V(G_t^U)\right]$$

$$s.t. \quad (1+\tau_t^c)c_t + I_t + \frac{B_t}{P_t} = (1-\tau_t^l)w_t l_t + (1-\tau_t^k)r_t k_t + \frac{D_t}{P_t} + \frac{(1+R_{t-1})B_{t-1}}{P_t}$$

$$k_t = (1-\delta)k_{t-1} + \left[1 - \frac{\kappa}{2}\left(1-\frac{I_t}{I_{t-1}}\right)^2\right]I_t$$

构建消费者跨期贴现期望效用最大化的拉格朗日函数，

① 刘斌．动态随机一般均衡模型及其应用［M］．北京：中国金融出版社，2010.

$$L_1 = E_0 \sum_{t=0}^{\infty} \beta^t \left\{ \begin{array}{l} \left[\dfrac{c_t^{1-\gamma}}{1-\gamma} - \dfrac{l_t^{1+\varphi}}{1+\varphi} + V(G_t^U) \right] \\ -\lambda_t \left[(1+\tau_t^c)c_t + I_t + \dfrac{B_t}{P_t} - (1-\tau_t^l)w_t l_t - (1-\tau_t^k)r_1 k_t - \dfrac{D_t}{P_t} - \dfrac{(1+R_{t-1})B_{t-1}}{P_t} \right] \\ -Q_t \left[k_t - (1-\delta)k_{t-1} - \left(1 - \dfrac{\kappa}{2}\left(1 - \dfrac{I_t}{I_{t-1}}\right)^2\right) I_t \right] \end{array} \right\}$$

其中，λ_t、Q_t 为拉格朗日乘子，定义 $q_t = Q_t / \lambda_t$，q_t 为资产品的影子价格，即托宾 q。通过拉格朗日函数 L_1 对 c_t、l_t、I_t、B_t、k_t 求一阶偏导，可得消费者跨期贴现期望效用最大化的一阶条件。

$$c_t^{-\gamma} = \lambda_t (1 + \tau_t^c) \tag{5.5}$$

$$l_t^{\varphi} = \lambda_t (1 - \tau_t^l) w_t \tag{5.6}$$

$$\lambda_t = Q_t \left[1 - \frac{\kappa}{2}\left(1 - \frac{I_t}{I_{t-1}}\right)^2 + \kappa\left(1 - \frac{I_t}{I_{t-1}}\right)\frac{I_t}{I_{t-1}} \right] - \beta E_t \left[Q_{t+1}\kappa\left(1 - \frac{I_{t+1}}{I_t}\right)\left(\frac{I_{t+1}}{I_t}\right)^2 \right]，即$$

$$1 = q_t \left[1 - \frac{\kappa}{2}\left(1 - \frac{I_t}{I_{t-1}}\right)^2 + \kappa\left(1 - \frac{I_t}{I_{t-1}}\right)\frac{I_t}{I_{t-1}} \right] - \beta E_t \frac{\lambda_{t+1}}{\lambda_t} \left[q_{t+1}\kappa\left(1 - \frac{I_{t+1}}{I_t}\right)\left(\frac{I_{t+1}}{I_t}\right)^2 \right] \tag{5.7}$$

$$E_t \beta (1 + R_t) \frac{\lambda_{t+1}}{\lambda_t} \frac{P_t}{P_{t+1}} = 1 \tag{5.8}$$

$$q_t = E_t \beta \frac{\lambda_{t+1}}{\lambda_t} \left[(1 - \tau_{t+1}^k) r_{t+1} + q_{t+1}(1 - \delta) \right] \tag{5.9}$$

消费者跨期贴现期望效用最大化行为决策可由方程（5.5）—方程（5.9）进行刻画。

5.2.2 厂商行为决策

考虑异质性厂商的行为决策问题（Dixit 和 Stiglitz，1977①），即假设经济系统中存在两种不同类型的厂商，一类厂商处在完全竞争市场中，生产无差别的同质化最终产品；另一类厂商处在垄断竞争市场中，生产有差别的异质化中间产品。中间品厂商为区间［0，1］上的闭连生产集，且中间产品是最终产品生产的投入要素。

① Dixit A K，Stiglitz J E. Monopolistic Competition and Optimum Product Diversity［J］. The American Economic Review，1977，67（3）：297－308.

（1） 最终品厂商

最终品厂商以中间品厂商生产的产品作为投入要素进行生产，且在完全竞争规则下进行决策。最终品厂商采用不变替代弹性 CES 生产技术，最终品厂商的生产函数为，

$$Y_t = \left(\int_0^1 y_{it}^{\frac{1}{1+\phi}} di\right)^{1+\phi} \tag{5.10}$$

其中，Y_t 为最终品厂商产量，y_{it}为第 i 种中间品厂商的产量，最终品是各种中间品的累计分布函数。ϕ 表示中间产品的替代弹性，用来衡量中间品生产的垄断程度，ϕ 越小表明中间品之间的替代程度越大，中间品厂商在市场中拥有的垄断力量越小。

最终品厂商利润最大化问题：

$$\underset{y_{it}}{Max} \quad P_t Y_t - \int_0^1 p_{it} y_{it} di$$

$$s.t. \quad Y_t = \left(\int_0^1 y_{it}^{\frac{1}{1+\phi}} \cdot di\right)^{1+\phi}$$

其中，P_t 为最终品价格，p_{it}为中间品价格。

由最终品厂商利润最大化的一阶条件，可求解最终品厂商对中间品的需求函数 y_{it}。

$$y_{it} = \left(\frac{p_{it}}{P_t}\right)^{-\left(\frac{1+\phi}{\phi}\right)} Y_t \tag{5.11}$$

最终品厂商在完全竞争市场条件下进行行为决策，其获得的经济利润为 0。即有：

$$P_t Y_t - \int_0^1 p_{it} y_{it} di = 0 \tag{5.12}$$

将式（5.11）代入式（5.12），化解可求得最终品的价格 P_t 。

$$P_t = \left(\int_0^1 p_{it}^{-1/\phi} di\right)^{-\phi} \tag{5.13}$$

（2） 中间品厂商

中间品厂商在垄断竞争市场条件下进行行为决策。中间品厂商通过组织资本、劳动等生产要素，并采用一定的生产技术进行生产。同时，公共资本存量也会影响中间品的生产。中间品厂商在资本市场向消费者租借资本并支付租金，在劳动力市场向消费者购买劳动力并支出工资。假定中间品厂商的生产函数为柯布道格拉斯形式，

$$y_{it} = A_t k_{it-1}^{\alpha} l_{it}^{1-\alpha} (K_{t-1}^{G})^{\eta} \tag{5.14}$$

其中，A_t 为生产技术水平，k_{it-1}为第 i 个中间品厂商租用的资本，l_{it}为第 i 个中间品厂商购买的劳动力，K_{t-1}^{G}为公共资本存量，α 为私人资本的产出弹性系数，η 为公共资本的产出弹性系数。

生产技术水平 A_t 的动态变化满足一阶自回归形式，即

$$A_t = \rho_A A_{t-1} + \varepsilon_t^{A} \tag{5.15}$$

其中，ρ_A 用来衡量技术冲击的持续性，ε_t^{A} 为技术冲击，$\varepsilon_t^{A} \sim i.i.d\ N(0, \sigma_A^2)$，即 ε_t^{A} 为独立同分布，且服从均值为零方差为 σ_A^2 的正态分布。

中间品厂商基于生产成本最小来进行要素选择。中间品厂商生产成本最小化问题为：

$$\underset{l_{it},k_{it}}{Min} \quad C = w_t l_{it} + r_t k_{it-1}$$

$$s.t. \quad y_{it} = A_t k_{it-1}^{\alpha} l_{it}^{1-\alpha} (K_{t-1}^{G})^{\eta}$$

构建中间品厂商生产成本最小化问题的拉格朗日函数，

$$L_2 = w_t l_{it} + r_t k_{it-1} - \mu_t (A_t k_{it-1}^{\alpha} l_{it}^{1-\alpha} (K_{t-1}^{G})^{\eta} - y_{it})$$

其中，μ_t 为拉格朗日乘子。

通过拉格朗日函数 L_2 对劳动 l_{it}和资本 k_{it-1}求偏导，可得中间品厂商最优行为决策的一阶条件，

$$r_t = \mu_t A_t \alpha k_{it-1}^{\alpha-1} l_{it}^{1-\alpha} (K_{t-1}^{G})^{\eta} \tag{①}$$

$$w_t = \mu_t A_t k_{it-1}^{\alpha} (1 - \alpha) l_{it}^{-\alpha} (K_{t-1}^{G})^{\eta} \tag{②}$$

由式① ÷ 式②可得，中间品厂商最优要素投入的资本劳动比，

$$\frac{r_t}{w_t} = \frac{\alpha}{1 - \alpha} \frac{l_{it}}{k_{it-1}} \tag{5.16}$$

根据包络定理，可得中间品厂商的边际成本，

$\frac{\partial C}{\partial y_{it}} = \frac{\partial L_2}{\partial y_{it}} = \mu_t$，即有 $mc_t = \mu_t$

由式①和式②可得

$$mc_t = \frac{w_t^{1-\alpha} r_t^{\alpha} (K_{t-1}^{G})^{-\eta}}{A_t \alpha^{\alpha} (1 - \alpha)^{1-\alpha}} \tag{5.17}$$

由式①式②可得中间厂商对劳动和资本的需求函数分别为，

$$l_{it} = \frac{1 - \alpha}{w_t} y_{it} mc_t \tag{5.18}$$

$$k_{it-1} = \frac{\alpha}{r_t} y_{it} mc_t \tag{5.19}$$

由于中间品厂商处于垄断竞争市场，其对产品定价具有一定的决定权。本章采用 Calvo（1983）[①] 的定价策略，引入价格粘性机制，即每期都有一定数量的中间品厂商可以按照市场条件灵活调整中间品价格。假设中间品厂商每一期有 θ 的概率不能根据利润最大化的决策规则自由进行产品价格调整，每一期可以灵活调整产品价格的概率为（$1-\theta$）。当中间品厂商不能根据利润最大化的决策规则进行产品价格调整时，可以根据上一期通货膨胀率 π_{t-1} 和价格 p_{t-1} 调整当期价格。即调整规则为

$$p_{it} = \pi_{t-1} p_{it-1} \tag{5.20}$$

根据利润最大化决策规则进行定价的中间品厂商，每一期都面临相同的概率进行价格调整。中间产品厂商通过灵活调整价格，实现贴现期望利润最大化。考虑未来 s 期内中间产品最优价格 p_{it}^* 的决策问题：

$$\underset{p_{it}}{Max} \quad E_t(\beta\theta)^s \left[(p_{it+s} - P_{t+s} mc_{t+s}) \left(\frac{p_{it+s}}{P_{t+s}}\right)^{-\left(\frac{1+\phi}{\phi}\right)} Y_{t+s} \right]$$

$$s.t. \quad y_{it+s} = \left(\frac{P_{it+s}}{P_{t+s}}\right)^{-\left(\frac{1+\phi}{\phi}\right)} Y_{t+s}$$

中间产品最优价格的一阶条件，

$$E_t(\beta\theta)^s Y_{t+s} \left(\frac{p_{it+s}^*}{P_{t+s}}\right)^{-\left(\frac{1+\phi}{\phi}\right)} \left[-\frac{1}{\phi} + \left(1 + \frac{1}{\phi}\right) mc_{t+s} \frac{P_{t+s}}{p_{it+s}^*} \right] = 0 \tag{5.21}$$

对式（5.21）进行求解可得中间产品最优价格，

$$p_{it}^* = (1+\phi) \frac{E_t \sum_{s=0}^{\infty} (\beta\theta)^s P_{t+s}^{(1+1/\phi)} Y_{t+s} mc_{t+s}}{E_t \sum_{s=0}^{\infty} (\beta\theta)^s P_{t+s}^{1/\phi} Y_{t+s}} \tag{5.22}$$

由式（5.13）可得最终产品价格动态定价方程，

$$P_t = \left[(1-\theta) p_{it}^{*\,-1/\phi} + \theta(\pi_{t-1} p_{it-1})^{-1/\phi} \right]^{-\phi} \tag{5.23}$$

厂商行为决策可由式（5.11）、式（5.13）、式（5.14）、式（5.17）、式（5.18）、式（5.19）、式（5.22）、式（5.23）进行刻画。

---

① Calvo G A. Staggered Prices in a Utility-maximizing Framework [J]. Journal of Monetary Economics, 1983, 12 (3): 383 - 398.

5.2.3 政府财政与货币政策规则

政府部门通过财政政策与货币政策进行宏观调控，实现经济社会的有序发展和平稳运行。政府部门作为经济系统的重要行为主体，其制定的政策对消费者、厂商行为决策会产生重要影响。政府是公共产品和服务的供给主体，其通过税收和发行政府债券，实现政府财政预算收支平衡。同时，中央银行通过调整货币供求关系实现对利率的调控，进而达到经济总供求平衡的调节目标。本书在 Smets 和 Wouters（2003）、Christiano et al.（2005）的基础上，通过区分生产性政府支出和非生产性政府支出，引入消费税、劳动税和资本税等税收政策规则，并基于以利率为目标的货币政策规则，分析财政政策规则和货币政策规则对经济系统的动态影响。

（1）财政政策规则

根据本书关于政府支出的划分依据，政府支出分为生产性政府支出和非生产性政府支出，非生产性政府支出进入消费者效用函数，生产性政府支出形成公共资本。当期公共资本存量取决于上一期公共资本积累水平和当期生产性政府支出规模。

公共资本积累动态方程为：

$$K_t^G = (1 - \delta^G) K_{t-1}^G + G_t^I \tag{5.24}$$

其中，K_t^G 为公共资本存量，G_t^I 为生产性政府支出，δ^G 为公共资本的折旧系数。经济系统稳态时有 $\bar{G}^I = \delta^G \bar{K}^G$。

假设政府支出由三部分构成：一是用于提高消费者效用水平的非生产性政府支出 G_t^U；二是用于公共资本积累的生产性政府支出 G_t^I；三是用于支付消费者所持有的政府债券本息和。政府支出的融资来源包括，政府对消费者征收的消费税、在劳动力市场征收的劳动收入税、在资本市场征收的资本收入税以及政府当期发行的政府债券。

政府预算约束条件为，

$$G_t^U + G_t^I + \frac{(1 + R_{t-1}) B_{t-1}}{P_t} = \tau_t^c c_t + \tau_t^l w_t l_t + \tau_t^k r_t k_{t-1} + \frac{B_t}{P_t} \tag{5.25}$$

政府支出在资源配置和稳定经济方面具有重要作用。政府支出与债务规模通常具有联动机制，当政府债务规模扩大时，政府往往会通过节省行政开支提高资金使用效率等方式削减政府支出规模，以实现财政的可持续发展。同时，政府支出还具有一定的惯性特征，当期政府支出水平受上一期政府支出的影响。此外，政府支出规模与经济发展水平高度相关，经济发展水平越高政府支出规模相应越大。

假设政府支出政策遵循以下规则，

$$G_t^U = (G_{t-1}^U)^{\rho_{UG}}(b_{t-1}/Y_{t-1})^{-(1-\rho_{UG})\nu_{UG}}\varepsilon_t^{UG} \tag{5.26}$$

$$G_t^I = (G_{t-1}^I)^{\rho_{IG}}(b_{t-1}/Y_{t-1})^{-(1-\rho_{IG})\nu_{IG}}\varepsilon_t^{IG} \tag{5.27}$$

其中，ρ_{UG}和ν_{UG}为上一期非生产性政府支出和债务规模对当期非生产性政府支出的作用弹性，ρ_{IG}和ν_{IG}为上一期生产性政府支出和债务规模对当期生产性政府支出的作用弹性。b_t 为实际债务规模，$b_t = B_t/P_t$。b_t/Y_t 表示政府债务负担。ε_t^{UG} 为非生产性政府支出冲击，ε_t^{IG} 为生产性政府支出冲击，$\varepsilon_t^{UG} \sim i.i.d\ N(0, \sigma_{UG}^2)$，$\varepsilon_t^{IG} \sim i.i.d\ N(0, \sigma_{IG}^2)$，即 ε_t^{UG}、ε_t^{IG} 为独立同分布，且服从均值为零方差分别为σ_{UG}^2和σ_{IG}^2的正态分布。式（5.26）和式（5.27）表征了政府支出的调整规则，反映出政府支出根据债务规模和产出情况的逆向调节机制，发挥着财政支出自动稳定器的作用。

税收是政府支出融资的主要来源之一，政府税收政策会根据债务规模进行适当调整，也即政府税收与债务规模之间存在相应反馈机制①。同时，政府税收与经济规模高度相关，当经济处在高速发展时期，由于经济规模较大，即使税率较低也能产生规模较大的税收收入。此外，假设税率存在动态调节机制，当期税率会参照上一期税率情况作出相应调整。

假设税收政策遵循以下规则，

$$\tau_t^c = (\tau_{t-1}^c)^{\rho_{\tau c}}(b_{t-1}/Y_{t-1})^{(1-\rho_{\tau c})\nu_{\tau c}}\varepsilon_t^{\tau c} \tag{5.28}$$

$$\tau_t^l = (\tau_{t-1}^l)^{\rho_{\tau l}}(b_{t-1}/Y_{t-1})^{(1-\rho_{\tau l})\nu_{\tau l}}\varepsilon_t^{\tau l} \tag{5.29}$$

$$\tau_t^k = (\tau_{t-1}^l)^{\rho_{\tau k}}(b_{t-1}/Y_{t-1})^{(1-\rho_{\tau k})\nu_{\tau k}}\varepsilon_t^{\tau k} \tag{5.30}$$

其中，$\rho_{\tau c}$和$\nu_{\tau c}$为上一期消费有效税率和债务规模对当期消费有效税率的作用弹性，$\rho_{\tau l}$和$\nu_{\tau l}$为上一期劳动收入有效税率和债务规模对当期劳动收入有效税率的作用弹性，$\rho_{\tau k}$和$\nu_{\tau k}$为上一期资本收入有效税率和债务规模对当期资本收入有效税率的作用弹性。$\varepsilon_t^{\tau c}$ 为消费有效税率冲击，$\varepsilon_t^{\tau l}$ 为劳动收入有效税率冲击，$\varepsilon_t^{\tau k}$ 为资本收入有效税率冲击，$\varepsilon_t^{\tau c} \sim i.i.d\ N(0, \sigma_{\tau c}^2)$，$\varepsilon_t^{\tau l} \sim i.i.d\ N(0,$

① Leeper E M, Plante M, Traum N. Dynamics of Fiscal Financing in the United States [J]. Journal of Econometrics, 2010, 156 (2): 304 - 321.

$\sigma_{\tau l}^{2}$)，$\varepsilon_{t}^{\tau k} \sim i.i.d\ N(0,\ \sigma_{\tau k}^{2})$，即 $\varepsilon_{t}^{\tau c}$、$\varepsilon_{t}^{\tau l}$、$\varepsilon_{t}^{\tau k}$ 为独立同分布，且服从均值为零方差分别为 $\sigma_{\tau c}^{2}$、$\sigma_{\tau l}^{2}$ 和 $\sigma_{\tau k}^{2}$ 的正态分布。式（5.28）、式（5.29）和式（5.30）体现了政府财政支出的融资机制，当政府债务规模变化时，政府部门会通过调整消费、劳动和资本等相关税率来进行融资调节，满足政府预算约束的要求。

（2）货币政策规则

财政政策和货币政策之间相互影响，共同发挥调控经济的作用（Leeper，1991①；Schmitt 和 Uribe，2007②；朱军，2016③）。与财政政策宏观经济调控直接作用于经济变量不同的是，货币政策通过调节利率来发挥调节总供需和稳定经济的作用，其传导机制相对间接。从国内外相关文献来看，货币政策的目标主要有货币数量和利率（Poole，1970④；Rotemberg 和 Woodford，1999⑤；Gali 和 Monacelli，2008⑥；赵磊，2007⑦；王国刚，2012⑧；岳娟丽和徐晓伟，2014⑨）。已有相关研究，大多假设货币当局根据利率规则来制定货币政策（王胜和邹恒甫，2006⑩；肖尧，2016⑪），实行的是盯住利率的目标政策（陈昆亭和龚六堂，

① Leeper E M. Equilibria under ‘Active’ and ‘Passive’ Monetary and Fiscal Policies [J]. Journal of Monetary Economics, 1991, 27 (1): 129 - 147.

② Schmitt-Grohé S, Uribe M. Optimal Simple and Implementable Monetary and Fiscal Rules [J]. Journal of Monetary Economics, 2007, 54 (6): 1702 - 1725.

③ 朱军．债权压力下财政政策与货币政策的动态互动效应——一个开放经济的 DSGE 模型 [J]．财贸经济，2016，(06)：5 - 17.

④ Poole W. Optimal Choice of Monetary Policy Instruments in a Simple Stochastic Macro Model [J]. The Quarterly Journal of Economics, 1970, 84 (2): 197 - 216.

⑤ Rotemberg J J, Woodford M. Interest Rate Rules in an Estimated Sticky Price Model [M]. Monetary Policy Rules. University of Chicago Press, 1999: 57 - 126.

⑥ Gali J, Monacelli T. Optimal Monetary and Fiscal Policy in a Currency Union [J]. Journal of International Economics, 2008, 76 (1): 116 - 132.

⑦ 赵磊．宏观经济稳定与货币政策中介目标的选择——基于普尔规则的实证分析 [J]．经济经纬，2007，(05)：26 - 29.

⑧ 王国刚．中国货币政策目标的实现机理分析：2001—2010 [J]．经济研究，2012，47 (12)：4 - 14 + 42.

⑨ 岳娟丽，徐晓伟．基于社会福利的央行货币政策目标利率选择——动态随机一般均衡模型下的实证分析 [J]．江西财经大学学报，2014，(02)：33 - 43.

⑩ 王胜，邹恒甫．开放经济中的货币政策 [J]．管理世界，2006，(02)：23 - 31 + 171.

⑪ 肖尧．我国财政政策效应模拟检验——基于 DSGE 模型中国化构建研究 [M]．北京：中国统计出版社，2016.

2006①；刘翠，2017②），即通过盯住通胀缺口和产出缺口，以利率为传导媒介调控经济（庄子罐等，2016③）。

假设货币政策遵循以下规则，

$$\hat{R}_t = \rho_R \hat{R}_{t-1} + (1-\rho_R)(\rho_{R\pi}\hat{\pi}_t + \rho_{RY}\hat{Y}_t) + \varepsilon_t^R \tag{5.31}$$

其中，$\hat{R}_t$ 为名义利率，$\hat{\pi}_t$ 为通货膨胀缺口，$\hat{Y}_t$ 为总产出缺口，ρ_R 为上一期名义利率和通胀及产出缺口对当期名义利率的影响系数。$\rho_{R\pi}$ 和 ρ_{RY} 分别表示通货膨胀缺口、产出缺口对当期名义利率的影响系数。ε_t^R 为货币政策冲击，$\varepsilon_t^R \sim i.i.d\ N(0,\ \sigma_R^2)$，$\varepsilon_t^R$ 为独立同分布，且服从均值为零方差为 σ_R^2 的正态分布。

政府财政政策和货币政策规则可由式（5.24）—式（5.31）进行刻画。

5.2.4　市场均衡条件

最终产品市场总需求等于消费、投资、生产性政府支出和非生产性政府支出之和，总供给等于最终品厂商所生产的最终产品总量。市场均衡时，有总需求等于总供给。

总生产函数和最终品的市场均衡条件为，

$$Y_t = A_t k_{t-1}^{\alpha} l_t^{1-\alpha} (K_{t-1}^G)^{\eta} \tag{5.32}$$

$$Y_t = c_t + I_t + G_t^U + G_t^I \tag{5.33}$$

5.3　经济行为动态系统

经济系统的运行，是各个经济参与者共同影响的结果。经济系统中某个行为主体的决策，一方面需要基于自身情况作出，另一方面其决策还会通过一定的传导机制对经济系统中其他参与者的行为选择带来影响，而其他经济参与者的行为同样也会影响该行为主体自己的经济决策。因此，各行为主体的决策是对经济系

---

① 陈昆亭，龚六堂．粘滞价格模型以及对中国经济的数值模拟——对基本 RBC 模型的改进［J］．数量经济技术经济研究，2006，（08）：106－117.

② 刘翠．影子银行体系对我国货币政策工具规则选择的影响——基于 DSGE 模型的数值模拟分析［J］．财经论丛，2017，（08）：55－64.

③ 庄子罐，崔小勇，赵晓军．不确定性、宏观经济波动与中国货币政策规则选择——基于贝叶斯 DSGE 模型的数量分析［J］．管理世界，2016，（11）：20－31＋187.

统中各参与者行为选择的最优反应。

5.3.1 经济系统非线性动态均衡条件

经济系统的参与者在一定的约束条件下，实现理性行为目标。消费者基于预算约束实现跨期贴现期望效用最大化，在利润最大化或成本最小化目标下，厂商实现要素市场和产品市场出清的同时，经济系统的价格水平得以确定。政府则通过财政政策和货币政策，实现财政收支平衡以及稳定利率的目标。经济行为主体理性决策的最优动态路径由以下均衡条件确定。

$$c_t^{-\gamma} = \lambda_t(1 + \tau_t^c) \tag{5.34}$$

$$l_t^{\varphi} = \lambda_t(1 - \tau_t^l)w_t \tag{5.35}$$

$$1 = q_t\left[1 - \frac{\kappa}{2}\left(1 - \frac{I_t}{I_{t-1}}\right)^2 + \kappa\left(1 - \frac{I_t}{I_{t-1}}\right)\frac{I_t}{I_{t-1}}\right] - \beta E_t\frac{\lambda_{t+1}}{\lambda_t}\left[q_{t+1}\kappa\left(1 - \frac{I_{t+1}}{I_t}\right)\left(\frac{I_{t+1}}{I_t}\right)^2\right] \tag{5.36}$$

$$E_t\beta(1 + R_t)\frac{\lambda_{t+1}}{\lambda_t}\frac{P_t}{P_{t+1}} = 1 \tag{5.37}$$

$$q_t = E_t\beta\frac{\lambda_{t+1}}{\lambda_t}[(1 - \tau_{t+1}^k)r_{t+1} + q_{t+1}(1 - \delta)] \tag{5.38}$$

$$Y_t = A_t k_{t-1}^{\alpha} l_t^{1-\alpha}(K_{t-1}^G)^{\eta} \tag{5.39}$$

$$A_t = \rho_A A_{t-1} + \varepsilon_t^A \tag{5.40}$$

$$\frac{r_t}{w_t} = \frac{\alpha}{1 - \alpha}\frac{l_t}{k_{t-1}} \tag{5.41}$$

$$k_t = (1 - \delta)k_{t-1} + \left[1 - \frac{\kappa}{2}\left(1 - \frac{I_t}{I_{t-1}}\right)^2\right]I_t \tag{5.42}$$

$$mc_t = \frac{w_t^{1-\alpha}r_t^{\alpha}(K_{t-1}^G)^{-\eta}}{A_t\alpha^{\alpha}(1 - \alpha)^{1-\alpha}} \tag{5.43}$$

$$E_t(\beta\theta)^s Y_{t+s}\left(\frac{p_{it+s}^*}{P_{t+s}}\right)^{-\left(\frac{1+\phi}{\phi}\right)}\left[-\frac{1}{\phi} + \left(1 + \frac{1}{\phi}\right)mc_{t+s}\frac{P_{t+s}}{p_{it+s}^*}\right] = 0 \tag{5.44}$$

$$P_t = [(1 - \theta)p_{it}^{*\,-1/\phi} + \theta(\pi_{t-1}p_{it-1})^{-1/\phi}]^{-\phi} \tag{5.45}$$

$$K_t^G = (1 - \delta^G)K_{t-1}^G + G_t^I \tag{5.46}$$

$$G_t^U + G_t^I + \frac{(1 + R_{t-1})B_{t-1}}{P_t} = \tau_t^c c_t + \tau_t^l w_t l_t + \tau_t^k r_t k_{t-1} + \frac{B_t}{P_t} \tag{5.47}$$

$$G_t^U = (G_{t-1}^U)^{\rho_{UG}}(b_{t-1}/Y_{t-1})^{-(1-\rho_{UG})\nu_{UG}}\varepsilon_t^{UG} \tag{5.48}$$

$$G_t^I = (G_{t-1}^I)^{\rho_{IG}}(b_{t-1}/Y_{t-1})^{-(1-\rho_{IG})\nu_{IG}}\varepsilon_t^{IG} \tag{5.49}$$

$$\tau_t^c = (\tau_{t-1}^c)^{\rho_{\tau c}}(b_{t-1}/Y_{t-1})^{(1-\rho_{\tau c})\nu_{\tau c}}\varepsilon_t^{\tau c} \tag{5.50}$$

$$\tau_t^l = (\tau_{t-1}^l)^{\rho_{\tau l}}(b_{t-1}/Y_{t-1})^{(1-\rho_{\tau l})\nu_{\tau l}}\varepsilon_t^{\tau l} \tag{5.51}$$

$$\tau_t^k = (\tau_{t-1}^l)^{\rho_{\tau k}}(b_{t-1}/Y_{t-1})^{(1-\rho_{\tau k})\nu_{\tau k}}\varepsilon_t^{\tau k} \tag{5.52}$$

$$\hat{R}_t = \rho_R\hat{R}_{t-1} + (1-\rho_R)(\rho_{R\pi}\hat{\pi}_t + \rho_{RY}\hat{Y}_t) + \varepsilon_t^R \tag{5.53}$$

$$Y_t = c_t + I_t + G_t^U + G_t^I \tag{5.54}$$

经济系统非线性动态均衡条件式（5.34）—式（5.54）一共有 21 个方程，其中方程（5.44）和方程（5.45）可合并化简，因此经济非线性动态均衡系统一共有 20 个方程，有 c_t、l_t、G_t^U、τ_t^c、τ_t^l、τ_t^k、w_t、r_t、k_t、b_t、q_t、λ_t、A_t、K_t^G、mc_t、π_t、G_t^I、R_t、I_t、Y_t 共 20 个内生变量。

5.3.2　经济系统均衡条件的对数线性化

动态随机一般均衡分析中，经济系统均衡条件的动态最优结果大多表示成非线性方程的形式，但这不利于模型求解。Blanchard 和 Kahn（1980）①、Uhlig（1999）②、Klein（2000）③ 等提出了动态随机一般均衡模型的求解方法。本书参考 Blanchard 和 Kahn（1980）的方法，对经济系统均衡条件进行对数线性化处理。

对（5.34）对数线性化可得最优消费方程

$$-\gamma\hat{c}_t = \hat{\lambda}_t + \frac{\bar{\tau}^c}{1+\bar{\tau}^c}\hat{\tau}_t^c \tag{5.55}$$

对（5.35）对数线性化可得最优劳动供给方程

$$\varphi\hat{l}_t = \hat{\lambda}_t - \frac{\bar{\tau}^l}{1-\bar{\tau}^l}\hat{\tau}_t^l + \hat{w}_t \tag{5.56}$$

对（5.36）对数线性化可得最优投资方程

① Blanchard O J, Kahn C M. The Solution of Linear Difference Models Under Rational Expectations [J]. Econometrica: Journal of the Econometric Society, 1980: 1305 - 1311.

② Uhlig H. A Toolkit for Analyzing Nonlinear Dynamic Stochastic Models Easily. In Marimon, Ramon, and Andrew Scott, eds: Computational Methods for the Study of Dynamic Economies [M]. Oxford University Press, 1999.

③ Klein P. Using the Generalized Schur Form to Solve a Multivariate Linear Rational Expectations Model [J]. Journal of Economic Dynamics and Control, 2000, 24 (10): 1405 - 1423.

$$\hat{I}_t = \frac{1}{1+\beta}\hat{I}_{t-1} + \frac{\beta}{1+\beta}\hat{I}_{t+1} + \frac{1}{\kappa(1+\beta)}\hat{q}_t \tag{5.57}$$

对式（5.37）对数线性化可得最优债券持有方程

$$\frac{\bar{R}}{1+\bar{R}}\hat{R}_t + \hat{\lambda}_{t+1} - \hat{\lambda}_t - \hat{\pi}_{t+1} = 0 \tag{5.58}$$

对式（5.38）对数线性化可得最优资本价格方程

$$\hat{q}_t = \hat{\lambda}_{t+1} - \hat{\lambda}_t + \frac{\bar{r}(1-\bar{\tau}^k)}{\bar{r}(1-\bar{\tau}^k)+(1-\delta)}\left(\hat{r}_{t+1} - \frac{\bar{\tau}^k}{1-\bar{\tau}^k}\hat{\tau}^k_{t+1}\right) + \frac{1-\delta}{\bar{r}(1-\bar{\tau}^k)+(1-\delta)}\hat{q}_{t+1} \tag{5.59}$$

对式（5.39）对数线性化可得产品供给方程

$$\hat{Y}_t = \hat{A}_t + \alpha\hat{k}_{t-1} + (1-\alpha)\hat{l}_t + \eta\hat{K}^G_{t-1} \tag{5.60}$$

对式（5.40）对数线性化可得外生技术冲击方程

$$\hat{A}_t = \rho_A\hat{A}_{t-1} + \varepsilon^A_t \tag{5.61}$$

对式（5.41）对数线性化可得资本劳动方程

$$\hat{k}_{t-1} - \hat{l}_t = \hat{w}_t - \hat{r}_t \tag{5.62}$$

对式（5.42）对数线性化可得资本积累方程

$$\hat{k}_t = (1-\delta)\hat{k}_{t-1} + \delta\hat{I}_t \tag{5.63}$$

对式（5.43）对数线性化可得边际成本方程

$$m\hat{c}_t = (1-\alpha)\hat{w}_t + \alpha\hat{r}_t - \eta\hat{K}^G_{t-1} - \hat{A}_t \tag{5.64}$$

对式（5.44）的对数线性化方程

$$\hat{p}^*_{it} = (1-\beta\theta)E_t\sum_{s=0}^{\infty}(\beta\theta)^s(\hat{P}_{t+s} + m\hat{c}_{t+s})$$

对式（5.45）的对数线性化方程

$$\hat{P}_t = (1-\theta)\hat{p}^*_{it} + \theta(\hat{\pi}_{t-1} + \hat{p}_{it-1})$$

将式（5.44）的对数线性化方程代入式（5.45）的对数线性化方程，化简可得通货膨胀动态方程，即新凯恩斯菲利普斯曲线

$$\hat{\pi}_t = \frac{\beta}{1+\beta\theta}\hat{\pi}_{t+1} + \frac{1}{1+\beta\theta}\hat{\pi}_{t-1} + \frac{(1-\theta)(1-\beta\theta)}{\theta(1+\beta\theta)}m\hat{c}_t \tag{5.65}$$

对式（5.46）对数线性化可得公共资本积累方程

$$\hat{K}^G_t = (1-\delta^G)\hat{K}^G_{t-1} + \delta^G\hat{G}^I_t \tag{5.66}$$

对式（5.47）对数线性化可得政府预算约束方程

$$\frac{\bar{G}^U}{\bar{Y}}\hat{G}_t^U + \frac{\bar{G}^I}{\bar{Y}}\hat{G}_t^I + \frac{(1+\bar{R})\bar{B}}{\bar{Y}\bar{P}}(\hat{b}_{t-1} - \hat{\pi}_t) + \frac{\bar{B}\bar{R}}{\bar{Y}\bar{P}}\hat{R}_{t-1}$$
$$= \frac{c}{\bar{Y}}\bar{\tau}^c(\hat{\tau}_t^c + \hat{c}_t) + \frac{\bar{l}}{\bar{Y}}\bar{\tau}^l\bar{w}(\hat{\tau}_t^l + \hat{w}_t + \hat{l}_t) + \frac{\bar{k}}{\bar{Y}}\bar{\tau}^k\bar{r}(\hat{\tau}_t^k + \hat{r}_t + \hat{k}_{t-1}) + \frac{\bar{B}}{\bar{Y}\bar{P}}\hat{b}_t \tag{5.67}$$

对式（5.48）对数线性化可得非生产性政府支出政策规则方程

$$\hat{G}_t^U = \rho_{UG}\hat{G}_{t-1}^U - (1-\rho_{UG})\nu_{UG}(\hat{b}_{t-1} - \hat{Y}_{t-1}) + \varepsilon_t^{UG} \tag{5.68}$$

对式（5.49）对数线性化可得生产性政府支出政策规则方程

$$\hat{G}_t^I = \rho_{IG}\hat{G}_{t-1}^I - (1-\rho_{IG})\nu_{IG}(\hat{b}_{t-1} - \hat{Y}_{t-1}) + \varepsilon_t^{IG} \tag{5.69}$$

对式（5.50）对数线性化可得消费有效税率政策规则方程

$$\hat{\tau}_t^c = \rho_{\tau c}\hat{\tau}_{t-1}^c + (1-\rho_{\tau c})\nu_{\tau c}(\hat{b}_{t-1} - \hat{Y}_{t-1}) + \varepsilon_t^{\tau c} \tag{5.70}$$

对式（5.51）对数线性化可得劳动收入有效税率政策规则方程

$$\hat{\tau}_t^l = \rho_{\tau l}\hat{\tau}_{t-1}^l + (1-\rho_{\tau l})\nu_{\tau l}(\hat{b}_{t-1} - \hat{Y}_{t-1}) + \varepsilon_t^{\tau l} \tag{5.71}$$

对式（5.52）对数线性化可得资本收入有效税率政策规则方程

$$\hat{\tau}_t^k = \rho_{\tau k}\hat{\tau}_{t-1}^k + (1-\rho_{\tau k})\nu_{\tau k}(\hat{b}_{t-1} - \hat{Y}_{t-1}) + \varepsilon_t^{\tau k} \tag{5.72}$$

式（5.53）为货币政策规则方程

$$\hat{R}_t = \rho_R\hat{R}_{t-1} + (1-\rho_R)(\rho_{R\pi}\hat{\pi}_t + \rho_{RY}\hat{Y}_t) + \varepsilon_t^R \tag{5.73}$$

对式（5.54）对数线性化可得市场均衡条件方程

$$\hat{Y}_t = \frac{\bar{c}}{\bar{Y}}\hat{c}_t + \frac{\bar{I}}{\bar{Y}}\hat{I}_t + \frac{\bar{G}^U}{\bar{Y}}\hat{G}_t^U + \frac{\bar{G}^I}{\bar{Y}}\hat{G}_t^I \tag{5.74}$$

经过对数线性化处理后的内生变量一共 20 个，分别为 $\hat{c}_t$、$\hat{l}_t$、$\hat{G}_t^U$、$\hat{\tau}_t^c$、$\hat{\tau}_t^l$、$\hat{\tau}_t^k$、$\hat{w}_t$、$\hat{r}_t$、$\hat{k}_t$、$\hat{b}_t$、$\hat{q}_t$ $\hat{\lambda}_t$、$\hat{A}_t$、$\hat{K}_t^G$、$\hat{mc}_t$、$\hat{\pi}_t$、$\hat{G}_t^I$、$\hat{R}_t$、$\hat{I}_t$、$\hat{Y}_t$。方程（5.55）—方程（5.74）共 20 个方程组成的对数线性化方程组构成了经济系统的动态均衡条件。

5.4　模型参数校准、估计与有效性检验

上文构建了包含消费者、厂商和政府三个行为主体在内的新凯恩斯动态随机一般均衡理论模型，并对经济系统非线性动态均衡条件进行对数线性化处理。理

论模型除包括相关经济内生变量外，还包含大量用于刻画经济主体行为的参数。行为参数有的与政府财政政策和货币政策规则相关，这类行为参数主要影响模型的动态特征。有的行为参数主要用来表征消费者和厂商行为特征，该类行为参数与政府财政政策和货币政策无关。此外，还包括相关经济变量的稳态值。为了使理论模型更贴近现实经济，理论模型中所涉及的行为参数，本书采用校准法（Kydland 和 Prescott，1982①；Blanchard 和 Galí，2007②）和贝叶斯估计（Christensen 和 Dib，2008③；Fernάndez-Villaverde，2010④）两种方法得到，相关经济变量的稳态值通过现实宏观经济系统的运行情况测算得到。同时，为确保所构建的理论模型能够较好的模拟现实经济，本书结合实际宏观经济变量，对校准和估计的参数的有效性进行检验。

5.4.1 有效税率估算

有效税率可以用缴纳的税收额占应纳税总收入（或总支出）的比重来进行衡量。关于消费支出有效税率、劳动收入有效税率和资本收入有效税率的测算，国内外学者做了大量研究（Mendoza et al.，1994⑤；Carey 和 Rabesona，2004⑥；刘溶沧和马拴友，2002⑦；刘初旺，2004⑧；李芝倩，2006⑨；王维国和杨晓华，

① Kydland F E, Prescott E C. Time to Build and Aggregate Fluctuations [J]. Econometrica: Journal of the Econometric Society, 1982: 1345 - 1370.

② Blanchard O, Galí J. Real Wage Rigidities and the New Keynesian Model [J]. Journal of Money, Credit and Banking, 2007, 39 (s1): 35 - 65.

③ Christensen I, Dib A. The Financial Accelerator in an Estimated New Keynesian Model [J]. Review of Economic Dynamics, 2008, 11 (1): 155 - 178.

④ Fernάndez-Villaverde J. Fiscal Policy in a Model with Financial Frictions [J]. The American Economic Review, 2010, 100 (2): 35 - 40.

⑤ Mendoza E G, Razin A, Tesar L L. Effective Tax Rates in Macroeconomics: Cross-country estimates of tax rates on factor incomes and consumption [J]. Journal of Monetary Economics, 1994, 34 (3): 297 - 323.

⑥ Carey D, Rabesona J. Tax Ratios on Labor and Capital Income and on Consumption [J]. Measuring the Tax Burden on Capital and Labor, 2004, 21362.

⑦ 刘溶沧，马拴友．论税收与经济增长——对中国劳动、资本和消费征税的效应分析［J］．中国社会科学，2002，(01)：67 - 76 + 206 - 207.

⑧ 刘初旺．我国消费、劳动和资本有效税率估计及其国际比较［J］．财经论丛（浙江财经学院学报），2004，(04)：9 - 16.

⑨ 李芝倩．资本、劳动收入、消费支出的有效税率测算［J］．税务研究，2006，(04)：14 - 18.

2006[①]；崔治文等，2011[②]；梁红梅和张卫峰，2014[③]）。根据相关文献研究，消费支出有效税率等于消费税收占最终消费的比重，劳动收入有效税率等于劳动税收占劳动报酬和劳动税收之和的比重，资本收入有效税率等于资本税收占资本收入的比重。本书借鉴刘溶沧和马拴友（2002）、王大林和成学真（2007）[④]、崔治文等（2011）、梁红梅和张卫峰（2014）、姜艳凤（2015）[⑤] 的研究思路，测算全国及东中西部的消费、劳动和资本有效税率[⑥]。

消费支出有效税率等于消费税收占最终消费的比重。1998—2015 年与消费支出相关的税收有：消费税、屠宰税、筵席税、农业特产税、烟叶税以及增值税中消费分摊的部分。其中增值税中消费支出部分使用支出法 GDP 中的最终消费率进行分摊，增值税中的消费部分 = 增值税 × 最终消费率。最终消费等于居民最终消费支出和政府最终消费支出之和。消费支出有效税率估算结果如表 5 - 1 所示。估算结果显示，1998—2015 年全国、东部、中部和西部平均有效税率分别为 6.98%、7.41%、6.37% 和 6.61%，其中东部地区消费支出有效税率最高，中部地区最低。

表 5 - 1　　消费支出有效税率　　单位：%

年份	全国	东部	中部	西部
1998	6.60	6.95	6.01	6.55
1999	6.35	6.71	5.76	6.21
2000	6.07	6.40	5.57	5.88
2001	6.05	6.47	5.46	5.70
2002	6.00	6.55	5.15	5.62
2003	5.97	6.50	5.08	5.67
2004	5.59	5.72	5.34	5.55

① 王维国，杨晓华．中国税收负担与经济增长关系的计量分析［J］．财经问题研究，2006，（11）：74 - 81.

② 崔治文，王蓓，管芹芹．我国有效税率结构的经济增长效应：基于 SVAR 模型的实证研究［J］．南方经济，2011，（02）：16 - 27.

③ 梁红梅，张卫峰．中国消费、劳动和资本收入有效税率估算研究［J］．中央财经大学学报，2014，（12）：3 - 12.

④ 王大林，成学真．中国东、中、西部地区资本收入、劳动收入、消费支出的有效税率测算（1999—2005 年）［J］．中国软科学，2007，（05）：80 - 91.

⑤ 姜艳凤．我国省际劳动、资本、消费有效税率的估算与比较［J］．财经论丛，2015，（02）：26 - 34.

⑥ 有效税率的估算，通过数据汇总后，按全国、东部、中部和西部分别测算得到。

续表

年份	全国	东部	中部	西部
2005	6.05	6.49	5.44	5.63
2006	6.07	6.57	5.38	5.51
2007	6.15	6.57	5.48	5.83
2008	6.09	6.43	5.54	5.82
2009	8.13	8.62	7.45	7.60
2010	8.49	8.91	7.90	8.07
2011	8.21	8.51	7.76	7.94
2012	8.35	8.77	7.78	7.93
2013	8.22	8.48	8.09	7.63
2014	8.46	9.11	7.60	7.81
2015	8.83	9.55	7.86	8.13
平均	6.98	7.41	6.37	6.61

劳动收入有效税率等于劳动税收占劳动报酬和劳动税收之和的比重。1998—2015年与劳动收入相关的税收有：社会保障基金收入、农业税、牧业税以及个人所得税中劳动分摊的部分。由于难以获得各省1998—2015年的全部社会保障基金收入数据，社会保障基金收入用扣除财政社会保障补助后的余额，在东部、中部和西部区域间进行分配。基于社会保障基金收入中基本养老保险收入占比较高，因此使用东部、中部、西部各区域基本养老保险收入总额占全国基本养老保险收入的比重作为区域分配比例。分配公式为，第i个地区社会保障基金收入=（全国社会保障基金收入-财政社会保障补助）×第i个地区基本养老保险收入全国占比。个人所得税中既有对工资薪金等劳动收入的征税，也有对股息、红利、财产等资本收入的征税。按照城镇家庭收入中工薪收入、经营净收入以及财产性收入占比，对个人所得税中劳动部分与资本部分进行分摊。个人所得税中劳动部分=个人所得税×劳动收入占比，劳动收入占比=（工薪收入+经营净收入）÷（工薪收入+经营净收入+财产性收入）。其中，1998—2001年家庭收入中劳动收入等于国有单位职工收入、集体单位职工收入与其他经济类型单位职工收入之和，2002—2015年家庭收入中劳动收入等于工薪收入与经营净收入之和。劳动报酬数据使用收入法GDP核算中劳动报酬项。

劳动收入有效税率估算结果如表5-2所示。测算结果显示，1998—2015年全国、东部、中部和西部平均有效税率分别为7.97%、8.07%、7.51%和

8.29%，其中西部地区劳动收入有效税率最高，中部地区最低。

表 5－2　　劳动收入有效税率　　单位：%

年份	全国	东部	中部	西部
1998	4.30	4.23	4.01	4.96
1999	4.89	5.09	4.31	5.20
2000	5.20	5.62	4.42	5.19
2001	5.35	6.08	4.23	4.98
2002	6.05	6.46	5.38	5.91
2003	5.93	6.32	5.29	5.76
2004	6.03	6.32	5.56	5.80
2005	6.34	6.65	5.93	5.92
2006	7.20	7.36	7.01	6.96
2007	8.41	8.58	8.10	8.31
2008	8.77	8.90	8.50	8.73
2009	8.43	8.33	8.26	8.97
2010	8.47	8.49	8.07	8.89
2011	10.66	10.81	9.75	11.39
2012	11.36	11.84	10.22	11.48
2013	11.76	12.08	10.82	12.04
2014	11.94	11.12	11.97	14.12
2015	12.37	11.07	13.35	14.68
平均	7.97	8.07	7.51	8.29

资本收入有效税率等于资本税收占资本收入的比重。与资本收入有关的税收有：企业所得税（减去企业所得税退税）、资源税、固定资产投资方向调节税、城市维护建设税、房产税、印花税、城镇土地使用税、土地增值税、车船使用税、耕地占用税、契税、车辆购置税以及个人所得税中资本分摊部分、增值税中资本分摊部分。1994 年税制改革后，营业税改为以中国境内提供应税劳务、转让无形资产和销售不动产的行为为课税对象所征收的一种税。本书将营业税全额视为资本税。根据个人所得税的分配原则，个人所得税中资本部分 = 个人所得税 × 资本收入占比，资本收入占比 = 财产性收入 ÷（工薪收入 + 经营净收入 + 财产性收入）。增值税中资本分摊部分 = 增值税 × 资本形成率。资本总收入借鉴刘溶沧和马拴友（2002）的计算方法，资本总收入 = 经营盈余 － 国有企业补贴 + 资本税收入。

资本收入有效税率估算结果如表 5－3 所示。测算结果显示，1998—2015 年全国、东部、中部和西部平均有效税率分别为 23.72%、25.20%、18.55% 和 26.03%，其中西部地区资本收入有效税率最高，中部地区最低。

表 5－3　资本收入有效税率　单位：%

年份	全国	东部	中部	西部
1998	21.09	20.42	19.60	27.00
1999	22.17	21.45	20.86	28.11
2000	22.88	23.12	19.49	26.96
2001	26.19	26.23	22.15	32.77
2002	24.03	24.44	19.63	28.59
2003	23.14	23.78	18.84	26.12
2004	18.06	19.50	13.23	19.13
2005	17.04	19.11	11.56	17.16
2006	17.18	19.30	11.99	16.80
2007	18.72	21.16	12.85	18.04
2008	22.28	24.83	15.94	21.96
2009	24.83	27.31	17.97	25.56
2010	24.10	26.40	17.36	25.75
2011	25.92	28.33	19.18	27.36
2012	28.18	30.80	21.88	28.49
2013	29.76	31.83	23.28	32.08
2014	30.19	32.49	23.75	31.83
2015	31.23	33.14	24.37	34.78
平均	23.72	25.20	18.55	26.03

5.4.2　参数校准

本书校准的参数包括相对风险厌恶系数 γ，实际工资对劳动供给的敏感系数 φ，折现因子 β，私人资本折旧率 δ，投资调整成本参数 κ，私人资本产出弹性 α，公共资本产出弹性 η，每期不能自由调整价格的概率 θ，公共资本折旧率 δ^G。根据本书理论模型构建思路，将参数分为基础参数和异质性参数。基础参数在各个区域的取值与基于全国的校准值相一致，该参数通过文献研究得到。异质性参数在全国以及东、中、西部之间存在差异，参数值运用区域相关数据实证测算和估计得到，以此来衡量区域之间的差异性。

关于相对风险厌恶系数 γ，陈学彬等（2005）[①] 采用线性回归的方法获得，王文甫（2015）根据消费和名义利率的时间序列数据得到估计值，李玉双（2015）、吴智华和杨秀云（2016）[②] 等通过贝叶斯估计获得估计值，而大多学者通过校准得到。本书参考林细细和龚六堂（2007）[③]、郭长林（2016）[④] 等的相关研究，将其校准为 1.5。

关于实际工资对劳动供给的敏感系数 φ，参考 Miao 和 Peng（2011）[⑤]、胡永刚和郭长林（2013）[⑥] 关于实际工资对劳动供给弹性的相关设定，将其校准为 2。

文献研究中对于折现因子 β 的取值差别较小，大多集中在 0.96 到 0.99 的范围内（杜清源和龚六堂，2005[⑦]；简志宏等，2011[⑧]；张佐敏，2013[⑨]；肖尧和牛永青，2014[⑩]；王玉凤和刘树林，2015[⑪]；武彦民等，2016[⑫]；杨源源，2017[⑬]），本书参考国内大多数学者的研究（胡永刚和郭长林，2013；王国静和田国强，2014[⑭]；卞志村和胡恒强，2016[⑮]），将折现因子设定为 0.98。

---

① 陈学彬，杨凌，方松．货币政策效应的微观基础研究——我国居民消费储蓄行为的实证分析［J］．复旦学报（社会科学版），2005，（01）：42－54.

② 吴智华，杨秀云．“土地财政”与中国房地产市场波动——基于两部门 NK－DSGE 模型的研究［J］．中南财经政法大学学报，2016，（05）：30－41＋53＋158－159.

③ 林细细，龚六堂．中国债务的福利损失分析［J］．经济研究，2007，（01）：56－67.

④ 郭长林．财政政策扩张、纵向产业结构与中国产能利用率［J］．管理世界，2016，（10）：13－33＋187.

⑤ Miao J，Peng T. Business Cycles and Macroeconomic Policy in China：Evidence from an estimated DSGE model［J］．Unpublished Manuscript，Boston University，2011.

⑥ 胡永刚，郭长林．财政政策规则、预期与居民消费——基于经济波动的视角［J］．经济研究，2013，48（03）：96－107.

⑦ 杜清源，龚六堂．带“金融加速器”的 RBC 模型［J］．金融研究，2005，（04）：16－30.

⑧ 简志宏，李霜，鲁娟．货币供应机制与财政支出的乘数效应——基于 DSGE 的分析［J］．中国管理科学，2011，19（02）：30－39.

⑨ 张佐敏．财政规则与政策效果——基于 DSGE 分析［J］．经济研究，2013，48（01）：41－53.

⑩ 肖尧，牛永青．财政政策 DSGE 模型中国化构建及其应用［J］．统计研究，2014，31（04）：51－56.

⑪ 王玉凤，刘树林．财政支出结构对居民消费的动态影响——基于 DSGE 的实证分析［J］．系统工程理论与实践，2015，35（02）：300－307.

⑫ 武彦民，竹志奇，王涛．经济下行背景下财政最优偿债规则研究——基于 DSGE 模型分析［J］．中央财经大学学报，2016，（12）：12－25.

⑬ 杨源源．财政支出结构、通货膨胀与非李嘉图制度——基于 DSGE 模型的分析［J］．财政研究，2017，（01）：64－76＋88.

⑭ 王国静，田国强．政府支出乘数［J］．经济研究，2014，49（09）：4－19.

⑮ 卞志村，胡恒强．结构性减税、财政支出扩张与中国经济波动［J］．金融评论，2016，8（04）：18－30＋124.

关于私人资本折旧率 δ，张军等（2004）[①] 用永续盘存法估算了物资资本存量，根据使用时限测算了固定资产折旧率。金戈（2012）[②] 使用相同的方法估算了我国基础设施资本存量，并得到了资本折旧率。而部分学者通过校准得到私人资本折旧率（刘斌，2008[③]；王君斌和王文甫，2010[④]；朱军，2016；吕炜等，2016[⑤]）。综合文献研究中私人资本折旧率的取值，考虑到技术进步和劳动力素质的不断提高，本书将私人资本折旧率设定为 0.025。

公共资本折旧率 δ^G，本书借鉴李玉双（2015）、武彦民等（2016）的做法，假定公共资本的折旧速度与私人资本折旧速度相等，即将公共资本折旧率也设定为 0.025。

关于投资调整成本参数 κ，部分学者通过校准得到（Niemann 和 Pichler，2011[⑥]；赵向琴等，2017[⑦]），一部分学者通过贝叶斯方法估计获得（李成等，2011[⑧]；张佐敏，2014[⑨]；肖尧，2016）。本书参考张佐敏（2015）[⑩] 的研究，将其设定为 2.395。

关于每期不能自由调整价格的概率 θ，陈昆亭和龚六堂（2006）取值 0.6，Zhang（2009）[⑪] 基于 GMM 实证分析得到该值为 0.84，张佐敏（2013）由动态值校准为 0.609，李玉双（2015）根据贝叶斯方法估计得到其后验均值为 0.6581。在参考相关研究的基础上，本书将该值设定为 0.78。

---

① 张军，吴桂英，张吉鹏．中国省际物质资本存量估算：1952—2000［J］．经济研究，2004，(10)：35－44.

② 金戈．中国基础设施资本存量估算［J］．经济研究，2012，47（04）：4－14＋100.

③ 刘斌．我国 DSGE 模型的开发及在货币政策分析中的应用［J］．金融研究，2008，(10)：1－21.

④ 王君斌，王文甫．非完全竞争市场、技术冲击和中国劳动就业——动态新凯恩斯主义视角［J］．管理世界，2010，(01)：23－35＋43.

⑤ 吕炜，高帅雄，周潮．投资建设性支出还是保障性支出——去杠杆背景下的财政政策实施研究［J］．中国工业经济，2016，(08)：5－22.

⑥ Niemann S，Pichler P. Optimal Fiscal and Monetary Policies in the Face of Rare Disasters［J］．European Economic Review，2011，55（1）：75－92.

⑦ 赵向琴，袁靖，陈国进．灾难冲击与我国最优财政货币政策选择［J］．经济研究，2017，52（04）：34－47.

⑧ 李成，马文涛，王彬．学习效应、通胀目标变动与通胀预期形成［J］．经济研究，2011，46（10）：39－53.

⑨ 张佐敏．中国存在财政规则吗？［J］．管理世界，2014，(05)：23－35＋187.

⑩ 张佐敏．财政规则与政策效果研究［M］．北京：科学出版社，2015.

⑪ Zhang W. China's monetary policy：Quantity Versus Price Rules［J］．Journal of Macroeconomics，2009，31（3）：473－484.

关于私人资本产出弹性 α 和公共资本产出弹性 η，国内学者对私人资本产出弹性做了较多研究。刘斌（2009）[①] 使用贝叶斯方法估计的私人资本产出弹性为0.42，张军（2002）[②] 基于规模不变的总量生产函数估计出私人资本产出弹性为0.499，黄赜琳（2005）[③] 运用规模报酬不变的C—D生产函数估计的私人资本产出弹性为0.503，李玉双（2015）和肖尧（2016）均将其校准为0.4。本书借鉴以上方法，基于不变报酬的生产函数对私人资本产出弹性和公共资本产出弹性进行估计。设定生产函数为 $Y_t = AK^{\alpha}L^{1-\alpha}K_G^{\eta}$，其中 A 索洛剩余，K、L、K_G 分别为私人资本、劳动和公共资本，α 和 η 分别为私人资本产出弹性系数和共资本产出弹性系数。两边同时除以 L 并取自然对数有 $Ln(Y/L) = LnA + \alpha Ln(K/L) + \eta LnK_G$，基于此本书构建计量方程对 α 和 η 进行估计。其中劳动 L 使用全社会从业人员数，私人资本存量 K 和公共资本存量 K_G 借鉴张军等（2004）[④]、金戈（2016）[⑤]、王文甫等（2016）[⑥] 的研究思路使用永续盘存法进行估计。数据均已以1997年为基础的相应价格指数进行调整。估计结果显示，私人资本产出弹性 α 全国、东部、中部、西部分别为0.418、0.438、0.397和0.384，公共资本产出弹性 η 全国、东部、中部、西部分别为0.145、0.157、0.144和0.126，均在5%的水平上显著。

本书相关参数实证测算结果处于相关文献研究校准值的合理范围。基础参数和异质性参数校准值如表5-4和表5-5所示。

表5-4　基础参数校准值

参数	含义	校准值
γ	相对风险厌恶系数	1.5
φ	实际工资对劳动供给的敏感系数	2.0
β	折现因子	0.98
δ	私人资本折旧率	0.025

① 刘斌．物价水平的财政决定理论与实证研究［J］．金融研究，2009，(08)：35-51.

② 张军．资本形成、工业化与经济增长：中国的转轨特征［J］．经济研究，2002，(06)：3-13+93.

③ 黄赜琳．中国经济周期特征与财政政策效应——一个基于三部门RBC模型的实证分析［J］．经济研究，2005，(06)：27-39.

④ 张军，吴桂英，张吉鹏．中国省际物质资本存量估算：1952—2000［J］．经济研究，2004（10）：35-44.

⑤ 金戈．中国基础设施与非基础设施资本存量及其产出弹性估算［J］．经济研究，2016，51（05）：41-56.

⑥ 王文甫，窦海义，刘兆法，侯先瑞．财政政策的区域效应研究［M］．成都：西南财经大学出版社，2016.

续表

参数	含义	校准值
δ^G	公共资本折旧率	0.025
κ	投资调整成本参数	2.395
θ	每期不能自由调整价格的概率	0.78

表 5－5　　　　异质性参数校准值

参数	含义	校准值			
		全国	东部	中部	西部
α	私人资本产出弹性	0.418	0.438	0.397	0.384
η	公共资本产出弹性	0.145	0.157	0.144	0.126

本章部分变量稳态值根据相关宏观经济变量实际统计数据计算得到。关于稳态时消费有效税率 τ^c，根据消费有效税率的估算结果，全国、东部、中部、西部分别取 0.070、0.074、0.064 和 0.066。关于稳态时劳动收入税率 τ^l，根据劳动收入有效税率的估算结果，全国、东部、中部、西部分别取 0.078、0.081、0.075 和 0.083。关于稳态时资本收入税率 τ^k，根据资本收入有效税率的估算结果，全国、东部、中部、西部分别取 0.237、0.252、0.186 和 0.260。

关于 $\bar{G}^U/\bar{Y}$ 和 $\bar{G}^I/\bar{Y}$，根据各省 1997—2015 年非生产性政府支出、生产性政府支出以及总产出数据分别计算后取平均值得到。非生产性政府支出的 GDP 占比全国、东部、中部、西部分别为 0.095、0.070、0.087 和 0.125，生产性政府支出的 GDP 占比全国、东部、中部、西部分别为 0.082、0.063、0.069 和 0.113。

$\bar{c}/\bar{Y}$ 根据各省 1997—2015 年消费和总产出数据分别计算后取平均值得到，全国、东部、中部、西部分别为 0.358、0.368、0.378 和 0.333。$\bar{I}/\bar{Y}$ 根据各省 1997—2015 年固定资产投资（不含生产性政府支出部分）和总产出数据分别计算后取平均值得到，全国、东部、中部、西部分别为 0.409、0.379、0.400 和 0.447。经济稳态时有 $\delta\ (\bar{k}/\bar{Y}) = \bar{I}/\bar{Y}$，$\bar{k}/\bar{Y}$ 根据测算的 $\bar{I}/\bar{Y}$ 以及校准的参数 δ 计算得到，全国、东部、中部、西部分别为 16.37、15.15、16.00 和 17.86。

$\bar{B}/\bar{Y}$ 根据全国 1997—2015 年国债余额和总产出数据计算后取平均值得到，该值为 0.144。由于我国地方政府债务统计数据无法满足本书时间跨度的要求，并且 2014 年进行地方政府债务甄别后，我国地方政府债务口径才有比较明确的划分。为简化分析，本书用 1997—2015 年国债余额占总产出比重的平均值作为东、中、西部 $\bar{B}/\bar{Y}$ 稳态值的近似替代。

$\overline{wl}/\bar{Y}$ 根据全国和各省 1997—2015 年劳动收入和总产出数据分别计算后取平均值得到，全国、东部、中部、西部分别为 0.481、0.448、0.496 和 0.502。稳态时有 $\bar{R}=1/\beta-1$，根据参数 β 的校准值可得到 $\bar{R}$ 为 0.0204。根据（5.38）式，稳态时有 $\bar{r}=(1/\beta-(1-\delta))/(1-\bar{\tau}^k)$，由折现因子 β、私人资本折旧率 δ 和资本收入税率 τ^k 的校准值，可计算资本收益率的稳态值。全国、东部、中部、西部分别为 0.060、0.061、0.056 和 0.061。各变量稳态值如表 5－6 所示。

表 5－6　　变量稳态值

变量	稳态值			
	全国	东部	中部	西部
$\bar{G}^U/\bar{Y}$	0.095	0.070	0.087	0.125
$\bar{G}^I/\bar{Y}$	0.082	0.063	0.069	0.113
$\bar{c}/\bar{Y}$	0.358	0.368	0.378	0.333
$\bar{k}/\bar{Y}$	16.37	15.15	16.00	17.86
$\bar{I}/\bar{Y}$	0.409	0.379	0.400	0.447
$\bar{B}/\bar{Y}$	0.144	0.144	0.144	0.144
$\overline{wl}/\bar{Y}$	0.481	0.448	0.496	0.502
$\bar{R}$	0.020	0.020	0.020	0.020
$\bar{r}$	0.060	0.061	0.056	0.061
$\bar{\tau}^c$	0.070	0.074	0.064	0.066
$\bar{\tau}^l$	0.078	0.081	0.075	0.083
$\bar{\tau}^k$	0.237	0.252	0.186	0.260

5.4.3　贝叶斯估计

考虑相关政策变量与宏观经济实际观测值之间的内生影响，本书与政策规则相关的参数，在参考现有相关文献研究资料的基础上，结合宏观经济变量实际观测值，采用贝叶斯方法进行估计。通过给定相关参数先验分布的均值和标准差，使用 Matlab 软件中的 Dynare 工具箱基于 MCMC 模拟方法进行 MH 随机抽样，得到参数的后验分布。本书选取的宏观经济实际观测变量为 GDP、消费、投资、生产性政府支出、通货膨胀率。其中，消费和投资分别用社会零售总额和固定资本形成总额表示。实际观测变量的时间范围为 1997—2015 年年度变量。实际经济变量分别以 1997 年为基期的相应价格指数进行调整。为使宏观经济实际观测变量与经济系统模型中变量相吻合，对经过调整后各实际经济变量取对数值并用HP滤波法提取相应变量的波动成分。

政策规则相关参数的先验分布，参考 Smets 和 Wouters（2003）、Forni et al.（2009）、Traum 和 Yang（2010）、Iwata（2011）、仝冰（2010）、王文甫（2015）、李玉双（2015）、肖尧（2016）等文献的研究，设定本书相关参数的先验分布。其中，与冲击持续性相关的参数先验分布类型为 Beta，相关参数标准差的先验分布类型为 Inv-gamma，敏感系数的先验分布类型为 Normal。各参数贝叶斯估计结果如表 5-7 所示。

表 5-7　参数贝叶斯估计值

参数	含义	先验分布			后验均值			
		类型	均值	标准差	全国	东部	中部	西部
ρ_A	技术冲击持续性	Beta	0.75	0.1	0.849	0.526	0.879	0.634
σ_A	技术冲击标准差	Inv-gamma	0.1	2	0.091	0.101	0.103	0.101
ρ_{UG}	非生产性财政支出冲击持续性	Beta	0.75	0.1	0.580	0.734	0.505	0.687
ν_{UG}	非生产性财政支出对债务规模的敏感系数	Normal	0.05	0.05	0.007	0.023	0.013	0.027
σ_{UG}	非生产性财政支出冲击标准差	Inv-gamma	0.1	2	0.091	0.072	0.095	0.078
ρ_{IG}	生产性财政支出冲击持续性	Beta	0.75	0.1	0.751	0.754	0.747	0.812
ν_{IG}	生产性财政支出对债务规模的敏感系数	Normal	0.05	0.05	0.031	0.013	0.025	0.056
σ_{IG}	生产性财政支出冲击标准差	Inv-gamma	0.1	2	0.077	0.126	0.089	0.095
$\rho_{\tau c}$	消费税冲击持续性	Beta	0.75	0.1	0.489	0.856	0.410	0.525
$\nu_{\tau c}$	消费税率对债务规模的敏感系数	Normal	0.30	0.05	0.387	0.201	0.473	0.305
$\sigma_{\tau c}$	消费税冲击标准差	Inv-gamma	0.1	2	0.080	0.073	0.117	0.088
$\rho_{\tau l}$	劳动收入税冲击持续性	Beta	0.85	0.1	0.998	0.735	0.999	0.997

续表

参数	含义	先验分布			后验均值			
		类型	均值	标准差	全国	东部	中部	西部
$\nu_{\tau l}$	劳动收入税率对债务规模的敏感系数	Normal	0.15	0.05	0.151	0.183	0.143	0.148
$\sigma_{\tau l}$	劳动收入税冲击标准差	Inv-gamma	0.1	2	0.082	0.078	0.082	0.096
$\rho_{\tau k}$	资本收入税冲击持续性	Beta	0.75	0.1	0.798	0.976	0.798	0.820
$\nu_{\tau k}$	资本收入税率对债务规模的敏感系数	Normal	0.30	0.05	0.316	0.032	0.344	0.223
$\sigma_{\tau k}$	资本收入税冲击标准差	Inv-gamma	0.1	2	0.091	0.107	0.071	0.076
ρ_R	利率平滑系数	Beta	0.75	0.1	0.751	0.756	0.801	0.756
σ_{R-}	利率冲击标准差	Inv-gamma	0.1	2	0.092	0.073	0.099	0.090
$\rho_{R\pi}$	名义利率对通货膨胀缺口的敏感系数	Normal	1.5	0.1	1.505	1.503	1.504	1.483
ρ_{RY}	名义利率对产出缺口的敏感系数	Normal	0.2	0.1	0.173	0.191	0.207	0.220

各参数贝叶斯估计结果显示，在相同先验分布假设下，各区域间后验均值存在差异。技术冲击持续性参数中西部地区大于东部地区，表明全要素生产率对中西部地区的影响更为持久。生产性政府支出冲击持续性参数西部地区大于东部地区，说明西部地区生产性政府支出对产出具有更长的影响周期。生产性和非生产性政府支出对债务规模的敏感系数西部地区最大，说明西部地区对政府债务规模的反映比东中部地区更灵敏。同时与财政政策相比，税收政策对政府债务规模的反映更为灵敏。

5.4.4　估计参数有效性检验

贝叶斯参数估计通常基于马尔科夫—蒙特卡罗方法（MCMC）对变量均值、方差、三阶矩进行测度，在此基础上对参数的稳健性进行统计检验。MCMC 对贝叶斯估计参数诊断结果显示，随着模拟期数的增加，各估计参数的马氏链均重合在一起，处于平稳收敛状态，说明贝叶斯参数估计的结果是稳健和有效的。贝叶斯参数估计 MCMC 单变量诊断图（全国）如图 5－1 所示。

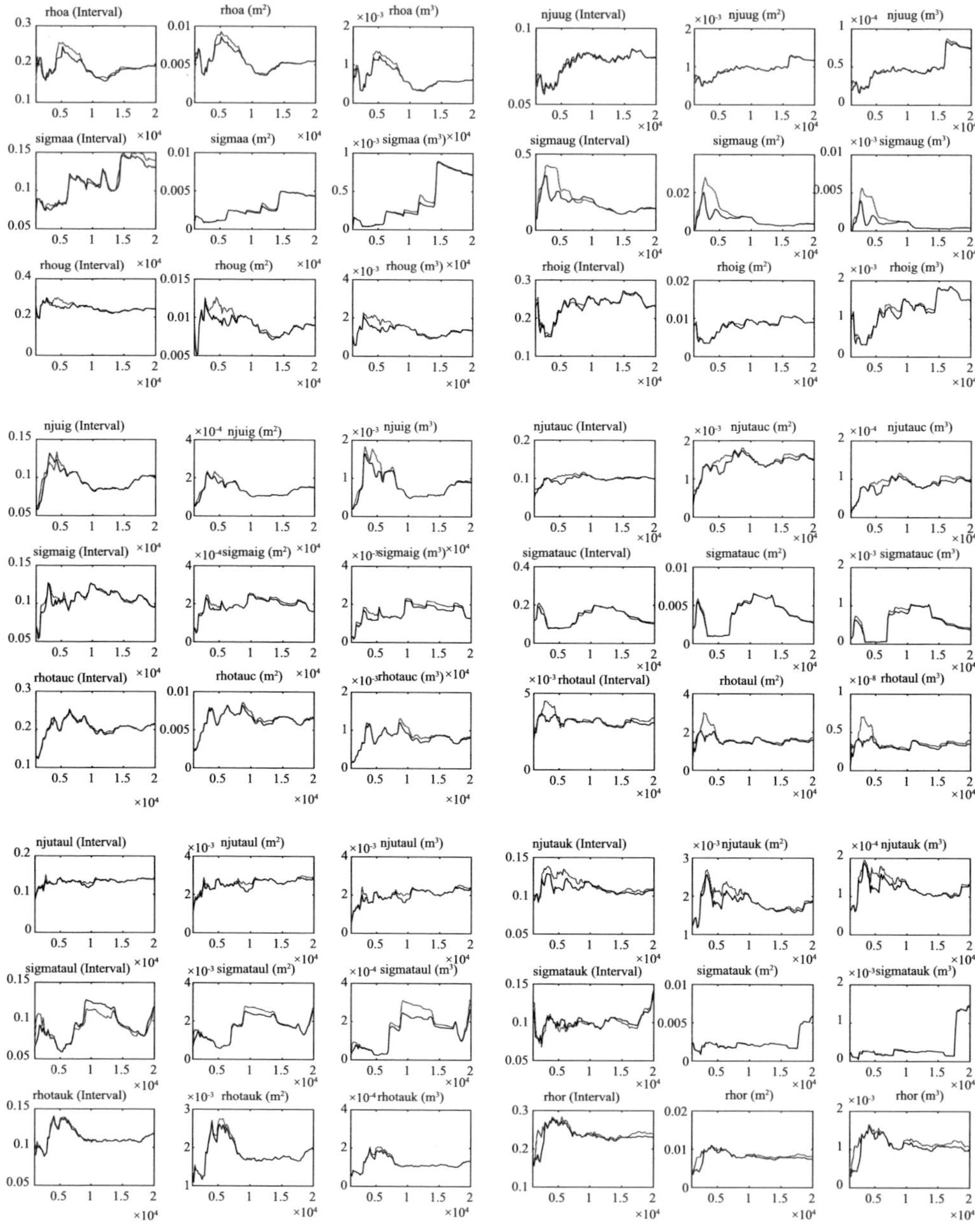

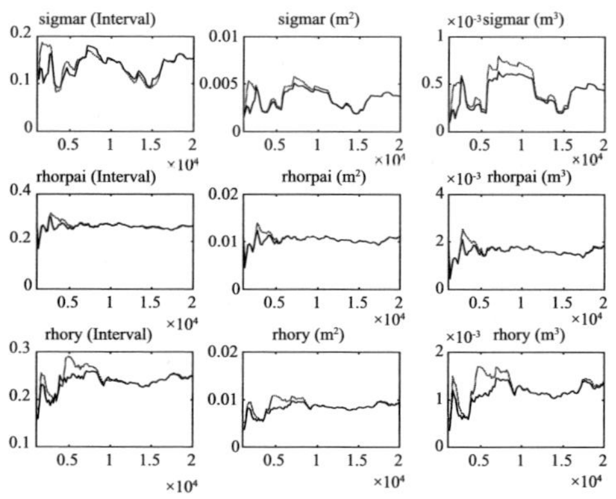

图 5 - 1　贝叶斯参数估计 MCMC 单变量诊断图（全国）

MCMC 多变量收敛性诊断图在测算方差协方差矩阵特征值的均值、方差和三阶矩的基础上对模型所有参数的稳健性进行检验，其判断的依据是马氏链是否平稳收敛。全国、东部、中部和西部贝叶斯参数估计收敛性检验的多变量诊断图如 5 - 2 至图 5 - 5 所示。多变量收敛性检验的诊断结果显示，均值、方差和三阶矩的马氏链随着模拟次数的增加均趋于重合，进一步表明本书贝叶斯参数估计的结果是稳健的。

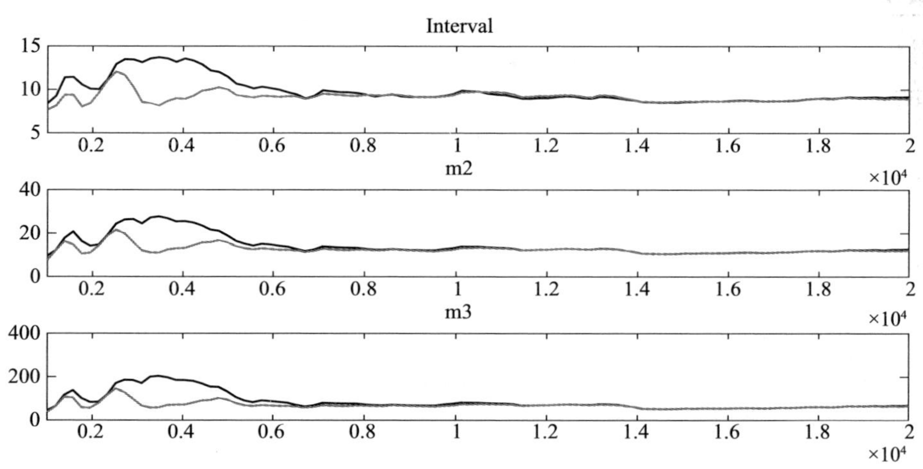

图 5 - 2　贝叶斯参数估计收敛性检验的多变量诊断图（全国）

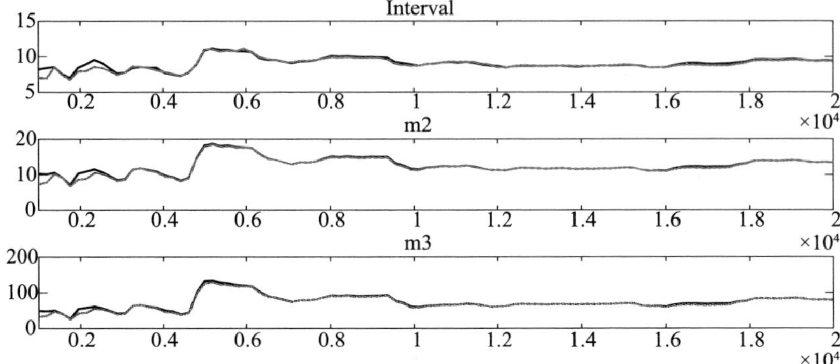

图 5－3　贝叶斯参数估计收敛性检验的多变量诊断图（东部）

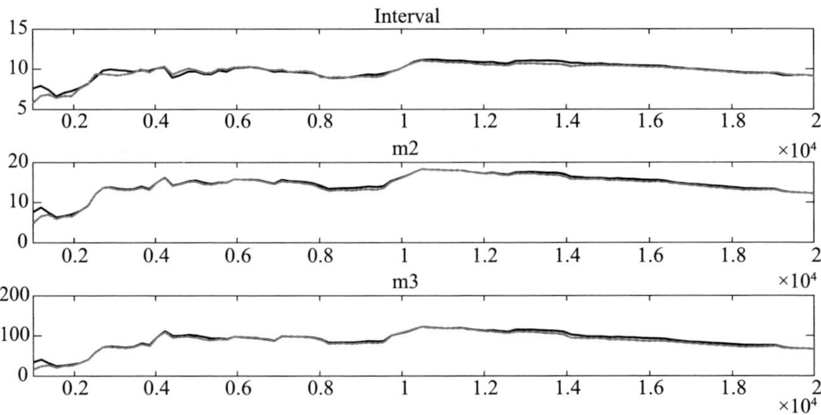

图 5－4　贝叶斯参数估计收敛性检验的多变量诊断图（中部）

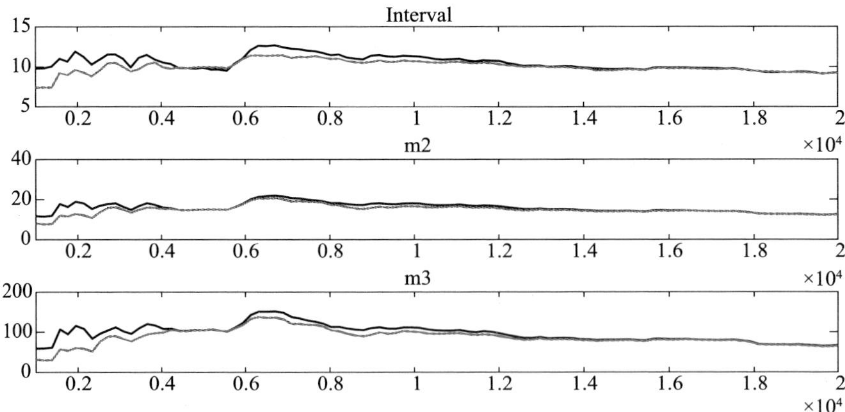

图 5－5　贝叶斯参数估计收敛性检验的多变量诊断图（西部）

5.5 模型模拟结果分析

5.5.1 模型模拟效果评价

使用构建的模型进行经济模拟前，需要对参数校准和贝叶斯估计后的模型结果进行检验，以检验模型对现实经济的模拟情况。一种方法是直接使用模拟经济变量与实际观测值进行比较，通过考察拟合程度来判断模拟效果；另一种方法是比较模拟经济各变量和实际经济变量的相关统计量来判断模型模拟效果。本书通过考察模拟经济变量的标准差、自相关系数以及产出与其他变量的相关程度来判断模型模拟结果的有效性。模拟经济与实际经济的比较如表 5 - 8 所示。

表 5 - 8　　模拟经济与实际经济的比较

区域	变量	模拟数据		实际数据		模拟数据标准差	实际数据标准差	K-P 方差比
		自相关系数	与 Y 的相关系数	自相关系数	与 Y 的相关系数			
全国	Y	0.963	1.000	0.872	1.000	0.176	0.243	0.725
	C	0.979	0.786	0.858	0.809	0.126	0.170	0.742
	I	0.961	0.979	0.875	0.961	0.348	0.348	0.999
	G^I	0.756	0.512	0.867	0.597	0.317	0.438	0.725
	π	0.707	0.312	0.761	0.478	0.050	0.041	1.229
东部	Y	0.898	1.000	0.869	1.000	0.274	0.223	1.230
	C	0.930	0.824	0.858	0.768	0.178	0.164	1.083
	I	0.909	0.839	0.876	0.938	0.241	0.331	0.730
	G^I	0.781	0.402	0.864	0.520	0.301	0.392	0.767
	π	0.629	0.177	0.723	0.191	0.044	0.046	0.954
中部	Y	0.970	1.000	0.875	1.000	0.230	0.276	0.835
	C	0.983	0.809	0.858	0.814	0.167	0.185	0.902
	I	0.968	0.979	0.879	0.953	0.452	0.447	1.011
	G^I	0.744	0.733	0.870	0.764	0.532	0.520	1.024
	π	0.715	0.430	0.727	0.538	0.057	0.048	1.177

续表

区域	变量	模拟数据		实际数据		模拟数据标准差	实际数据标准差	K-P方差比
		自相关系数	与Y的相关系数	自相关系数	与Y的相关系数			
西部	Y	0.917	1.000	0.874	1.000	0.297	0.284	1.045
	C	0.936	0.836	0.857	0.862	0.172	0.175	0.980
	I	0.929	0.957	0.870	0.921	0.291	0.338	0.863
	G^I	0.819	0.476	0.866	0.515	0.467	0.514	0.907
	π	0.679	0.440	0.802	0.534	0.048	0.041	1.173

注：K—P（Kydland-Prescott）方差比是指模拟的变量标准差与实际数据的标准差之比。

整体来看，全国和东中西部模拟经济变量与实际经济变量的标准差、相关系数和自相关系数较为接近，说明模型较好地捕捉到了现实经济的关键信息特征。从自相关系数来看，全国、东部、中部、西部产出、消费、投资、生产性政府支出和通货膨胀的自相关系数与模拟经济中各变量的自相关系数较为一致。与产出的相关系数，除通货膨胀较低外，模拟经济中各变量与产出的相关系数均较高，且与实际经济变量和产出的相关系数接近。从K—P方差比来看，K—P方差比大多接近1的水平，说明模拟经济的波动程度与实际经济的波动程度较为一致，模型的拟合效果较好。

5.5.2 政府支出冲击的经济增长效应区域差异

本书分别考察了生产性政府支出和非生产性政府支出对区域经济增长的动态影响。图5-6报告了生产性政府支出冲击对产出的动态影响，其描述了当经济处于稳态水平时，产出对1单位标准差的正向生产性政府支出冲击的响应程度。

就全国而言，1单位标准差的正向生产性政府支出冲击使得产出正向偏离稳态值，也即生产性政府支出冲击对产出有正向影响。第1期的正向偏离度为0.5%，随后第2期和第3期出现大幅回落，到第5期达到最低值后缓慢回升，从第16期开始基本处于稳定水平，整个响应过程均正向偏离稳态水平。冲击效果显示，生产政府支出对产出有正向影响，且具有持续效应。

东部地区1单位标准差的正向生产性政府支出冲击使产出发生正向偏离，其偏离度为0.64%。之后迅速下降，在第4期出现最低点，最低点仍正向偏离稳态水平。最低点后偏离度逐渐提高，在第18期以前偏离度有小幅波动，第18期以后生产性政府支出冲击对产出的影响基本趋于稳定。结果表明，东部地区生产性政府支出对产出有持续的正向影响。中部地区 1 单位标准差的正向生产性政府支出冲击使得产出发生 0.49% 的正向偏离，之后迅速下降，到第 4 期达到最低点后缓慢回升，从第 15 期开始基本趋于稳定。西部地区 1 单位标准差的正向生产性政府支出冲击使得产出正向偏离 0.83%，并迅速回落到第 5 期的最低值，并发生短暂的负向偏离。从第 5 期后缓慢回升，并保持正的偏离度。

从区域对比来看，1 单位标准差的正向生产性政府支出冲击的产出偏离度西部地区最高，中部地区最低，最低点出现在冲击后的第 4 期或第 5 期，之后呈现出缓慢回升的趋势。就持续效应大小来看，东部地区最大，西部次之，中部最小。

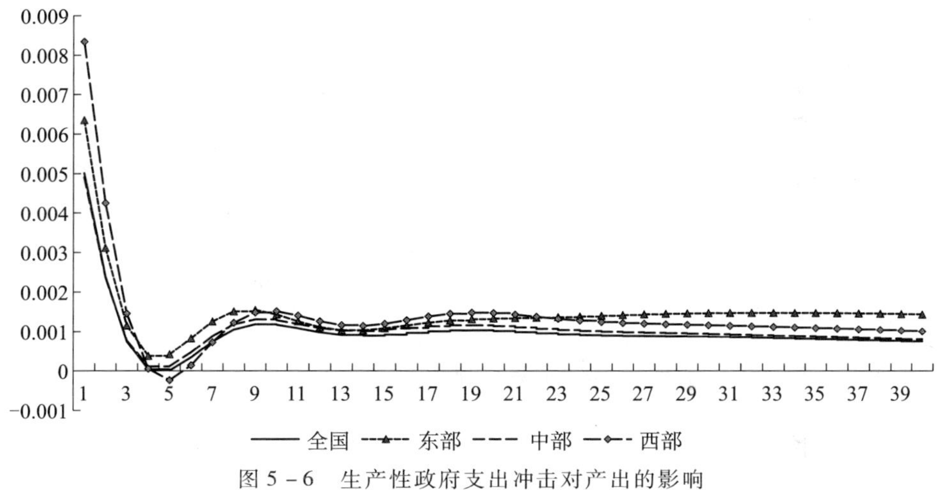

图 5－6　生产性政府支出冲击对产出的影响

非生产性政府支出冲击对产出的影响如图 5－7 所示。结果显示，全国层面 1 单位标准差的正向非生产性政府支出冲击使产出正向偏离稳态值，偏离度为 0.71%。第 2 期偏离度大幅下降，并从第 3 期开始出现负向偏离，第 4 期出现最低值，到第 8 期偏离度由负转正出现一个短暂的峰值，第 11 期开始再次变成负值，并逐渐回归到稳态水平。

东部地区 1 单位标准差的正向非生产性政府支出冲击产生的产出瞬间偏离度为 0.76%，第 2 期第 3 期迅速回落，到第 4 期由正转负，最低点出现在第 5 期，之后基本保持在稳态水平。中部地区 1 单位标准差的正向非生产性政府支出冲击使得产出发生 0.69% 的正向偏离，经第 2 期的快速回落后到第 3 期变为负向偏离，第 4 期出现最低点，之后逐步回升并向稳态值水平回归。西部地区 1 单位标准差的正向非生产性政府支出冲击使得产出发生0.41%的正向偏离，第4期偏离转为负向，第5期出现最低点，之后逐渐回归到稳态值水平。

东部、中部和西部之间非生产性政府支出冲击对产出影响的瞬间效应，东部地区最大、西部最小。同时东中西部非生产性政府支出冲击对产出的影响最终均向稳态值水平回归。

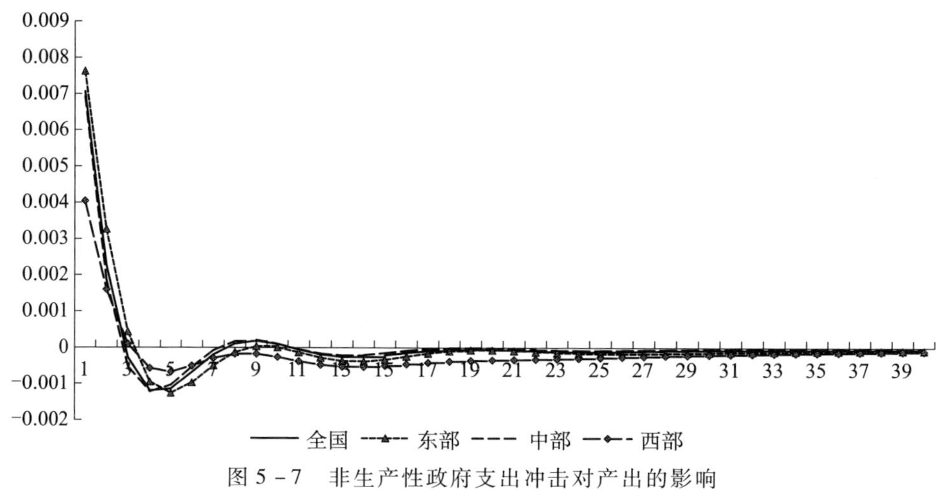

图5-7 非生产性政府支出冲击对产出的影响

5.5.3 政府支出的冲击效应传导机制区域差异

产出对区域政府支出冲击的响应结果显示，政府支出的冲击效应传导机制具有区域差异性。这种差异包含两个层次，一是模型参数的差异是政府支出冲击效应传导机制差异的外在直观表征。本书统一构建了包含代表性消费者、厂商和政府部门的动态随机一般均衡模型，在共用结构参数的基础上，基于相同先验分布的假设运用贝叶斯方法估计了区域的行为参数，同时使用区域实际经济变量校准了稳态值。二是基于模拟分析的结果，分析产生区域动态差异的原因。我国东中西部区域之间在资源禀赋、经济社会发展方面存在较大差异，这些差异一定程度上会影响政府支出的经济增长效应。

贝叶斯参数估计结果显示，生产性政府支出冲击持续性参数整体要大于非生产性支出，并且生产性政府支出对债务规模的敏感系数要高于非生产性政府支出，表明生产性政府支出更有利于经济增长，同时对债务的反应也更为灵敏。非生产性政府支出主要用于社会保障、医疗卫生等方面，这些方面的支出大多具有刚性特征，在短时间内很难下降，并且政府用于福利方面的开支往往具有棘轮效应，向上调整容易而向下调整难。因此，非生产性政府支出即使在政府债务规模较大的情况下也很难得到削减，容易与政府债务形成共振而影响经济稳定。生产性政府支出则更为灵活，政府财政政策通常采用逆经济风向行事的原则，在经济繁荣时可以减少政府生产性支出，并使用政府盈余偿还政府债务。当经济萧条时，通过扩大生产性政府支出规模以稳定经济增长，当期形成的政府债务可以用未来经济增长的财政盈余进行弥补。

区域层面，西部地区生产性政府支出冲击持续性参数相对较高，而非生产性政府支出冲击持续性参数东部地区则最大。从产出对政府支出冲击的响应结果来看，西部地区产出对生产性政府支出冲击的正向瞬间效应最大，而东部地区产出对非生产性政府支出的正向瞬间效应最大。同时，生产性政府支出冲击对产出不仅有正向瞬间效应还有持续的正效应，非生产性支出冲击对产出仅有正向瞬间效应而不具有持续效应，说明政府支出对经济增长的持久动力来自于政府支出中的生产性部分。这体现了生产性政府支出的生产属性，因为生产性政府支出主要用于基础设施建设，为生产提供良好的硬环境，这部分生产性政府支出的产出效应能在较短的时间内体现。同时教育和科技等生产性政府支出主要影响人力资本积累和生产技术的革新，由于人力资本和技术创新有一个积累的过程，因此，这部分生产性政府支出更多体现为对产出长期增长的影响。非生产性政府支出对经济增长的影响则体现出间接性，比如社会保障、医疗卫生等方面的支出通过改善经济软环境进而间接地影响产出。区域间政府支出冲击的产出效应差异表明，现阶段东部地区经济增长更多来自经济软环境的改善，而西部地区则来自于生产性政府支出带来的经济增长硬环境改善以及人力资本和技术积累。

产生区域动态差异的原因可能来自以下几个方面：一是资源禀赋的差异。资源禀赋具有一定的客观性，但这在很大程度上会引起经济发展的起点不均等。比如东部地区地势相对平坦交通便捷，水资源丰富、气候条件怡人，这些都能有效降低生产要素流动的交易成本，促进要素的聚集和自由流动，为经济增长夯实基础。东部地区资源禀赋优于中西部地区，对中西部地区的生产要素具有虹吸效应，而规模效应又进一步加剧了这一差异。二是市场经济环境的差异。东部地区具有更高程度的市场经济，其市场化程度要高于中部和西部地区。市场化程度更高的地区，市场在资源配置中占主导地位，政府的行政干预相对较少。这有利于充分发挥市场自动调节的作用，能够有效减少资源配置扭曲所带来的低效率。同时市场化程度更高的地区具有较低的交易成本，更能有效促进要素的集聚实现规模效应。三是区域经济政策的差异。改革开放初期，由于东部地区的区位优势以及国家政策的支持，东部成为我国经济率先发展的区域。之后为协调区域经济均衡发展，我国先后实施了西部大开发战略和中部崛起战略，通过给予相应政策以支持西部和中部地区经济发展，实现区域经济协调发展的目标。四是财政体制带来的行为扭曲。1994 年分税制改革以来，中国式的财政分权激发了地方政府发展经济的动力。地方政府在发展经济方面具有相对的自主权，而官员政治锦标赛使得地方行政长官长期偏好生产性政府支出中的经济建设支出，而忽视了教育科学等对经济增长具有长期效应的支出以及有助于改善经济软环境的社会保障和医疗卫生支出。行为的扭曲使得中西部地区在经济发展提速的同时，因人力资本积累不足和科技创新能力不强而使得发展后劲不足，区域协调发展再一次受到严峻考验。以上影响政府支出区域动态差异的原因，将在本书的第 6 章进行详细分析。

5.6 敏感性分析

敏感性分析主要在于考察关键参数的变化对整个模拟经济系统产生的影响。私人资本和公共资本产出弹性的相对大小一定程度上可以作为市场与政府的一个表征变量，当私人资本产出弹性较大时，应充分发挥市场的作用减少政府干预，此时政府支出应以营造和改善经济生产环境为主而非增大生产性政府支出。当私人资本产出弹性较小时，政府在改善经济环境的同时要加大生产性政府支出，以维持经济稳定。鉴于此，本书对私人资本产出弹性和公共资本产出弹性进行敏感性分析。

5.6.1 私人资本产出弹性

私人资本产出弹性敏感性分析是在保持其他参数不变的情况下，考察私人资本产出弹性变化时生产性政府支出冲击对产出的影响。参数估计结果显示，私人资本产出弹性 α 全国、东部、中部、西部分别为 0.418、0.438、0.397 和 0.384。本书设定 $\alpha=0.55$ 和 $\alpha=0.15$ 两档进行敏感性分析。

图 5－8 报告了 α 分别取 0.55 和 0.15 时生产性政府支出冲击对产出的影响。

与基准模型 α =0. 418 相比，当私人资本产出弹性下降时，生产性政府支出冲击对产出的瞬间正向作用得到加强，产出偏离度达到 0. 53%，高于基准模型，在第 5 期到达最低点但偏离度为正。第 22 期开始生产性政府支出冲击对产出的正向偏离度小于基准模型，之后逐渐递减。当私人资本产出弹性提高时，生产性政府支出冲击对产出有正向偏离，但瞬间效应略小于基准模型，从第 24 期和第 27 期开始生产性政府支出冲击对产出的正向偏离分别高于 α =0. 15 的水平和基准模型。

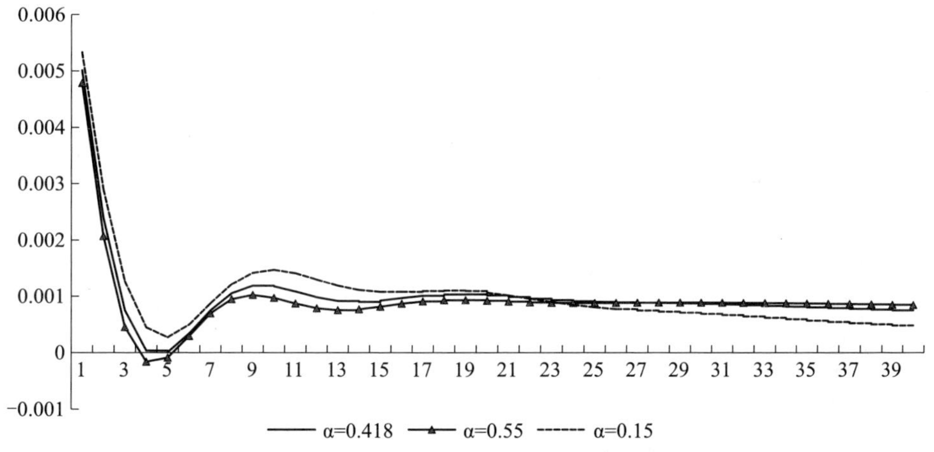

图 5－8　不同 α 下生产性政府支出冲击对产出的影响（全国）

图 5－9 显示了东部地区不同 α 下生产性政府支出冲击对产出的影响。结果显示，与基准模型 α =0. 418 相比，当私人资本产出弹性下降时，生产性政府支出冲击对产出的瞬间效应增大，偏离度提高到 0. 68%，但从第 13 期开始生产性政府支出冲击对产出的正向偏离度低于基准模型。当私人资本产出弹性提高时，生产性政府支出冲击对产出的瞬间正向效应略小于基准模型，同时第 15 期开始生产性政府支出冲击对产出的正向偏离度高于基准模型。

图 5－10 报告了中部地区不同 α 下生产性政府支出冲击对产出的影响。与基准模型 α =0. 418 相比，当私人资本产出弹性下降时，生产性政府支出冲击对产出的正向偏离度提高到 0. 52%，从第 21 期起其正向偏离度小于基准模型。当私人资本产出弹性增大时，生产性政府支出冲击对产出的瞬间正向效应没有出现明显改善，但从第 25 期开始其对产出的正向偏离度大于基准模型。

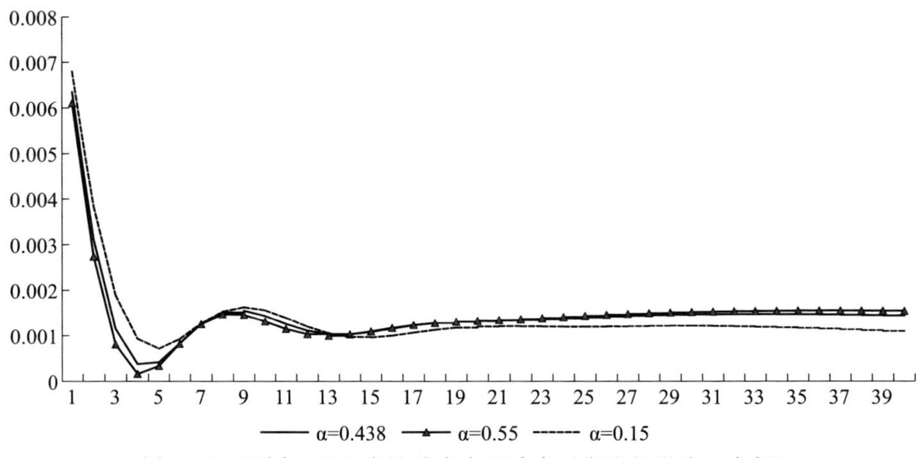

图 5－9　不同 α 下生产性政府支出冲击对产出的影响（东部）

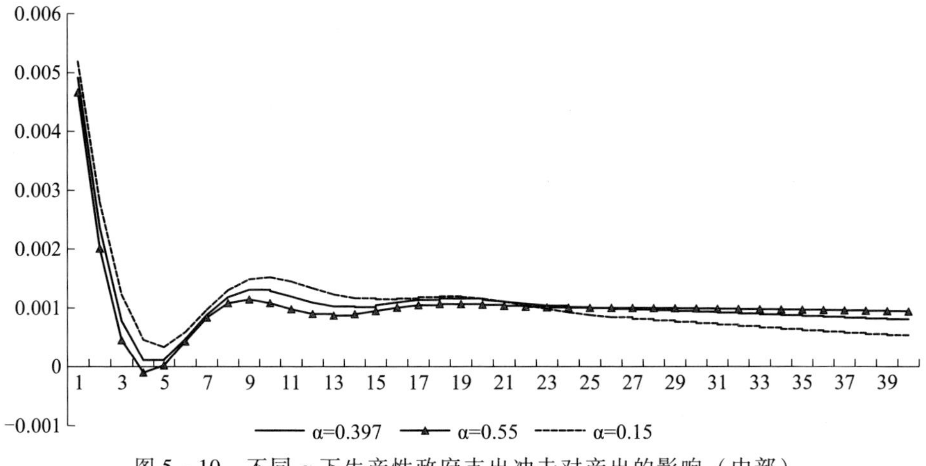

图 5－10　不同 α 下生产性政府支出冲击对产出的影响（中部）

图 5－11 报告了西部地区不同 α 下生产性政府支出冲击对产出的影响。与基准模型 $\alpha=0.418$ 相比，当私人资本产出弹性下降时，生产性政府支出冲击对产出的正向偏离度提高到 0.88%，在第 26 期前其对产出的正向偏离度与基准模型保持较大差距，但之后偏离度小于基准模型。当私人资本产弹性提高时，生产性政府支出冲击对产出的正向偏离度较基准模型略有下降，但在第 38 期超过基准模型。

不同私人资本产出弹性下生产性政府支出冲击对产出的敏感性分析结果显示，当私人资本产出弹性下降时，全国、东中西部生产性政府支出冲击对产出的

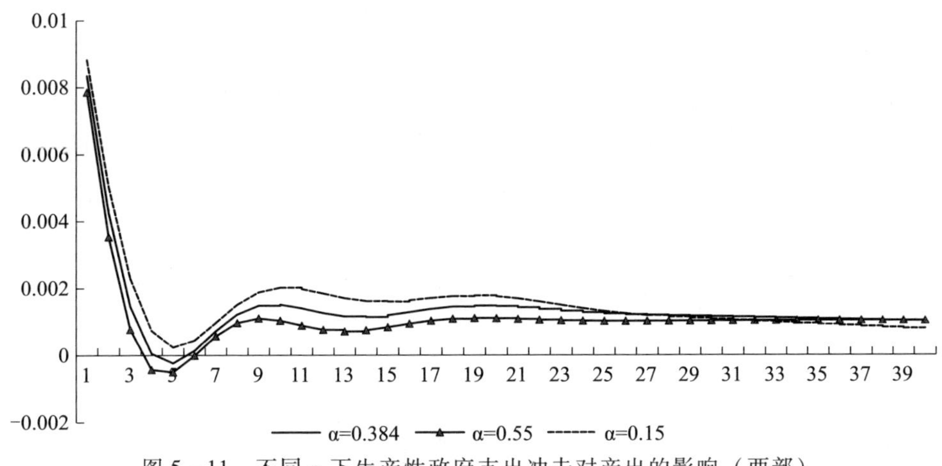

图 5-11　不同 α 下生产性政府支出冲击对产出的影响（西部）

瞬间正向效应相对于基准模型均得到增强，但经过一段时间后其正向偏离会小于基准模型，其中东部持续时间最短出现在第 13 期，西部持续时间最长出现在第 26 期。当私人资本产出弹性提高时，全国、东中西部生产性政府支出冲击对产出的瞬间正向效应相对于基准模型没有明显改善，但东部在第 15 期、西部在第 38 期开始产出的正向偏离度高于基准模型。私人资本产出弹性的敏感性分析结果表明，生产性政府支出与私人资本对经济增长的影响存在一定的替代性特征。当私人资本产出弹性较高时，生产性政府支出对产出的瞬间影响减小，而长期效果会得到增强。这说明当市场机制能有效发挥作用时，政府应当减少对经济的干预，主要在于营造良好的市场环境。当私人资本产出弹性下降时，生产性政府支出对经济的瞬间影响增大，但长期效果会削弱，这说明为稳定经济政府可适当增加生产性政府支出，但应根据私人资本产出弹性的变化情况择机退出。

5.6.2　公共资本产出弹性

公共资本产出弹性敏感性分析是在保持其他参数不变的情况下，考察公共资本产出弹性变化时生产性政府支出冲击对产出的影响。公共资本产出弹性 η 全国、东部、中部、西部分别为 0.145、0.157、0.144 和 0.126，本书设定 $\eta=0.35$ 和 $\eta=0.05$ 两档进行敏感性分析。

不同 η 下生产性政府支出冲击对全国以及东中西部地区产出的影响如图 5-12 所示。从冲击效果来看，全国及东中西部地区的变化趋势基本一致。当公共资本产出弹性提高时，生产性政府支出冲击对产出的瞬间正向偏离相对于基准模型没有明显变化，但长期对产出偏离大小的持续提高程度比基准模型要大。当公共资本产出弹性下降时，生产性政府支出冲击对产出的瞬间正向偏离相对于基本模型没有显著变化，同时长期对产出偏离大小的持续提高程度比基准模型要小。不同 η 下生产性政府支出冲击对产出影响的敏感性分析结果表明，生产性政府支出对产出的影响与公共资本产出弹性的大小有关，同时公共资本产出弹性变化对生产性政府支出产出效应变化的长期影响大于短期影响，可以通过提高公共资本产出弹性进而改善生产性政府支出对产出的影响效率。

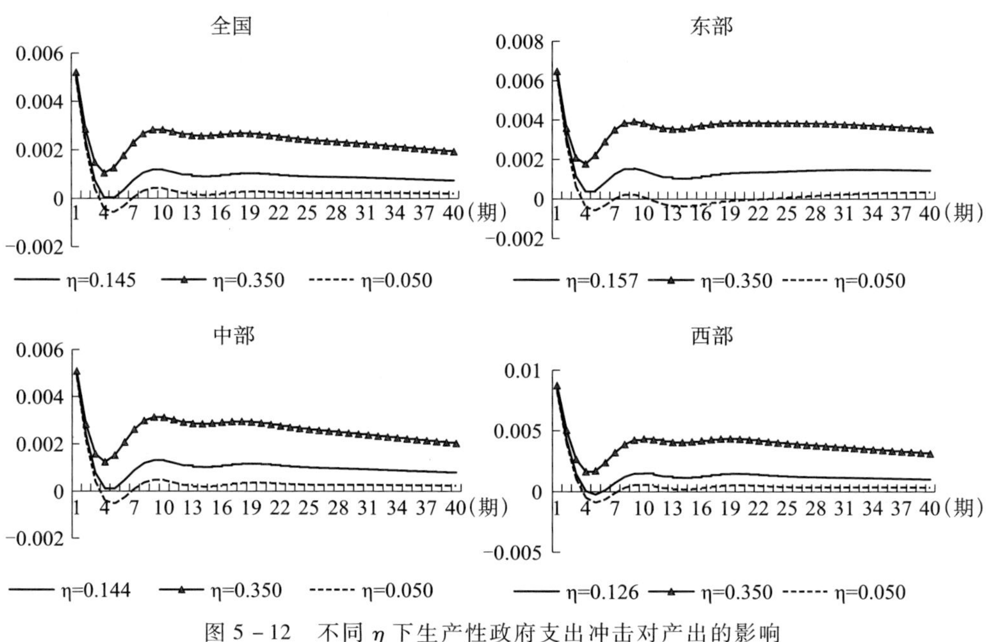

图 5－12　不同 η 下生产性政府支出冲击对产出的影响

5.7　本章小结

本章通过构建包含消费者、厂商和政府的三部门封闭经济动态随机一般均衡模型，从短期和长期考察了政府支出冲击对产出影响的区域动态差异。对政府支出经济增长效应区域动态异质性的分析，主要通过所构建的 DSGE 模型中的关键参数来进行表征，即将全国、东部、中部和西部假设为不同的封闭经济体，分别测算和估计全国及各区域的关键参数值来衡量区域之间的差异。在此基础上，对不同政策组合下生产性政府支出对区域产出的影响大小和响应程度进行了敏感性分析。

有效税率的测算结果显示，1998—2015年，消费支出平均有效税率东部地区最高、中部地区最低，劳动收入平均有效税率西部地区最高、中部地区最低，资本收入平均有效税率西部地区最高、中部地区最低。综合来看，西部地区平均有效税率相对较高，而中部地区平均有效税率则较低。贝叶斯参数估计结果显示，生产性政府支出冲击持续性参数整体要大于非生产性政府支出，并且生产性政府支出对债务规模的敏感系数要高于非生产性政府支出，表明生产性政府支出更有利于经济增长，同时对债务的反应也更为灵敏。区域层面，西部地区生产性政府支出冲击持续性参数相对较高，而非生产性政府支出冲击持续性参数东部地区则最大。

经济模拟结果显示，生产性政府支出冲击对产出不仅有正向瞬间效应还有持续的正效应，非生产性政府支出冲击对产出仅有正向瞬间效应而不具有持续效应，说明政府支出对经济增长的持久动力来自于政府支出中的生产性部分。从产出对政府支出冲击的响应结果来看，西部地区产出对生产性政府支出冲击的正向瞬间效应最大，而非生产性政府支出冲击对产出的正向瞬间效应东部地区最大。区域间政府支出冲击的产出效应差异表明，现阶段东部地区经济增长更多来自经济软环境的改善，而西部地区则来自于生产性政府支出带来的经济增长硬环境改善以及人力资本和技术积累。

私人资本产出弹性的敏感性分析结果发现，生产性政府支出与私人资本对经济增长的影响存在一定的替代性特征。当私人资本产出弹性较高时，生产性政府支出对产出的瞬间影响减小，而长期效果会得到增强。当私人资本产出弹性下降时，生产性政府支出对产出的瞬间影响增大，但长期效果会削弱，说明当市场机制能有效发挥作用时，政府应当减少对经济的干预，主要在于营造良好的市场环境。同时政府可适当增加生产性政府支出以稳定经济，但应根据私人资本产出弹性的变化情况择机退出。公共资本产出弹性的敏感性分析结果则表明，生产性政府支出对产出的影响与公共资本产出弹性的大小有关，可以通过提高公共资本产出弹性进而改善生产性政府支出对产出的影响效率。

第6章 政府支出经济增长效应异质性影响因素分析

本章从政府支出经济增长效应区域异质性的特征事实出发分析产生的原因，并对产生区域异质的影响因素进行实证检验。首先，从资源禀赋、市场化程度、区域政策、财政分权四个方面分析政府支出在不同区域经济增长效应存在差异的原因。其中资源禀赋、市场化程度、区域政策分别是政府支出经济增长效应区域差异的内源性、传导性、制度性原因。其次，通过构建面板数据回归模型对上述主要影响因素进行实证检验。最后，考察了政府支出对区域经济增长的空间效应。

6.1 资源禀赋导致的内源性差异

资源禀赋通常又称为要素禀赋，是指资本、劳动力、土地、技术等生产要素以及自然资源的丰裕程度。生产要素的丰裕程度是经济增长的重要基础，经验研究表明生产要素丰裕的地区通常具有较高的经济增长。不同经济发展阶段生产要素之间存在一定的配比关系，也就是说生产要素的结构要与经济发展的阶段相适应。资本、劳动、土地和技术四类生产要素被认为是经济增长的动力之源，那么区域间要素禀赋的差异以及生产要素结构的差异都会带来经济增长的差异。

6.1.1 区域资源禀赋差异

我国幅员辽阔，区域之间在自然资源、环境、人口等方面均存在一定差异，这决定了各区域的初始资源禀赋。初始资源禀赋的差异具有一定的客观性，但这在相当大的程度上会导致经济增长起点的不均等。比如土地这种生产要素不具有流动性，在流通经济不发达的时代一个地区适宜开垦土地的多寡通常可以反映人口数量的多少，同时也是经济发展的重要支撑，与土地相关的税收则成为政府财政收入的重要来源。因此平原地区和河流流域往往成为人口集聚的区域，经济都相对发达。在初始资源禀赋中劳动力生产要素也与土地密切相关，土地资源丰裕的地区能生产足够的粮食以养活更多的人口，人口规模的扩大能为生产提供更多适龄劳动力。在资本较为稀缺的时候，劳动力与土地的有机结合成为经济增长的主要源泉。而随着交通便捷度和信息通畅度的提高，地区间的资源禀赋有可能发生改变。虽然自然资源和环境方面的初始禀赋难以改变，特别是生产要素中的土地，但是像劳动、资本和技术等生产要素却可以实现跨区域流动，同时交通运输的发展也使得矿产等自然资源不再成为经济发展的制约因素。然而生产要素的流动遵循从生产效率低的部门和地区流向生产效率和报酬高的部门和地区的基本原则，这也是为什么在经济较为发达的地区往往能集聚更多生产要素的重要原因。

从我国区域实际来看，东中西部在资源禀赋上存在着差异。这种差异来源于两个方面：一方面是由土地、自然资源和环境等决定的初始资源禀赋差异，这是先天的差异；另一方面是基于生产要素跨区域流动所产生的差异，这是由后天的发展所形成。资源禀赋的先天差异和后天差异往往能形成共振，也即初始资源禀赋丰裕的地区在后天的发展中能吸引更多的生产要素集聚进而形成马太效用。当然也有例外，如 Auty（1993）① 在矿产经济可持续发展一书中提到“资源诅咒”效应。“资源诅咒”指自然资源丰裕的地区，尤其是矿产资源丰富的地区，可能比自然资源稀缺的地区发展更慢。由于对自然资源的过度依赖，使得经济增长缺乏持久动力，因此丰富的自然资源不是经济发展的福音而是“诅咒”。

在初始资源禀赋的先天差异方面，与西部地区相比东部地区地形地貌平坦、交通便捷便于发展生产，同时东部地区水资源丰富、气候怡人，这些都为人口集聚提供了良好的条件。西部地区虽然拥有较为丰富的矿产等自然资源，但由于交通等基础设施条件落后，再加上西部地区人才和技术短缺，资源丰富的地区大多以出卖经济附加值低的初级矿产品为主，经济发展的持续性上面临着挑战，这些年我国资源型城市转型发展便是佐证。

在后天差异方面，东部地区完善的基础设施和更为市场化的经济环境，有效降低了生产要素跨区流动的交易成本。同时东部地区集中了我国大部分高校和科研院所，这些机构为东部地区经济发展提供人力资本和技术支撑。东部地区优渥

① Auty R. Sustaining Development in Mineral Economies: The resource curse thesis [M]. London and New-York, 1993.

的市场环境，对中西部地区的生产要素具有虹吸效应，而规模效应又进一步加剧了这一差异。从改革开放以来，中西部地区大量的人口往东部地区集聚，为东部地区经济发展提供了充足的劳动力资源。劳动力和技术的有机结合，在较低交易成本的市场环境中，使得东部经济迅速发展，东中西之间经济发展的差距快速扩大。

总的来看，资源禀赋由先天差异和后天差异共同决定，而资源禀赋的实质是影响经济生产的成本，同时资源禀赋的后天差异也受到经济生产成本的影响。资源禀赋丰裕的地区其经济生产成本较低，而资源禀赋贫瘠的地区经济生产成本则较高，同时较低的生产成本会吸引更多的生产要素集聚。因此可以通过测算成本差异系数来近似地衡量区域资源禀赋差异。

6.1.2 成本差异系数测算

资源禀赋成本差异系数的测算主要基于各地区自然环境条件视角展开，因为自然环境条件是影响要素跨区流动的重要因素，也是经济生产成本的重要组成部分。自然条件为各地区生产生活提供了先天的客观物质基础，同时一个地区的自然条件在地理空间分布上相对稳定，难以通过科技等人为手段进行彻底改造。此外，交通基础设施和人口等社会环境条件也会对经济生产成本产生影响。因此，以自然社会环境条件差异来衡量资源禀赋差异具有可行性。

（1）指标体系构建与数据说明

根据指标体系构建所需遵循的相关性、独立性、可比性和可行性原则，本书自然社会条件成本差异系数测算选取的指标包括，平均海拔高度（米）、地形、年降水量（毫米）、夏季平均气温（℃）、冬季平均气温（℃）、年日照长度（小时）、人口密度（人/平方公里）、路网密度（公里/平方公里）、每万人农垦地面积（公顷/万人）共 9 个二级指标。成本差异系数指标体系如表 6－1 所示。

X_1 平均海拔高度（米）：平均海拔高度的上升会使得人们生产生活成本增加，相关研究表明，海拔每升高 100 米气温会下降 0.6 摄氏度；海拔每升高 1000 米，发动机动力性能将下降 12 个百分点，燃料消耗将增加 10 个百分点。因此，平均海拔越高成本系数越大，两者为正相关关系。平均海拔取每个地区最高海拔与最低海拔的算术平均值，并对平均海拔数据进行分段处理，低于 1000 米取 1、(1000，2000] 取 1.2、(2000，3000] 取 1.5、高于 3000 米取 2。数据根据各省统计年鉴和政府门户网站整理计算得到。X_2 地形：我国地形地貌大致可分为盆地、平原、丘陵、山地和高原，其中盆地和平原地势平坦，进行基础设施建设的成本比山地和高原要低。根据成本大小对五种地形分别赋值为盆地和平原 1、丘陵 2、山地 3 和高原 4，数值越大说明成本越高。对各省地形地貌特征的确定基于以下原则，即以该省占比最大的地形作为赋值依据。所需资料来自于各省统计年鉴和政府门户网站。X_3 年降水量（毫米）：年降水量表示一个地区水资源丰富程度，水资源与生产生活密不可分，水资源匮乏的地区生产生活成本相对较高，而水资源丰富的地区成本则较低。因此，年降水量与成本系数负相关。X_4 夏季平均气温（℃）：夏季平均气温越高的地区相对于夏季气温低的地区需要在降暑上付出更大的成本，因此，夏季平均气温与成本系数正相关。夏季平均气温取 6 月、7 月、8 月的平均值，并对数据进行分段处理，高于 25 摄氏度取 1.5，低于 25 摄氏度取 1。X_5 冬季平均气温（℃）：冬季平均气温越高的地区用于取暖的支出相对较少，同时农作物生长的维护成本也较低。因此，冬季平均气温与成本系数成负相关。冬季平均气温取 12 月、1 月、2 月的平均值，并对数据进行分段处理，高于 10 摄氏度取 1，低于 10 摄氏度取 1.5。X_6 年日照长度（小时）：年日照长度越长越有利于农作物生长以及农业生产，会降低相关生产成本。因此，年日照长度与成本系数成负相关。X_7 人口密度（人/平方公里）：人口密度越大的地区更容易形成规模效应，提供公共服务的成本更低，因此人口密度与成本系数负相关。X_8 路网密度（千米/平方千米）：路网密度越高说明交通基础实施条件越好，可以减少交通运输成本进而降低生产成本，因此，路网密度与成本系数负相关。X_9 每万人农垦地面积（公顷/万人）：人均农垦面地积越大，能够生产更多的粮食以养活更多的人口，可以降低社会成本，因此，每万人农垦地面积与成本系数负相关。

表 6-1 成本差异系数指标体系

一级指标	二级指标		影响
成本差异系数	X_1	平均海拔高度（米）	正相关
	X_2	地形	正相关
	X_3	年降水量（毫米）	负相关
	X_4	夏季平均气温（℃）	正相关
	X_5	冬季平均气温（℃）	负相关
	X_6	年日照长度（小时）	负相关
	X_7	人口密度（人/平方公里）	负相关
	X_8	路网密度（公里/平方公里）	负相关
	X_9	每万人农垦地面积（公顷/万人）	负相关

（2）权重确定与指数合成

在成本差异系数指标体系构建的基础上，本书使用因子分析法确定各二级指标的权重。因子分析法是一种客观赋权法，对存在相关性的多变量权重信息提取方面具有优势。因子分析模型可表示成，

$$\begin{cases} X_1 = \alpha_{11}F_1 + \alpha_{12}F_2 + \cdots + \alpha_{1m}F_m + \varepsilon_1 \\ X_2 = \alpha_{21}F_1 + \alpha_{22}F_2 + \cdots + \alpha_{2m}F_m + \varepsilon_2 \\ \vdots \\ X_n = \alpha_{n1}F_1 + \alpha_{n2}F_2 + \cdots + \alpha_{nm}F_m + \varepsilon_n \end{cases} \tag{6.1}$$

其中向量 $X=(X_1, X_2, \cdots, X_n)'$ 表示原始指标向量，$F=(F_1, F_2, \cdots, F_m)'$ 表示 m 个相互独立的且不可预测的公因子。$A=(\alpha_{ij})_{n\times m}$ 表示因子载荷矩阵，α_{ij} 越大表示公因子 F_j 对原始变量 X_i 的载荷量越大。$\varepsilon=(\varepsilon_1, \varepsilon_2, \cdots, \varepsilon_n)'$ 为与原始指标对应的特殊因子变量。

根据以上因子分析模型，以旋转后的各公因子方差贡献率占提取公因子累计方差贡献率的比重作为权重，可以计算因子得分。设权重向量为 $\omega=(\omega_1, \omega_2, \cdots, \omega_m)$，成本得分计算公式为，

$$Z = \omega_1F_1 + \omega_2F_2 + \cdots + \omega_mF_m \tag{6.2}$$

将上述成本得分压缩为位于区间［1，1.5］的成本差异系数。压缩公式为，

$$y_i = \frac{x_i - \min(x_i)}{\max(x_i) - \min(x_i)}(\max(y_i) - \min(y_i)) + \min(y_i) \tag{6.3}$$

（3）成本差异系数测算

本书使用 SPSS 软件进行因子分析，其中正向指标取正值、负向指标取负值进行分析。Bartlett 球度检验统计量的 P 值在 1% 的水平上显著，表明变量组适合进行因子分析。分析结果显示，一共存在三个公共因子，累计方差贡献率超过 75%。运用式（6.2）和式（6.3），区域成本差异系数测算结果如表 6-2 所示。

表 6-2　区域成本差异系数

年份	全国	东部	中部	西部
1997	1.304	1.260	1.264	1.377
1998	1.305	1.268	1.268	1.369
1999	1.279	1.233	1.248	1.347
2000	1.280	1.238	1.242	1.350
2001	1.285	1.245	1.236	1.362

续表

年份	全国	东部	中部	西部
2002	1. 295	1. 250	1. 260	1. 365
2003	1. 344	1. 290	1. 328	1. 410
2004	1. 315	1. 261	1. 287	1. 389
2005	1. 329	1. 274	1. 321	1. 389
2006	1. 278	1. 253	1. 232	1. 337
2007	1. 287	1. 259	1. 235	1. 353
2008	1. 286	1. 255	1. 235	1. 356
2009	1. 284	1. 249	1. 232	1. 356
2010	1. 265	1. 229	1. 224	1. 330
2011	1. 297	1. 271	1. 245	1. 361
2012	1. 271	1. 241	1. 230	1. 332
2013	1. 297	1. 252	1. 272	1. 361
2014	1. 361	1. 295	1. 349	1. 436
2015	1. 339	1. 287	1. 319	1. 406
平均	1. 300	1. 259	1. 265	1. 368

注：区域数据为区域内各省份成本差异系数平均值。

测算结果显示，全国成本差异系数 1997 年为 1. 304，2015 年为 1. 339，1997—2015 年平均值为 1. 30。1997—2015 年区域成本差异系数平均值西部地区最高，为 1. 368；东部地区最低，为 1. 259。同时东部和中部地区成本差异系数要低于全国平均水平。从成本差异系数的年度变化趋势来看，区域间整体呈现出西高东低的特征。成本差异系数在年度间有波动，但波动幅度不大。成本差异系数东中西部之间稳定的差异特征也表明，区域之间的自然条件并不会随技术等人为因素的干扰而出现永久的变化，自然条件在地理空间分布上具有相对稳定性。本书的测算结果进一步验证了上述结论。

资源禀赋作为一种内源性差异会对政府支出的经济增长效应产生影响。理论分析表明，资源禀赋丰裕的地区，或者是生产要素流入的地区，要素之间容易发挥协同作用，生产要素的结构搭配上更趋于合理，因此该区域的经济增长更具优势。相反，资源稀缺的地区，或者是生产要素流出的地区，要素的配置需要耗费较大的交易成本，抑或是要素结构难以有效满足生产的需要，该类地区的经济增长通常表现出乏力的特征。以自然条件为主的成本差异系数可作为资源禀赋差异的近似合理表征，资源禀赋丰裕的地区，成本差异系数相对较小，而资源禀赋不足的地区，成本差异系数则相对较高。

图 6－1 描述了以成本差异系数衡量的资源禀赋与以人均 GDP 衡量的经济增长之间的关系。2015 年各省人均 GDP 对数值与成本差异系数散点图显示，成本差异系数与人均 GDP 之间存在负相关关系，也即成本差异系数越高的地区，人均 GDP 水平越低，而成本差异系数较小的地区，人均 GDP 水平越高。这表明资源禀赋与经济增长之间存在正相关关系，资源禀赋的差异会导致经济增长的差异。

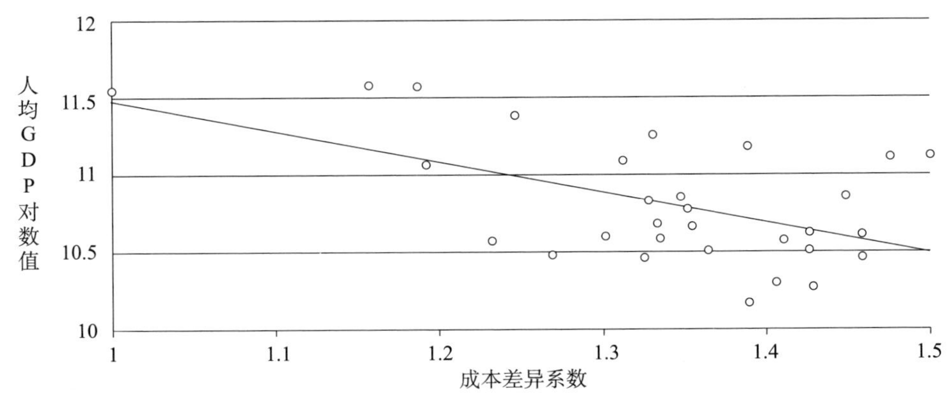

图 6－1　2015 年各省人均 GDP 对数值与成本差异系数散点图

6.2　市场化程度引致的传导性差异

市场化程度是指市场在资源配置中的地位，通常用于描述转轨制国家从中央计划经济到市场分散经济转变的程度。市场化程度主要通过影响生产要素的配置效率进而影响经济产出。市场化程度高的地区，市场在资源配置中占主导地位，基于最优经济规则的市场参与者在市场的调节下能实现资源的最优配置状态。市场化程度的不同会引致不同地区资源配置的效率存在差异，并最终体现在经济增长上。

6.2.1　区域市场化程度差异

政府和市场作为经济的二元主体，虽然不是对立的关系，但在经济实践中却存在着此消彼长的关系。经济学理论认为，政府主要在公共物品、具有外部性等市场失灵的领域发挥作用，比如公共产品和服务的提供。实际上政府和市场的边界很难进行清晰的界定，政府和市场通常是你中有我、我中有你地相互交织在一起。经济学关于政府与市场边界理论上的划分原则，在实际中的操作可行性较差。这也是为什么我国市场化改革推进艰难的重要原因。

改革开放以来，我国在市场化改革方面进行了积极探索，以市场化改革为方向的经济转型充分激发了市场主体参与经济的热情和动力，也使生产要素资源的配置效率得到了极大改善。与此同时，由于区域资源禀赋的差异以及市场化改革进程的不一致，使得我国区域间经济发展水平存在较大差异。一方面市场化改革进程较快的地区，价格机制能灵活的反映市场供求关系，使得生产要素之间能够快速调整以满足经济生产的需要。同时价格机制能较好地调动市场参与主体的积极性，活跃市场氛围，在体现个人价值的同时实现全社会产出和福利水平的提高，达到个体与集体双赢的目的。另一方面市场化改革影响政府与市场在经济中的相对地位。在传统计划经济时代，政府在配置资源方面具有绝对优势，而政府掌握的信息有限且不及时，这容易导致政府的资源配置决策要么难以真正体现社会需要，要么具有较长的时间滞后性，因此资源配置的效率通常很低。然而经过 40 多年的市场化改革历程，经济调控中如今依然存在计划经济时代的思维方式，这在经济欠发达地区表现得尤为明显。

市场化程度虽然不是直接作用于经济增长，但会通过影响生产要素作用于产出的效率进而间接发挥作用。市场化程度高的地区，政府对经济的干预较少，政府主要在制定市场规则等市场环境以及维持社会公平正义等方面发挥作用。资本、劳动、技术等生产要素均通过市场机制实现有效配置，同时，政府营造的有效市场环境反过来会进一步强化市场配置资源的效率，使经济产出潜能得到释放。而在市场化程度较低的地区，市场机制难以有效发挥配置资源的作用。一方面具有可流动性的生产要素资源会流向市场化程度更高的地区；另一方面为削减要素流出的影响，政府会加强对经济的干预。但政府对经济干预程度的提高会使得市场化程度进一步降低，这又会加速资源外流，如此形成恶性循环。政府与市场之间不能形成良性互动，使得政府在经济中唱主角，经济增长的基础变得薄弱，发展也缺乏后劲。市场化程度的差异也是导致我国区域经济非均衡发展的一个重要原因，对此本书利用王小鲁等（2017）[①] 的研究成果加以分析。

① 王小鲁，樊纲，余静文．中国分省份市场化指数报告（2016）［M］．北京：社会科学文献出版社，2017.

王小鲁等（2017）关于中国分省份市场化指数报告对2008—2014年我国各省份的市场化程度进行了系统分析。其构建的中国市场化指数包括政府与市场的关系、非国有经济发展、产品市场发育程度、要素市场发育程度、市场中介组织的发育和市场法制环境共五个方面。在各省分项指数的基础上，本书对东中西部各区域内省份取平均值来近似衡量区域市场化程度。王小鲁等（2017）关于中国分省份市场化指数报告仅计算了2008年到2014年的市场化指数，基于分析的需要，本书对2015年的数据采用插值法进行处理，结果基本符合数据的时间趋势特征。

市场化总指数表征了我国市场化改革的总体进程。2008年我国市场化指数为5.62，到2015年提升到7.14，总体呈现出上升的趋势。但在2008年至2010年间，市场化总指数基本保持不变，甚至在2010年出现了小幅下降，从2011年开始才逐年回升。从区域市场化程度差异来看，东部地区市场化程度最高、西部地区市场化程度最低。东部地区市场化指数从2008年的6.81提高到2015年的8.71，西部地区则从4.57提升到5.56。中部地区2008年的市场化指数为5.43，2015年提升到7.15。变化趋势上，东部和中部地区市场化总指数呈现出逐年提高的趋势，而西部地区在2009年和2010年出现了下滑，从2011年开始逐步回升。我国以及西部地区市场化总指数在2008年至2010年的变化趋势，与我国为应对国际金融危机而实施扩张性财政政策和货币政策对市场化程度的影响有直接关系（见图6-2）。

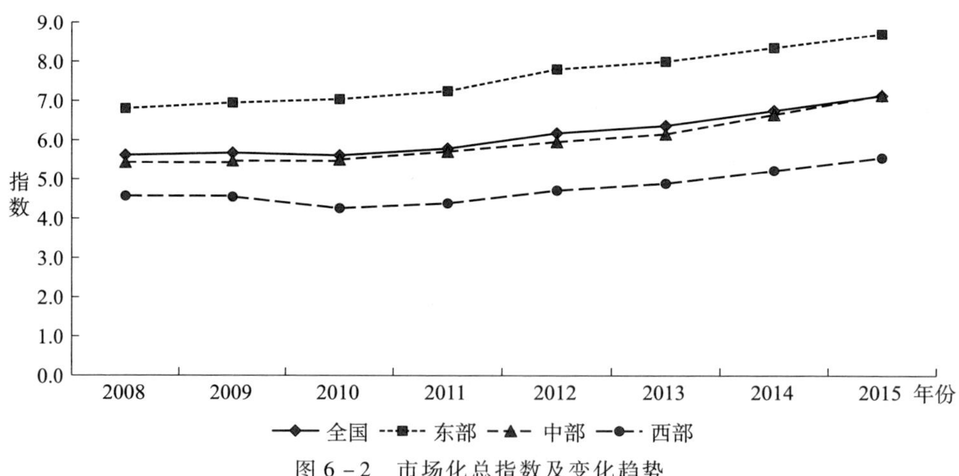

图6-2 市场化总指数及变化趋势

政府与市场关系方面[①]，从 2008 年的 7.06 下降到 2015 的 6.32，其中 2008 年到 2013 年呈逐年下降趋势，2014 年开始出现了缓慢回升。这表明政府对经济的干预程度增强，市场在资源配置中的作用得到削弱。区域层面，东部地区政府与市场关系指数高于中西部地区，西部地区政府与市场关系指数最低。这表明东部地区市场在资源配置中的作用要明显高于中部和西部地区，而西部地区相对东部和中部地区，政府干预经济的程度更高。变化趋势上，东中西部与全国的趋势基本一致，在 2013 年以前呈下降趋势，之后开始逐步回升。非国有经济发展方面，东部地区非国有经济发展指数最高、西部地区最低。变化趋势上，2008—2015 年全国以及东中西部非国有经济发展指数均呈现出逐年提升趋势。产品市场发育方面，东部和中部地区要明显高于西部地区。但变化趋势上东中西部均呈现出相对停滞状态，产品市场发育没有得到明显的改善。要素市场发育方面，变化趋势上东中西部均总体均呈现出上升的态势，其中西部地区在 2010 年出现小幅下滑。要素市场发育程度上，东部地区要高于中西部地区，西部地区则最低。市场中介组织的发育和法律制度环境方面东部地区最高、西部地区最低。变化趋势上，东中西部地区都呈上升趋势，但东部地区在市场中介组织的发育和法律制度环境方面的改善情况要显著大于中西部地区（见图 6-3）。

6.2.2　市场化程度对经济增长的影响

市场化程度能够影响资源配置效率进而对经济增长产生影响，区域间市场化程度的差异是产生经济增长差异的重要原因。上文的理论分析表明，市场化程度高的地区，生产要素的配置更有效，并且市场化程度高的地区更有利于生产要素的集聚进而实现规模效应，同时政府与市场之间能形成良性互动，经济增长动力更足。因此可以推断，市场化程度与经济增长之间存在正相关关系。图 6-4 描绘了人均 GDP 对数值与市场化指数之间的关系。人均 GDP 与市场化指数之间的散点图显示，市场化程度越高的省份其人均 GDP 对数值越高，而市场化程度越低的省份其人均 GDP 对数值水平也相对较低。这印证了市场化程度与经济增长之间的正相关关系，也表明区域间市场化程度的差异会引致产出水平的差异。

---

① 政府与市场关系指数越高，表明政府对经济的干预较少，市场在资源配置中的地位较高。相反，政府与市场关系指数越低，表明政府对经济的干预增强，市场在资源配置中的地位减弱。

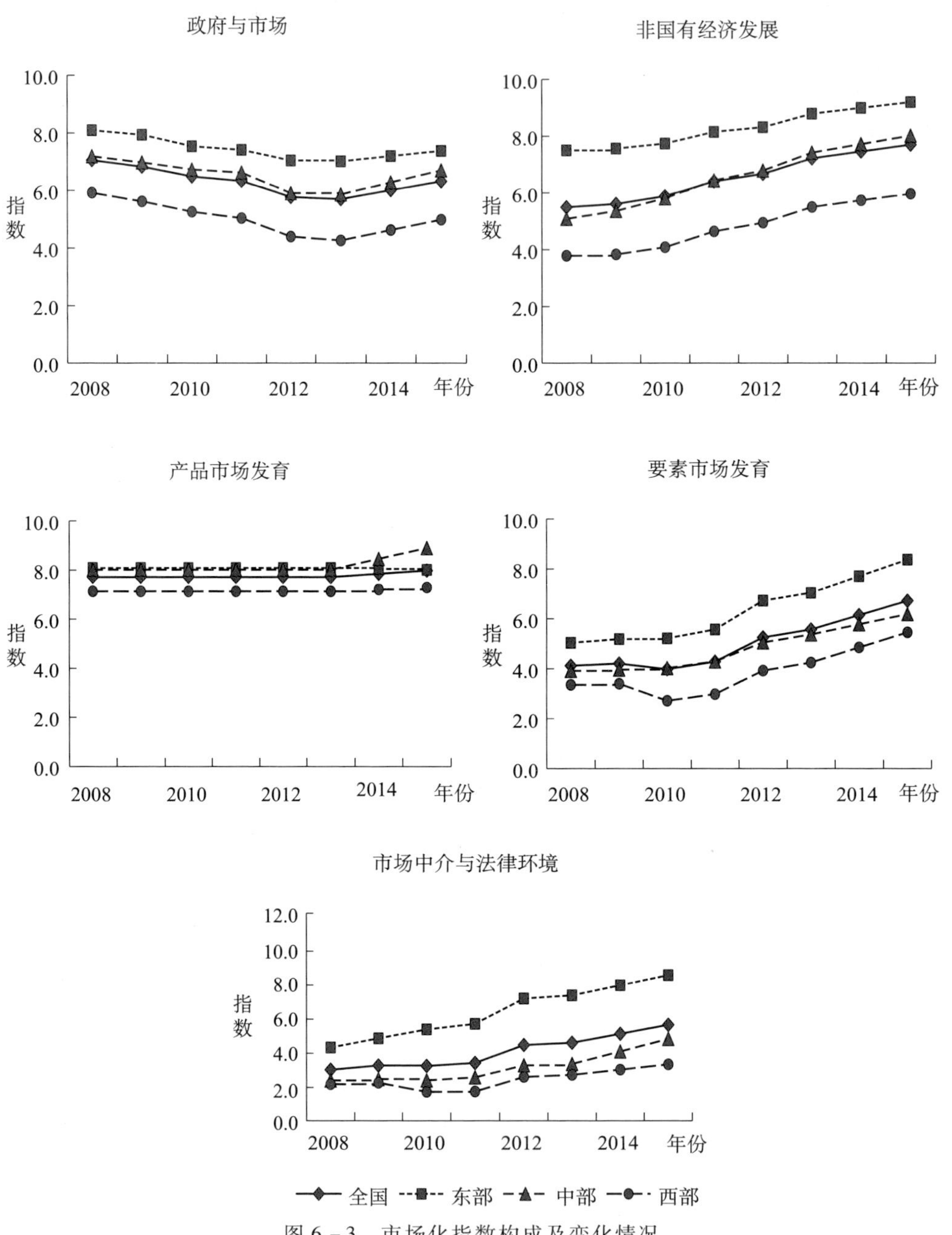

图 6－3 市场化指数构成及变化情况

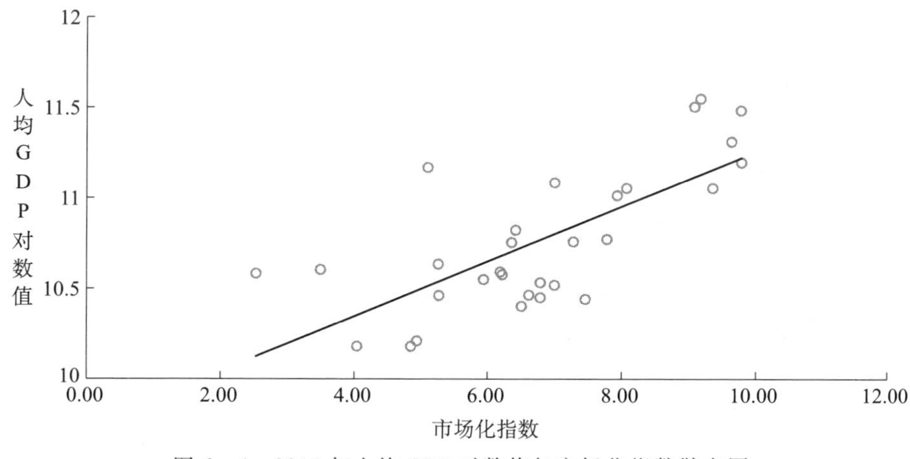

图 6－4　2014 年人均 GDP 对数值与市场化指数散点图

6.3　区域政策产生的制度性差异

政策制度作为一种隐性的生产要素在经济增长中扮演着重要角色。一方面制度在有效降低交易成本的同时能规范和约束人们的行为；另一方面制度能引导市场预期进而改变市场参与主体的行为决策。不同的政策将产生不同的交易成本，也能形成不同的行为决策，而不同的交易成本和行为决策组合会呈现出不同的经济发展结果。因此，政策制度的不同也是导致经济增长差异的重要原因。

6.3.1　区域政策回顾

区域政策是根据区域发展差异有针对性制定的，以协调区域宏观运行机制促进区域均衡发展为目的的一系列政策组合。区域政策以政府为主体，旨在弥补市场在空间范围资源配置失灵。广义区域政策的内容包括区域经济政策、区域社会政策、区域环境政策、区域文化政策等。本书主要分析狭义区域政策，即与经济发展相关的区域经济政策。

改革开放之初，在共同富裕的大原则下，鼓励部分地区先富起来，通过先富带动后富，最终实现共同富裕。在这样的政策大背景下，东部沿海地区得到率先发展。先富政策符合当时我国地区间生产力发展水平极度不平衡的客观现状，有利于在商品经济不发达、地区发展条件差异大的情况下，通过充分调动经济参与者的生产积极性以及集中优势要素资源，迅速增加社会物质财富提高人民生活水平。1980 年我国正式批准深圳、珠海、汕头、厦门成为经济特区，通过制定特殊的经济政策和经济管理体制，以营造良好的投资环境，吸引外资和先进技术。经济特区的设立标志着我国改革开放的进一步深化，特区经济的快速发展对东部沿海其他城市的发展产生了极大的示范效应，东部经济步入发展的快车道。之后特区经济的发展思路在国家级新区上得到了进一步延伸和扩展，1992 年上海浦东新区成立，1994 年天津滨海新区，之后东部地区还相继成立了浙江舟山群岛新区、广州南沙新区、河北雄安新区等一系列国家级新区。这些国家级新区成为东部经济新的增长极，对周边经济的辐射和带动作用明显。经过多年的发展，东部地区基本形成了长江三角洲、珠江三角洲和京津冀三大经济发展高地，这些经济发展集群具有广阔的经济腹地，在资金、人才、技术等方面优势明显，带动了整个东部，乃至中西部地区经济的发展。进入新时期，东部地区率先发展已从发展数量向发展质量上转变。一方面提高自主创新能力，通过研发新技术、新工艺生产资源环境消耗低，经济附加值高的高科技产品；另一方面以供给侧结构性改革为主线，加快产业结构优化升级，改变经济增长方式，提高经济增长质量。

为扩大国内有效需求、维护社会稳定、促进东西部地区协调发展，1999 年中央经济工作会议作出实施西部大开发的战略决策。2000 年西部地区开发领导小组成立，并初步确立了以加快基础设施建设、切实加强生态环境保护和建设、积极调整产业结构、发展科技和教育加快人才培养、加大改革开放力度等为重点工作的战略部署。同年，国务院制定了实施西部大开发的若干政策措施①，具体包括增加资金投入的政策、改善投资环境的政策、扩大对外对内开放政策、吸引人才和发展科技教育的政策，并对这些政策进行了相应的细化安排。党的十五届五中全会把实施西部大开发、促进地区协调发展作为一项战略任务，2001 年通过的“十五”规划则对西部大开发战略进行了具体部署。2004 年国务院关于进一步推进西部大开发的若干意见深入分析了西部大开发过程中面临的矛盾和问题，并对推进西部大开发的重点工作做了安排部署②。2006 年《西部大开发“十

① 国务院关于实施西部大开发若干政策措施的通知（国发〔2000〕33 号）。

② 国务院关于进一步推进西部大开发的若干意见（国发〔2004〕6 号）。

一五”规划》获得通过，规划从社会主义新农村建设、加强基础设施建设、发展特色优势产业、引导重点区域加快发展、抓好生态环境保护和资源节约、改善基本公共服务、加强人才队伍建设、积极扩大对内对外开放、建立健全西部大开发保障机制共九个方面对未来五年西部经济社会发展提供指导。之后分别于 2012 年和 2017 年批复了西部大开发“十二五”① 和“十三五”② 规划，在总结过去发展成就、经验和不足的基础上，结合经济社会发展出现的新特征，对新时期西部大开发战略做出了相应制度性安排。

中部崛起战略于 2004 年首次提出。党的十六届五中全会指出，要继续推进西部大开发，振兴东北地区等老工业基地，促进中部地区崛起，鼓励东部地区率先发展，形成东中西互动、优势互补、相互促进、共同发展的新格局。2006 年《中共中央国务院关于促进中部地区崛起的若干意见》③，从七个大方面对中部崛起战略提出了一系列政策措施。同年，国务院对有关部门的分工进行了明确④。2009 年国务院正式批复了《关于促进中部地区崛起规划》⑤，2009 年规划提出了中部崛起的四大目标和八个方面的重点工作，同时进一步充实和完善了“两个比照”政策⑥、财税支持政策、投资促进政策以及体现中部地区特点的土地利用政策等用于支持中部崛起的政策体系。2012 年对促进中部地区崛起面临的新形势和新任务进行了深入分析，并从七个方面作了具体部署⑦。2014 年国家发展和改革委员会启动新十年促进中部地区崛起规划编制工作，为中部崛起奠定了新的战略格局。2016 年批复的《促进中部地区崛起“十三五”规划》⑧，明确了中部地区“一中心、四区”⑨ 的战略定位，并提出了九个方面的重点任务，为进一步推动中部地区经济发展注入了强大动力。

---

① 国务院关于西部大开发“十二五”规划的批复（国函〔2012〕8 号）。

② 国务院关于西部大开发“十三五”规划的批复（国函〔2017〕1 号）。

③ 中共中央国务院关于促进中部地区崛起的若干意见（中发〔2006〕10 号）。

④ 国务院办公厅关于落实中共中央国务院关于促进中部地区崛起若干意见有关政策措施的通知（国办函〔2006〕38 号）。

⑤ 国务院关于促进中部地区崛起规划的批复（国函〔2009〕130 号）。

⑥ “两个比照”政策，即部分地区参照西部政策，部分资源枯竭地区参照东北的政策。

⑦ 国务院关于大力实施促进中部地区崛起战略的若干意见（国发〔2012〕43 号）。

⑧ 国务院关于促进中部地区崛起“十三五”规划的批复（国函〔2016〕204 号）。

⑨ “一中心、四区”的战略定位，即全国重要先进制造业中心、全国新型城镇化重点区、全国现代农业发展核心区、全国生态文明建设示范区、全方位开放重要支撑区。

6.3.2 政策差异产生的影响

党的十九大报告指出，要强化举措推进西部大开发形成新格局，发挥优势推动中部地区崛起，创新引领率先实现东部地区优化发展，建立更加有效的区域协调发展新机制。我国先后实施了东部率先发展、西部大开发和中部崛起等区域协调发展战略，通过健全市场机制、合作机制、互助机制、扶持机制，充分发挥各区域的优势和积极性，区域间经济社会发展差距得到了一定程度的改善。

由于资源禀赋和自然历史条件的差异，我国区域间经济发展存在着差距。区域间经济总量上，东部地区具有绝对优势，但占比情况在经历 2006 年的峰值后呈现出回落态势。1997 年东部地区 GDP 占全国 GDP 的比重为 56.63%，在 2006 年这一比重达到最高点 59.57%，之后呈回落趋势，2015 年为 55.57%。2015 年东部地区经济总量占比较 1997 年下降了 1.06 个百分点，较 2006 年的峰值水平则大幅下降了 4 个百分点。西部地区经济总量占比则由 1997 年的 18.09%，逐渐上升到 2015 年的 20.00%，较 1997 年提升了 1.91 个百分点。中部地区经济总量占比略有下降，2015 年较 1997 年下降了 0.85 个百分点。区域经济总量占比变化趋势表明，东部地区和西部经济总量的相对差异水平在逐步缩小。区域经济总量占比变化趋势如图 6-5 所示。

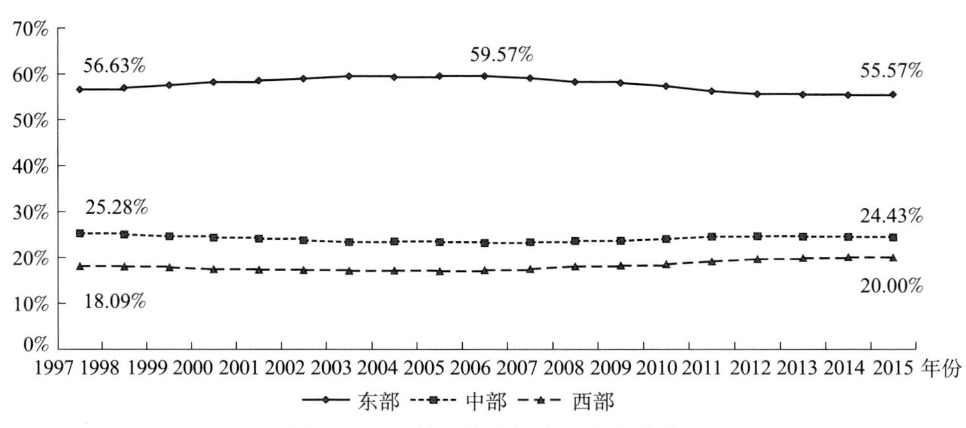

图 6-5 区域经济总量占比变化趋势

经济增速上，1997—2015 年人均 GDP 年均增幅全国、东部、中部、西部分别为 12.57%、11.81%、12.82% 和 13.59%，中西部地区要高于东部和全国年均增幅。分时段来看，1997—2003 年人均 GDP 年均增幅全国、东部、中部、西部分别为 9.62%、9.84%、8.58% 和 9.06%，东部地区年均增幅要高于西部地区。而 2004—2015 年，西部地区年均增幅要高于东部地区。不同时段人均 GDP 年均增幅结果表明，2004 年以前东西部差距没有得到明显的改善，而 2004 年以后东部和西部差距则呈现出缩小趋势。西部地区在绝对水平上虽低于东部地区，但在增速上要高于东部地区。这一变化特征与全国人均 GDP 极值比、变异系数和泰尔指数的变化趋势基本吻合。

政府支出增速上，1997—2015 年人均政府支出年均增幅全国、东部、中部、西部分别为 18.25%、16.83%、19.02% 和 19.78%，中西部地区政府支出年均增幅明显高于东部地区。分不同时间段来看，1997—2003 年人均政府支出年均增幅西部地区最高，比东部高 1.58 个百分点。2004—2015 年东部与西部人均政府支出年均增幅差距扩大到 3.64 个百分点（见表 6－3）。不同时段人均政府支出年均增幅结果表明，西部地区人均政府支出绝对水平较低，但年均增幅要高于东部地区，西部与东部地区人均政府支出差距正逐步得到改善。这一变化趋势与全国人均政府支出极值比、变异系数和泰尔指数基本吻合。

表 6－3　　不同时间段人均 GDP 和人均政府支出年均增幅

区域	人均 GDP 年均增幅			人均政府支出年均增幅		
	1997—2003 年	2004—2015 年	1997—2015 年	1997—2003 年	2004—2015 年	1997—2015 年
全国	9.62%	13.59%	12.57%	16.35%	19.25%	18.25%
东部	9.84%	12.29%	11.81%	16.05%	17.42%	16.83%
中部	8.58%	14.51%	12.82%	15.06%	20.50%	19.02%
西部	9.06%	15.53%	13.59%	17.63%	21.06%	19.78%

本书第 4 章关于人均 GDP 和人均政府支出的极值比、变异系数与泰尔指数的分析结果也表明，我国区域间经济发展差距正逐步得到改善。

6.4　财政分权与地方经济发展分异

财政分权作为财政管理体制的一种制度性安排，对区域经济协调发展产生广泛而深远的影响。一方面为增长而竞争的政治锦标赛机制，强化了财政分权对地方政府经济增长的激励作用；另一方面财政分权使得地方经济发展出现分异，主要表现在政府行为变异、财政资源配置能力、财政负担能力和政府支出偏好方面，这些分异对经济增长的影响在不同地区间存在差异。财政分权对区域经济协调发展的影响，取决于分异的综合效应。

6.4.1 财政管理体制改革变迁

我国财政管理体制大体经历了统收统支、财政包干以及分税制三个主要阶段。新中国成立初至改革开放前基本属于财政管理体制统收统支阶段，这一阶段的主要特征是权利过于集中，无法充分发挥地方生产积极性。1980 年《关于实行“划分收支、分级包干”财政管理体制的暂行规定》，标志着我国财政管理体制由统收统支阶段向包干制转变。财政包干制在调动地方增收节支、促进经济发展方面具有积极作用，但包干制客观上形成了中央政府与地方政府不合理的利益边界，使得中央政府宏观调控能力下降、财政困难加剧，同时包干体制造成地方之间苦乐不均，不能体现公平和效益的原则。为规范中央与地方财政分配关系，调动两个积极性，提高中央财政收入占比，1994 年我国实施分税制财政管理体制。分税制财政管理体制的主要内容包括，划分中央与地方财政支出范围，明确中央与地方收入范围，分设中央和地方两套税务机构，实行中央对地方的税收返还，建立中央对地方的转移支付制度。分税制财政管理体制有效促进了国家财政收入的稳定合理增长，有利于政府间财政分配机制的形成和运转，强化了中央政府对经济的宏观调控能力，为我国经济的快速发展奠定了制度基础。我国财政管理体制变迁历程如表 6-4 所示。

表 6-4 财政管理体制变迁历程

	实行时间	基本内容
统收统支阶段	1950 年	高度集中，统收统支
	1951—1957 年	划分收支，分级管理
	1958 年	以收定支，五年不变
	1959—1970 年	收支下放，计划包干，地区调剂，总额分成，一年一变
	1971—1973 年	定支定收，收支包干，保证上缴（或差额补贴），结余留用，一年一定
	1974—1975 年	收入按固定比例留成，超收另定分成比例，支出按指标包干
	1976—1979 年	定收定支，收支挂钩，总额分成，一年一变；部分省（市）试行“收支挂钩，增收分成”
包干阶段	1980—1985 年	划分收支，分级包干
	1985—1988 年	划分税种，核定收支，分级包干
	1988—1993 年	财政包干

续表

	实行时间	基本内容
分税制阶段	1994 年至今	划分中央与地方财政支出范围，明确中央与地方收入范围，分设中央和地方两套税务机构，实行中央对地方的税收返还，建立中央对地方的转移支付制度

资料来源：李萍主编．财政体制简明图解［M］．北京：中国财政经济出版社，2010.

6.4.2　财政分权与区域经济发展

财政分权有效激励了地方政府发展经济的动力，但对区域经济协调发展的影响是多种因素综合作用的结果。一方面，财政分权会影响政府的行为模式。地方政府行为模式通常存在进取型、保护型和掠夺型三种不同形态（周业安，2003①）。进取型政府主要通过技术创新以及改善经济生产软环境来吸引资本、技术、人才等生产要素资源；保护型政府因技术和创新能力不足，通常对所在地市场和企业进行严格保护；掠夺型政府则主要是以增加税收的方式满足政府运转的需要。财政分权体制下，地方政府对行为模式的选择具有一定自主权。资源自由流动会使得生产要素资源从掠夺型政府分别流向保护型政府和进取型政府，导致掠夺型政府难以正常运转。政府间行为博弈的理性结果使得掠夺型政府，甚至保护型政府，均向进取型政府转变，这会对经济发展产生长期正向影响。另一方面，财政分权会影响地方政府财政资源配置方式。在资源总量一定的情况下，地方政府会为争取有限的资源而展开竞争，包括地区间横向税收竞争、资本竞争、人才竞争等。由于我国地方政府没有税收立法权，横向税收竞争大多以税收减免和税收优惠政策等形式展开，其目的在于吸引更多的企业安家落户，提供就业岗位培植长期稳定税源。同时，地方政府也会完善基础配套设施为资本的进入提供便利，为高端人才的引入提供补贴。这些都会改变政府财政资源的初始配置方式，对地方经济增长产生影响。

财政分权产生的地方财政负担能力差异是影响区域经济发展的另一重要原因。分税制改革在财权上移的同时事权并没有相应上移，转移支付虽然弥补了部分财力缺口，但财力与事权的不匹配使得地方在经济建设和民生保障方面矛盾突出，在经济欠发达地区尤为明显。同时，政府行为模式以及财政资源配置方式也

① 周业安．地方政府竞争与经济增长［J］．中国人民大学学报，2003（01）：97－103.

会对地方政府财政收入能力产生影响。政府行为向进取型转变，财政资源更多的配置到吸引资本、人才和技术方面，在短期内对政府财政收入能力不会产生影响，甚至会加重政府财政负担，但长期因为经济内生动力的提高，会带来持续的增长效应。但这一影响，经济发达地区更具有优势。此外，财政分权会影响政府支出的行为偏好。财政分权使得地方政府具有更多的经济发展自主权，基于 GDP 考核的晋升机制使得地方政府行为偏好于在短期能带来显著增长效应的生产性政府支出，同时注重城市的发展而忽视农村的发展。城乡差距的扩大以及经济和社会事业发展的不协调使得经济发展的重心不稳。基础设施建设等生产性政府支出的增长效应在短期内能有效缩小欠发达地区与发达地区经济的绝对水平，但长期来看仍应注重人力资本积累和技术创新，提高经济发展的内生动力。

6.5 政府支出经济增长效应异质性影响因素实证检验

6.5.1 模型设定

上文的分析表明，政府支出经济增长效应受到资源禀赋、市场化程度、区域政策以及财政分权的影响。本书构建以下计量模型对异质性影响因素进行实证检验。

$$y_{it} = \alpha_0 + \alpha_1 G_{it} + \sum_{j=2}^{5} \alpha_j G_{it} X_{it} + \sum_{j=6}^{n} \alpha_j Z_{it} + \nu_i + \mu_t + \varepsilon_{it} \tag{6.4}$$

$$y_{it} = \beta_0 + \beta_1 GI_{it} + \beta_2 GU_{it} + \sum_{j=3}^{6} \beta_j X_{it} + \sum_{j=7}^{n} \beta_j Z_{it} + \nu_i + \mu_t + \varepsilon_{it} \tag{6.5}$$

模型（6.4）用于检验各因素对政府支出经济增长效应的异质性影响，模型（6.5）用于检验政府支出结构对区域经济增长的影响。其中，y_{it} 为人均 GDP，G_{it} 为人均政府支出，GI_{it} 为人均生产性政府支出，GU_{it} 为人均非生产性政府支出。X_{it} 为政府支出经济增长效应的影响因素，包括成本差异系数 CV_{it}、市场化程度指数 Mar_{it}、区域政策虚拟变量 Dum_{it}、财政分权度指标 Fd_{it}。Z_{it} 为控制变量，包括人力资本水平 $Humc_{it}$、对外开放度 Ope_{it}、城市化水平 Urb_{it}、第三产业占比 Tis_{it}。ν_i 和 μ_t 分别为地区效应和时间效应，ε_{it} 为随机误差项。模型（6.4）中 $G_{it}X_{it}$ 为人均政府支出与各影响因素的交互项，用于考察政府支出在各影响因素作用下对人均 GDP 的影响程度。

6.5.2　变量与数据来源说明

人均生产性政府支出 GI_{it} 和人均非生产性政府支出 GU_{it}，遵循本书关于生产性政府支出和非生产性政府支出的划分原则。生产性政府支出主要用于经济建设、教育和科技投入，其中经济建设方面的支出能直接促进经济增长，而教育和科技方面的支出则能提高经济的长期增长动力。非生产性政府支出主要用于社会保障、医疗卫生等方面公共服务支出，通过改善生产生活条件进而间接地对经济增长产生影响。因此，人均生产性政府支出和人均非生产性政府支出的估计系数先验判断为正，同时区域间存在差异。

成本差异系数 CV_{it} 来自本章测算。根据前文的分析，资源禀赋丰裕的地区成本差异系数小，同时成本差异系数与人均 GDP 产出水平之间存在负相关关系。因此成本差异系数的估计系数先验判断为负，并且区域间存在差异。

市场化程度指数 Mar_{it} 来源于樊纲、王小鲁等的研究成果。樊纲、王小鲁、朱恒鹏分别于 2000 年、2001 年、2004 年、2006 年、2009 年、2011 年和 2016 年发布了中国市场化指数评估报告，系统评价了全国各省份的市场化相对进程。其中《中国市场化指数——各地区市场化相对进程报告》（2009 年），公布了以 2001 年为基期的各地区 1997—2007 年的市场化指数。《中国分省份市场化指数报告（2016）》以 2008 年为基期对各省市场化进程进行了测算和评估。由于 2008—2014 年市场化指数与 1997—2007 年市场化指数存在口径不一致问题，无法直接用于实证研究。为此，本书借鉴韦倩等（2014）① 的研究思路，根据非国有企业在工业总产值中的比重指标对市场化指数进行了可比性的调整和估计，以此推算出 2008—2015 年数据，并作为本书实证研究中市场化指标。根据前文分析，市场化指数估计系数先验判断为正，且存在区域差异。

区域政策虚拟变量 Dum_{it}，我国先后实施了东部率先发展、西部大开发和中部崛起战略。其中东部率先发展自改革开放以来均实质性的得到实施；西部大开发战略 1999 年作出决策，到 2001 年的“十五”规划作出具体部署；中部崛起战略以 2006 年《中共中央国务院关于促进中部地区崛起的若干意见》为正式实施标志。为此本书区域政策虚拟变量 Dum 设置如下：西部地区 1997—2001 年取 0，

① 韦倩，王安，王杰．中国沿海地区的崛起：市场的力量［J］．经济研究，2014，49（08）：170－183.

2002—2015 年取 1；中部地区 1997—2006 年取 0，2007—2015 年取 1。政策虚拟变量分别用于区域分样本回归估计，其估计系数先验判断为正，同时不同区域间存在着差异。

财政分权度指标 Fd_{it} 。国内学者对财政分权的度量有较多研究，归纳起来主要有财政收入（沈坤荣和付文林，2005①；吴一平，2008②）、财政支出（Zhang 和 Zou，1998③；周业安和章泉，2008④；傅勇，2010⑤）和财政自主度（张晏和龚六堂，2005⑥）三个角度，或是通过这三个角度使用加权法得到（龚锋和雷欣，2010⑦；林春，2017⑧）。本书用财政自主度即省本级预算内财政收入与省本级预算内支出的比值进行衡量。比值越高说明财政自主度越大，财政收入的汲取能力更强，对中央政府转移支付的依赖程度较小，财政分权程度较高。鉴于财政分权对区域经济协调发展的影响取决于分异的综合效应，本书对财政分权度估计系数不做先验判断。

人力资本水平 $Humc_{it}$ 使用平均受教育年限作为近似替代。平均受教育年限计算方法借鉴林春（2017）的思路，使用不同学历人口占 6 岁及以上人口比重的学历加权平均值计算得到。计算公式为 $Humc_{it} = \mathrm{Edu}_1 \times 6 + \mathrm{Edu}_2 \times 9 + \mathrm{Edu}_3 \times 12 + \mathrm{Edu}_4 \times 16$，其中 Edu_1、Edu_2、Edu_3 和 Edu_4 分别为小学、初中、高中中专和大专以上教育程度居民占地区 6 岁及以上人口的比重。人力资本水平估计系数先验判断为正，且区域间存在差异。

对外开放度 Ope_{it}，用外商直接投资加上进出口总额占 GDP 的比重进行衡量。城市化水平 Urb_{it}，用非农业人口占总人口的比重作为近似替代。第三产业占比 Tis_{it}，用来表征一个地区的经济结构。

本书实证分析所使用数据除市场化指数外，其他指标均为测算得到。其中人

---

① 沈坤荣，付文林．中国的财政分权制度与地区经济增长［J］．管理世界，2005（01）：31 - 39 + 171 - 172.

② 吴一平．财政分权、腐败与治理［J］．经济学（季刊），2008（03）：1045 - 1060.

③ Tao Zhang，Heng-fu Zou. Fiscal Decentralization，Public Spending，and Economic Growth in China［J］. Journal of Public Economics，1998，67（2）.

④ 周业安，章泉．财政分权、经济增长和波动［J］．管理世界，2008（03）：6 - 15 + 186.

⑤ 傅勇．财政分权、政府治理与非经济性公共物品供给［J］．经济研究，2010，45（08）：4 - 15 + 65.

⑥ 张晏，龚六堂．分税制改革、财政分权与中国经济增长［J］．经济学（季刊），2005（04）：75 - 108.

⑦ 龚锋，雷欣．中国式财政分权的数量测度［J］．统计研究，2010，27（10）：47 - 55.

⑧ 林春．财政分权与中国经济增长质量关系——基于全要素生产率视角［J］．财政研究，2017（02）：73 - 83 + 97.

均 GDP、人均政府支出、人均生产性政府支出和人均非生产性政府支出分别通过 GDP 平减指数、财政支出指数调整为以 1997 年为基期的实际值后取对数进行估计。数据均来源于《中国统计年鉴》《中国财政年鉴》《中国人口和就业统计年鉴》以及各省（市、区）统计年鉴，数据跨度为 1997—2015 年，对个别缺失数据采用插值法补齐。变量描述性统计如表 6 - 5 所示。

表 6 - 5　　　　变量描述性统计

变量	含义	均值	标准差	最小值	最大值
Lny	人均 GDP 对数（元）	9.727	0.877	7.712	11.580
LnG	人均政府支出对数（元）	7.894	1.092	5.729	10.182
LnGI	人均生产性政府支出对数（元）	7.087	1.203	4.691	9.638
LnGU	人均非生产性政府支出对数（元）	7.283	1.005	5.176	9.356
CV	成本差异系数	1.300	0.116	1.000	1.500
Mar	市场化程度指数	6.665	2.597	1.290	14.971
Fd	财政分权度	0.534	0.184	0.148	0.951
Humc	人力资本水平	8.235	1.097	4.693	12.081
Ope	对外开放度（%）	33.504	40.045	3.872	97.005
Urb	城市化水平（%）	45.829	16.793	33.359	90.067
Tis	第三产业占比（%）	40.656	7.696	29.000	79.700

6.5.3　实证结果与分析

本书分区域对模型（6.4）和模型（6.5）进行基准回归，以检验资源禀赋、市场化程度、区域政策以及财政分权对政府支出经济增长效应的影响。Hausman 检验结果显示，在 1% 的显著性水平上不接受随机效应估计有效的原假设，因此对模型（6.4）和模型（6.5）的回归分析均选择固定效应模型。政府支出经济增长效应异质性影响因素检验结果如表 6 - 6 至表 6 - 9 所示。

表 6 - 6 为东部地区政府支出经济增长效应异质性影响因素检验结果。列（1）为未考虑交互作用下的回归结果，政府支出对东部地区经济增长具有显著的正向促进作用，其估计系数为 0.668。表明在其他因素不变的情况下，人均政府支出每变动一个百分点将使人均 GDP 同向平均变动 0.668 个百分点。成本差异估计系数在 1% 的水平下显著为负，说明成本系数越高的地区其经济增长会受到抑制。市场化程度指数的估计系数为 0.030，且在 1% 的水平上显著为正，表明市场化程度对经济增长具有显著的促进作用。以财政自给率衡量的财政分权估

计系数在1%的水平下显著为正，说明较高的财政分权度，地方政府在支配财政资金时具有更大的自主权，其效率可能更高，对经济增长的作用也明显。人力资本水平的估计系数为0.035，且在10%的水平上显著，人力资本水平每提高一个单位，能带动人均GDP提高0.035个百分点。成本差异系数、市场化指数的估计系数证实了前文的先验判断，同时财政分权指标的估计系数为正说明东部地区地方政府行为分异的综合效果有效促进了经济增长。列（2）—列（4）为分别加入成本差异系数、市场化程度指数、财政分权与人均政府支出交互项的估计结果。结果显示成本差异系数、市场化程度、财政分权、人力资本水平对经济增长的分项影响与列（1）的估计结果一致。成本差异系数与人均政府支出交互项的估计系数显著为负，$\partial Lny/\partial LnG = 0.543 - 0.091CV$，说明成本差异系数会抑制政府支出对东部地区经济增长的边际影响效果。市场化程度指数与人均政府支出交互项的估计系数显著为正，$\partial Lny/\partial LnG = 0.714 + 0.010Mar$，说明东部地区政府支出对经济增长的影响会因市场化程度的改善而得到提高。财政分权与人均政府支出交互项的估计结果显著为正，$\partial Lny/\partial LnG = 0.694 + 0.051Fd$，表明财政自给率更高的地区政府支出对经济增长的促进作用越明显。

表6-6　政府支出经济增长效应异质性影响因素检验（东部）

	模型（6.4）FE			
	（1）	（2）	（3）	（4）
LnG	0.668*** （0.019）	0.543*** （0.076）	0.714*** （0.023）	0.694*** （0.037）
$LnG \times CV$		-0.091* （0.053）		
$LnG \times Mar$			0.010*** （0.003）	
$LnG \times Fd$				0.051** （0.068）
CV	-0.109*** （0.139）	-0.188** （0.291）	-0.076** （0.136）	-0.119** （0.140）
Mar	0.030*** （0.006）	0.036*** （0.007）	0.131*** （0.031）	0.026*** （0.008）
Fd	0.466*** （0.097）	0.463 （0.096）	0.538** （0.097）	0.245** （0.272）

续表

	模型（6.4）FE			
	(1)	(2)	(3)	(4)
Humc	0.035 * (0.024)	0.025 *** (0.024)	0.027 * (0.023)	0.024 ** (0.025)
控制变量	Yes	Yes	Yes	Yes
观测值	209	209	209	209
R^2	0.9496	0.9524	0.9470	0.9485
F-P	0.0000	0.0000	0.0000	0.0000

注：未报告常数项，控制变量仅报告了人力资本水平，括号内为估计系数的稳健标准误差值，*、**、*** 分别表示在 10%、5%、1% 的显著性水平，下同。

表 6－7 是中部地区政府支出经济增长效应异质性影响因素检验结果。列（1）的基准回归结果显示，政府支出对中部地区经济增长的影响显著为正，其估计系数为 0.696，说明在其他条件不变的情况下，人均政府支出每变动一个百分点，人均 GDP 同向平均变动 0.696 个百分点。成本差异系数估计系数为负，且在 10% 的水平上显著，说明地区成本对经济增长具有明显的抑制作用。市场化程度指数、财政分权和人力资本水平估计系数显著为正，分别为 0.103、0.694 和 0.117，说明市场化程度、财政分权度以及人力资本水平对经济增长具有促进作用。中部崛起政策虚拟变量的估计系数为 0.044，且在 5% 的水平上显著，说明中部崛起战略的实施确实带动了中部地区经济的增长。列（2）—列（5）为加入成本差异系数、市场化程度指数、财政分权、虚拟政策变量与人均政府支出交互项的估计结果。估计结果表明，成本差异系数、市场化程度指数、财政分权、虚拟政策变量对经济增长的分项影响与列（1）估计结果基本一致。成本差异系数与人均政府支出交互项的估计系数显著为负，市场化程度指数、财政分权、政策虚拟变量与人均政府支出交互项的估计系数显著为正，说明市场化程度、财政分权度和中部崛起战略均显著地提高了中部地区政府支出对经济增长的边际影响，而地区成本则会抑制政府支出对经济增长的边际影响。

表 6－7　　政府支出经济增长效应异质性影响因素检验（中部）

	模型（6.4）FE				
	(1)	(2)	(3)	(4)	(5)
LnG	0.696 *** (0.031)	0.587 *** (0.077)	0.743 ** (0.046)	0.786 *** (0.054)	0.732 *** (0.037)

续表

	模型（6.4）FE				
	(1)	(2)	(3)	(4)	(5)
$LnG \times CV$		-0.107** (0.053)			
$LnG \times Mar$			0.105*** (0.004)		
$LnG \times Fd$				0.141** (0.070)	
$LnG \times Dum$					0.046* (0.025)
CV	-0.069* (0.082)	-0.126** (0.424)	-0.060* (0.082)	-0.080** (0.082)	-0.036* (0.084)
Mar	0.103*** (0.013)	0.103*** (0.014)	0.142*** (0.031)	0.094*** (0.014)	0.099*** (0.014)
Fd	0.694*** (0.083)	0.692*** (0.085)	0.773* (0.101)	1.694*** (0.502)	0.810*** (0.105)
Dum	0.044** (0.020)	0.045** (0.020)	0.046** (0.020)	0.025 (0.022)	0.407** (0.202)
$Humc$	0.117*** (0.022)	0.116*** (0.022)	0.114*** (0.022)	0.120*** (0.022)	0.113*** (0.022)
控制变量	Yes	Yes	Yes	Yes	Yes
观测值	152	152	152	152	152
R^2	0.9831	0.9831	0.9834	0.9861	0.9828
$F-P$	0.0000	0.0000	0.0000	0.0000	0.0000

表6-8列示了西部地区政府支出经济增长效应异质性影响因素检验结果。列（1）的基准回归结果显示，人均政府支出对西部地区经济增长的影响系数为0.728，且在1%的水平上显著。表明在其他条件不变的情况下，人均政府支出每变动一个百分点，人均GDP将同向平均变动0.728个百分点。成本差异系数的估计系数在5%的水平上显著为负，市场化程度指数、财政分权和人力资本水平估计系数显著为正，说明地区自然条件所决定的成本差异对经济增长具抑制作用，市场化程度、财政分权和人力资本水平则对经济增长有显著的正向促进作用。西部大开发虚拟政策变量估计系数为0.040，且在10%的水平上显著，说明西部大开发战略的实施有效地促进了西部地区经济的增长。列（2）—列（5）列示了加入成本差异系数、市场化程度指数、财政分权、区域政策虚拟变量与人

均政府支出交互项的估计结果。成本差异系数、市场化程度指数、财政分权、政策虚拟变量和人力资本水平对经济增长的分项影响与基准回归估计结果一致。成本差异系数与人均政府支出交互项的估计系数为负，且在 5% 的水平上显著，表明自然成本因素会显著的降低经济增长。市场化程度指数、财政分权和西部大开发政策虚拟变量与人均政府支出交互项的估计系数显著为正，说明市场化水平、财政分权和西部大开发战略均显著地提高了西部地区政府支出对经济增长的边际影响。

表 6－8　　政府支出经济增长效应异质性影响因素检验（西部）

	模型（6.4）FE				
	(1)	(2)	(3)	(4)	(5)
LnG	0.728 *** (0.025)	0.705 *** (0.108)	0.741 *** (0.036)	0.702 *** (0.032)	0.718 *** (0.040)
LnG × *CV*		－0.165 ** (0.074)			
LnG × *Mar*			0.192 ** (0.005)		
LnG × *Fd*				0.167 * (0.054)	
LnG × *Dum*					0.056 ** (0.035)
CV	－0.119 * (0.126)	－0.245 ** (0.616)	－0.129 * (0.128)	－0.142 ** (0.127)	－0.085 ** (0.127)
Mar	0.124 * (0.013)	0.125 * (0.013)	0.146 ** (0.045)	0.121 * (0.013)	0.123 ** (0.013)
Fd	1.334 *** (0.143)	1.329 *** (0.145)	1.358 * (0.151)	0.811 ** (0.445)	1.239 *** (0.155)
Dum	0.040 * (0.023)	0.039 (0.024)	0.033 * (0.027)	0.039 * (0.023)	0.341 ** (0.244)
Humc	0.211 ** (0.025)	0.132 * (0.025)	0.159 * (0.025)	0.107 * (0.025)	0.114 * (0.025)
控制变量	Yes	Yes	Yes	Yes	Yes
观测值	209	209	209	209	209
R^2	0.9574	0.9572	0.9578	0.9578	0.9555
F － *P*	0.0000	0.0000	0.0000	0.0000	0.0000

东部、中部和西部政府支出经济增长效应异质性影响因素实证结果表明，自然条件成本对经济增长具有抑制作用，市场化程度、财政分权和人力资本水平均

显著地促进了区域经济增长。西部大开发战略和中部崛起战略对西部地区和中部地区经济发展发挥了重要作用，具有明显的提升效果。各因素对经济增长的影响程度在区域间存在着差异。从基准回归估计结果来看，成本差异系数对西部地区经济增长的抑制作用更强，西部地区市场化程度、财政分权和人力资本水平对经济增长的提升程度要大于东部和中部地区。从交互效应来看，成本差异系数、市场化程度和财政分权对政府支出经济增长效用的边际影响程度西部地区最大，西部大开发战略对政府支出经济增长效应的边际影响程度要略大于中部崛起战略。

西部地区经济发展与其自然条件有密切的关系，财政自给率较低、市场化程度以及人力资本水平不高都是西部地区经济发展的现实短板。而市场化程度、人力资本水平和财政自给度的提高对西部地区经济增长具有较大的促进作用，因此，这些方面在西部地区未来经济发展中应着重加以考虑。

运用模型（6.5）估计的生产性政府支出和非生产性政府支出对区域经济增长差异的影响结果如表6－9所示。列（1）为全国层面不同政府支出对经济增长的影响。结果显示，人均生产性政府支出和非生产性政府支出对经济增长的影响均显著为正，系数分别为0.385和0.430，说明在其他条件不变的情况下，人均生产性政府支出和人均非生产性政府支出每变动一个百分点，人均GDP将同向平均分别变动0.385个和0.430个百分点。同时市场化程度、财政分权和人力资本均对经济增长有显著正向促进作用，而自然条件成本则显著地抑制了经济增长。对东部、中部和西部的估计结果显示，成本差异系数、市场化程度和财政分权变量对经济增长的影响与全国估计结果基本一致，但在影响程度上存在区域差异。东部地区非生产性政府支出对经济增长的影响要大于生产性政府支出，而西部地区生产性政府支出对经济增长的影响则更大。同时，西部地区在自然条件成本、市场化程度、财政分权度和人力资本水平方面对经济增长的影响均大于东部和中部地区。

表6－9　　政府支出结构对区域经济增长的影响

	模型（6.5）FE			
	（1）全国	（2）东部	（3）中部	（4）西部
LnGI	0.385*** (0.017)	0.478*** (0.023)	0.525** (0.032)	0.694** (0.041)
LnGU	0.430** (0.022)	0.693*** (0.033)	0.278*** (0.039)	0.372* (0.052)

续表

	模型（6.5）FE			
	（1）全国	（2）东部	（3）中部	（4）西部
CV	-0.162** (0.067)	-0.099** (0.140)	-0.164*** (0.082)	-0.181** (0.124)
Mar	0.022** (0.004)	0.032** (0.006)	0.101*** (0.013)	0.117* (0.013)
Fd	0.809* (0.061)	0.473* (0.098)	0.708** (0.092)	1.429** (0.142)
Dum			0.032** (0.022)	0.012*** (0.023)
Humc	0.118* (0.014)	0.033** (0.023)	0.118*** (0.022)	0.254** (0.024)
控制变量	Yes	Yes	Yes	Yes
观测值	570	209	152	209
R^2	0.9322	0.9459	0.9836	0.9591
F-P	0.0000	0.0000	0.0000	0.0000

6.5.4 稳健性检验

经济发展是一个动态变化的过程，以前年度的经济发展水平通常会对当年经济增长产生影响。为此构建包含人均 GDP 滞后变量的动态面板数据回归模型（6.6）和模型（6.7）分别对上文的实证分析结果进行稳健性检验，以克服可能存在的自相关和内生性问题。系统广义矩估计（System GMM）将差分 GMM 和水平 GMM 结合在一起，能有效提高估计效率，因此，稳健性检验采用系统广义矩估计法。

$$y_{it} = \gamma_0 + \sum_{j=1}^{n} \lambda_j y_{i,t-j} + \sum_{j=1}^{4} \gamma_j G_{it} X_{it} + \sum_{j=5}^{m} \gamma_j Z_{it} + \varepsilon_{it} \tag{6.6}$$

$$y_{it} = \omega_0 + \sum_{j=1}^{n} \delta_j y_{i,t-j} + \omega_1 GI_{it} + \omega_2 GU_{it} + \sum_{j=3}^{6} \omega_j X_{it} + \sum_{j=7}^{m} \omega_j Z_{it} + \varepsilon_{it} \tag{6.7}$$

模型 AR（2）的 P 值均大于 10%，估计结果说明模型随机扰动项不存在二阶残差自相关。Hansen 检验的 P 值均大于 10%，说明工具变量设定联合有效，模型不存在过度识别问题，表明动态面板数据回归模型（6.6）和模型（6.7）的设定合理且工具变量选择有效。

表6－10报告了人均政府经济增长效应的稳健性检验结果。动态面板数据模型（6.6）的估计结果显示，人均GDP的一阶滞后项对当期人均GDP有显著正向促进作用，成本差异系数对经济增长具有显著的抑制作用，而市场化程度、财政分权以及政策虚拟变量对经济增长有显著的正向促进作用。成本差异系数、市场化程度、财政分权、政策虚拟变量与人均政府支出交互项的估计系数均显著有效，其中成本差异系数抑制了政府支出对经济增长的边际影响，而市场化程度、财政分权和政策虚拟变量均显著地提高了政府支出经济增长效应的边际影响。模型（6.6）的估计结果与模型（6.4）的估计结果基本一致，说明结果是稳健的。

表6－10　政府支出经济增长效应稳健性检验结果

	模型（6.6）SYS-GMM			
	（1）全国	（2）东部	（3）中部	（4）西部
l. Lny	0.532*** （0.091）	0.753*** （0.084）	0.651*** （1.258）	0.253* （0.417）
LnG×CV	－0.192*** （0.053）	－0.427* （0.245）	－0.685** （0.940）	－1.226** （0.102）
LnG×Mar	0.052** （0.005）	0.023** （0.012）	0.140* （0.069）	0.165*** （0.011）
LnG×Fd	0.158* （0.096）	0.069** （0.419）	0.243** （0.546）	0.205* （0.124）
LnG×Dum			0.125*** （0.877）	0.168** （0.241）
CV	－1.047*** （0.472）	－0.700* （0.748）	－0.920** （0.630）	－1.369*** （0.628）
Mar	0.143*** （0.042）	0.201** （0.098）	0.232* （0.428）	0.402*** （0.101）
Fd	1.005* （0.801）	0.870** （0.608）	1.206** （0.142）	1.347** （0.044）
控制变量	Yes	Yes	Yes	Yes
观测值	540	198	144	198
AR（1）-P	0.003	0.007	0.063	0.047
AR（2）-P	0.147	0.478	0.121	0.138
Hansen-P	0.321	0.450	0.658	0.326
Wald-P	0.0000	0.0000	0.0000	0.0000

表6－11报告了人均生产性政府支出和非生产性政府支出对经济增长影响的

稳健性检验结果。动态面板数据模型（6.7）的估计结果显示，人均 GDP 的一阶滞后项对当期经济增长有促进作用，估计系数均显著有效。人均生产性政府支出和人均非生产性政府支出对经济增长的影响均显著为正，且影响程度与模型（6.5）的估计结果基本吻合。成本差异系数对经济增长有显著抑制效应，市场化程度、财政分权和区域政策均不同程度地促进了区域经济的增长。模型（6.7）的估计结果与模型（6.5）的估计结果基本一致，说明结果是稳健的。

表 6-11　政府支出结构经济增长效应稳健性检验结果

	模型（6.7）SYS-GMM			
	（1）全国	（2）东部	（3）中部	（4）西部
l. Lny	0.441*** (0.073)	1.112*** (0.226)	0.680*** (0.201)	0.104** (0.406)
LnGI	0.272* (0.041)	0.392** (0.297)	0.603*** (0.903)	0.655* (0.193)
LnGU	0.462*** (0.045)	0.641* (0.351)	0.316*** (0.758)	0.390** (0.268)
CV	-0.205* (0.131)	-0.102** (0.483)	-0.310*** (0.377)	-0.364* (0.444)
Mar	0.045*** (0.016)	0.054*** (0.055)	0.191* (0.048)	0.230** (0.304)
Fd	0.633* (0.159)	0.548* (0.234)	1.514** (0.928)	1.661* (0.191)
Dum			0.015* (0.139)	0.044** (0.027)
控制变量	Yes	Yes	Yes	Yes
观测值	540	198	144	198
AR（1）*-P*	0.041	0.003	0.056	0.063
AR（2）*-P*	0.250	0.159	0.137	0.246
Hansen-P	0.268	0.164	0.181	0.292
Wald-P	0.0000	0.0000	0.0000	0.0000

6.6 政府支出经济增长的空间效应分析

上文分别考察了东部、中部和西部地区政府支出对经济增长的影响。从全国层面来看，区域间存在着资本、劳动、技术等生产要素以及人力资本的相互流动。前文的理论分析也表明市场化程度、区域政策、财政分权等因素也会对相邻地区的政府行为以及经济增长产生影响。为此，本部分通过构建空间面板数据回归模型对政府支出经济增长的空间效应进行分析。

6.6.1 空间计量模型设定与检验

空间计量模型包括空间滞后模型（SLR）、空间误差模型（SEM）和空间杜宾模型（SDM），其中空间滞后模型主要分析相邻地区的被解释变量对被考察地区被解释变量的影响，空间误差模型主要基于空间误差冲击来分析相邻地区对被考察地区被解释变量的影响，空间杜宾模型则主要用于分析解释变量的空间滞后项对被解释变量的影响。本书主要考察各影响因素对政府支出经济增长效应在空间上的相互关系，因此选择空间杜宾模型。本书构建如下空间杜宾模型对政府支出经济增长的空间效应进行分析。

$$\begin{aligned} y_{it} = {} & \alpha_0 + \rho_0 W y_{it} + \alpha_1 G_{it} + \sum_{j=2}^{5} \alpha_j X_{it} + \sum_{j=6}^{n} \alpha_j Z_{it} \\ & + \beta_1 W G_{it} + \sum_{j=2}^{5} \beta_j W X_{it} + \sum_{j=6}^{n} \beta_j W Z_{it} + \nu_i + \mu_t + \varepsilon_{it} \end{aligned} \tag{6.8}$$

$$\begin{aligned} y_{it} = {} & \gamma_0 + \rho_1 W y_{it} + \gamma_1 GI_{it} + \gamma_2 GU_{it} + \sum_{j=3}^{6} \gamma_j X_{it} + \sum_{j=7}^{n} \gamma_j Z_{it} \\ & + \varphi_1 WGI_{it} + \varphi_2 WGU_{it} + \sum_{j=3}^{6} \varphi_j W X_{it} + \sum_{j=7}^{n} \varphi_j W Z_{it} + \nu_i + \mu_t + \varepsilon_{it} \end{aligned} \tag{6.9}$$

其中，W 为空间权重，ρ、α、β、γ 和 φ 分别为待估参数，y_{it} 为人均 GDP，G_{it} 为人均政府支出，GI_{it} 为人均生产性政府支出，GU_{it} 为人均非生产性政府支出。X_{it} 为本书政府支出经济增长效应的影响因素，包括成本差异系数 CV_{it}、市场化程度指数 Mar_{it}、区域政策虚拟变量 Dum_{it}、财政分权度指标 Fd_{it}。Z_{it} 为控制变量，包括人力资本水平 $Humc_{it}$、对外开放度 Ope_{it}、城市化水平 Urb_{it}、第三产业占比 Tis_{it}。ν_i 和 μ_t 分别为地区扰动项和时间扰动项，ε_{it} 为随机误差项。

本书使用省份之间的相邻关系构造空间权重矩阵 W，如果省份 i 与省份 j 相邻，则 $W_{ij}=1$，否则 $W_{ij}=0$。W 为 30×30 矩阵。区域空间权重矩阵按区域所包括的省份提取，东部地区为 11×11 的空间权重矩阵，中部地区为 8×8 的空间权重矩阵，西部地区为 11×11 的空间权重矩阵。变量与数据来源说明以及变量描述性统计与本章 6.5 节相同。

在进行空间计量估计前需要考察被解释变量是否存在空间相关性。空间相关性检验包括全局和局部两种检验方法，其中全局空间相关性检验考察样本在整个空间上的集聚情况，使用全局 Moran's I 指数；局部空间相关性检验考察样本点在空间地理单元子系统中的空间集聚情况，使用局部 Moran's I 指数，也即 Moran's I 散点图来检验。

全局 Moran's I 指数的计算公式为，

$$Moran's\ \mathrm{I} = \frac{\sum_{i=1}^{n}\sum_{j=1}^{n} W_{ij}(y_i - \bar{y})(y_j - \bar{y})}{S^2 \sum_{i=1}^{n}\sum_{j=1}^{n} W_{ij}} \tag{6.10}$$

其中，$S^2 = \sum_{i=1}^{n}(y_i - \bar{y})^2/n$ 为样本方差，W_{ij}为空间权重矩阵的元素，y_i 为第 i 个省份的人均 GDP。

全局 Moran's I 指数的范围介于 -1 到 1 之间，大于 0 表示正相关，即高值与高值相邻、低值与低值相邻。小于 0 表示负相关，即高值与低值相邻。如果全局 Moran's I 指数等于 0，说明空间分布是随机的，即不存在空间自相关。

全局 Moran's I 指数显著性检验的原假设为不存在空间自相关，备择假设为存在空间自相关。检验统计量为，

$$Z(I) = \frac{I - E(I)}{\sqrt{Var(I)}} \sim N(0,1) \tag{6.11}$$

其中，I 为全局 Moran's I 指数，$E(I)$ 为全局 Moran's I 指数的均值，$Var(I)$ 为全局 Moran's I 指数的方差。

局部 Moran's I 指数的计算公式为，

$$Moran's\ \mathrm{I}_i = \frac{(y_i - \bar{y})}{S^2}\sum_{j=1}^{n} W_{ij}(y_j - \bar{y}) \tag{6.12}$$

局部 Moran's I 指数介于 -1 到 1 之间，其含义与全局 Moran's I 指数类似，正值表示高（低）值被高（低）值所包围，负值表示高（低）值被低（高）值所包围。

1997—2015 年人均 GDP 的全局 Moran's I 指数如表 6-12 所示。全局 Moran's I 指数均大于 0，且在 1% 的水平上显著，说明人均 GDP 在空间上存在正相关性，具有空间依赖性。

表 6 - 12　　人均 GDP 的全局 Moran's I 指数统计值

年份	Moran's I 值	Z 统计量	P 值	年份	Moran's I 值	Z 统计量	P 值
1997	0. 370	3. 682	0. 000	2007	0. 341	3. 388	0. 001
1998	0. 367	3. 666	0. 000	2008	0. 326	3. 240	0. 001
1999	0. 372	3. 709	0. 000	2009	0. 315	3. 139	0. 002
2000	0. 369	3. 674	0. 000	2010	0. 312	3. 112	0. 002
2001	0. 375	3. 728	0. 000	2011	0. 303	3. 025	0. 002
2002	0. 373	3. 712	0. 000	2012	0. 287	2. 878	0. 004
2003	0. 370	3. 677	0. 000	2013	0. 266	2. 686	0. 007
2004	0. 368	3. 660	0. 000	2014	0. 244	2. 486	0. 013
2005	0. 359	3. 565	0. 000	2015	0. 224	2. 315	0. 021
2006	0. 351	3. 486	0. 000	均值	0. 331		

基于 1997—2015 年平均人均 GDP 计算的不包含西藏的 30 个省（市、区）Moran's I 散点图如图 6 - 6 所示。结果显示，人均 GDP 水平呈现出高—高聚集特征的省份有：上海、北京、天津、江苏、浙江、福建、辽宁、吉林和山东，这些省份不仅自身人均 GDP 水平高，与其相邻省份人均 GDP 水平也高；呈现出低—低聚集特征的省份有：贵州、云南、甘肃、广西、四川、青海、新疆、河南、宁夏、湖南、陕西、湖北和重庆，这些省份以中西部省份为主，与其相邻省份的人均 GDP 水平相对较低；海南、河北、黑龙江、安徽、江西和山西呈现出低—高集聚特征；内蒙古和广东则呈现出高—低集聚特征。高—高和低—低聚集地区的局部 Moran's I 指数为正，表现出空间正相关。低—高和高—低聚集地区的局部 Moran's I 指数为负，表现出空间负相关。我国 30 个省份主要落在高—高和低—低两个聚集区，整体表现空间正相关特征。

6. 6. 2　实证结果与分析

运用模型（6. 8）和模型（6. 9）对政府支出经济增长的空间效应进行实证分析，以检验各影响因素对经济增长的空间作用效果。Hausman 检验结果显示，在 1% 的显著性水平上不接受随机效应估计有效的原假设，因此对模型（6. 8）和模型（6. 9）的空间杜宾模型估计均选择固定效应模型。政府支出和政府支出结构对经济增长的 SDM 估计结果如表 6 - 13 和表 6 - 14 所示。

表 6 - 13 报告了政府支出对经济增长的 SDM 估计结果。人均政府支出、成本差异系数、市场化程度、财政分权、区域政策虚拟变量和人力资本水平对经济

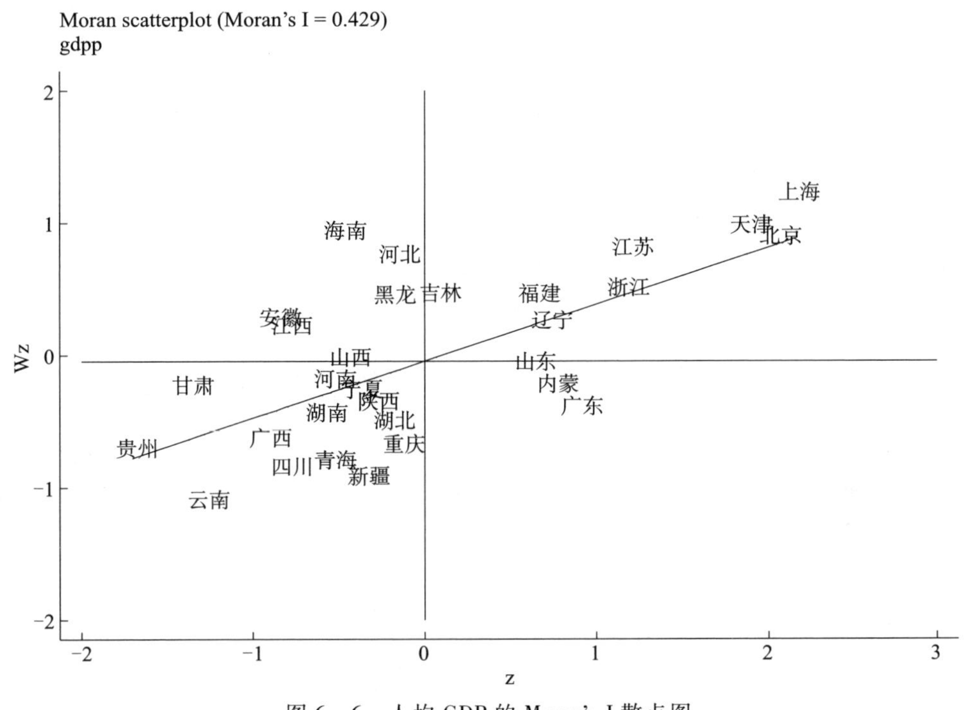

图 6－6　人均 GDP 的 Moran's I 散点图

增长的影响与非空间面板估计的结果基本一致。从全国来看，空间自回归系数为 0.430，且在 1% 的水平上显著为正，说明经济发展水平对相邻地区具有显著的外溢性特征。人均政府支出的空间滞后项系数在 10% 的水平上显著为正，表明政府支出不仅有助于本地区经济增长，对相邻地区经济增长也有促进作用。成本差异系数的空间滞后项系数为负但不显著，说明自然条件成本差异具有相对固定地理属性，很难在空间上进行传递。市场化指数、财政分权和人力资本水平空间滞后项的估计系数均显著为正，说明市场化水平、财政分权和人力资本水平对地区经济增长具有较强的外溢性。从东中西部来看，空间自回归系数均显著为正，说明地区经济发展对相邻地区具有正向带动作用。人均政府支出的空间滞后项系数均显著为正，且东部地区最大、西部地区最小，说明东部地区政府支出对经济增长的空间溢出效应最大。成本差异系数空间滞后项估计系数为负但不显著，说明地区自然条件成本不存在明显的空间效应。市场化程度空间滞后项估计系数东部和中部地区显著为正，西部地区不显著，说明东部和中部的市场化程度对经济增长具有空间外溢性特征，而西部地区的空间外溢性特征不明显，这一定程度上与西部地区市场化程度不高有关。财政分权的空间滞后项系数东部地区显著为正，而中西部地区不显著，表明东部地区以财政自给率衡量的财政分权对经济增长有较强的外溢性，中西部地区受财力限制，财政分权度暂未体现出空间外溢性特征。人力资本的空间滞后项系数东中西部均显著为正，说明人力资本在区域间存在较强的空间外溢性，其中东部地区人力资本的空间外溢性最强，随着人口流动的增强，劳动力生产要素及人才在区域间流动频繁，其外溢性特征明显。区域政策的空间滞后项系数显著为正，说明区域经济政策在促进本地区经济增长的同时也带动了相邻地区经济的增长。

表 6-13　　政府支出对经济增长的 SDM 估计结果

	全国	东部	中部	西部
LnG	0.526*** (0.062)	0.452*** (0.071)	0.543*** (0.045)	0.562*** (0.104)
CV	-0.087** (0.109)	-0.020* (0.185)	-0.056* (0.062)	-0.102** (0.065)
Mar	0.102* (0.010)	0.013* (0.008)	0.073** (0.036)	0.125** (0.010)
Fd	0.747*** (0.171)	0.498*** (0.222)	0.503* (0.189)	0.696** (0.446)
Dum			0.002** (0.152)	0.024* (0.235)
Humc	0.116** (0.022)	0.019** (0.029)	0.110* (0.024)	0.153** (0.021)
控制变量	Yes	Yes	Yes	Yes
W×LnG	0.090* (0.080)	0.132** (0.087)	0.074** (0.078)	0.014* (0.134)
W×CV	-0.093 (0.127)	-0.109 (0.198)	-0.194 (0.112)	-0.174 (0.203)
W×Mar	0.124** (0.014)	0.104** (0.011)	0.017* (0.020)	0.117 (0.025)
W×Fd	0.342* (0.227)	0.271* (0.220)	0.206 (0.205)	0.217 (0.544)
W×Dum			0.033* (0.019)	0.028* (0.030)
W×Humc	0.159** (0.030)	0.140** (0.044)	0.084*** (0.021)	0.032** (0.025)

续表

	全国	东部	中部	西部
W×控制变量	Yes	Yes	Yes	Yes
Spatial-rho	0.430*** (0.085)	0.241*** (0.070)	0.197*** (0.039)	0.293*** (0.082)
σ^2-P	0.000	0.000	0.001	0.000
R^2	0.873	0.905	0.974	0.870
观测值	570	209	152	209

表 6－14 报告了政府支出结构对经济增长的 SDM 估计结果。人均生产性政府支出、人均非生产性政府支出、成本差异系数、市场化程度、财政分权、区域政策虚拟变量和人力资本水平对经济增长的影响与非空间面板估计的结果基本一致。全样本估计的结果显示，空间自回归系数为 0.425，在 1% 的水平上显著。人均生产性政府支出和人均非生产性政府支出的空间滞后项系数显著为正，且非生产性政府支出的外溢性要大于生产性政府支出。成本差异系数的空间滞后项系数为负但不显著。市场化程度指数、财政分权、人力资本水平的空间滞后项系数均显著为正，说明这些因素对地区经济增长具有外部溢出效应。东中西部人均生产性政府支出和人均非生产性政府支出的空间滞后项估计系数显著为正，但不同类别支出对经济增长的外溢效应存在差异。东部地区非生产性政府支出的外溢效应大于生产性政府支出，而中部和西部地区则相反。成本差异系数的空间滞后项估计系数均不显著。市场化程度的空间滞后项估计系数在东部和中部显著为正，西部则不显著，这与西部地区市场化程度较低有关，也说明西部地区提高市场化程度的迫切性。财政分权的空间滞后项估计系数东部地区显著为正，中部和西部地区则不显著，说明地区自有财政能力是政府支出空间效应存在的基础。人力资本水平的空间滞后项估计系数东中西部均显著为正，且东部地区的外溢效应要大于中西部地区。

表 6－14　　政府支出结构对经济增长的 SDM 估计结果

	全国	东部	中部	西部
LnGI	0.255*** (0.042)	0.270*** (0.047)	0.513*** (0.035)	0.698*** (0.067)
LnGU	0.271*** (0.051)	0.473*** (0.074)	0.153*** (0.043)	0.277*** (0.064)

续表

	全国	东部	中部	西部
CV	-0.088* (0.111)	-0.081* (0.213)	-0.105** (0.056)	-0.258* (0.076)
Mar	0.102** (0.010)	0.013* (0.007)	0.071** (0.034)	0.029*** (0.010)
Fd	0.746*** (0.170)	0.306*** (0.196)	0.438* (0.191)	0.699* (0.446)
Dum			0.015** (0.162)	0.052** (0.124)
Humc	0.103** (0.023)	0.026** (0.029)	0.086* (0.024)	0.105** (0.022)
控制变量	Yes	Yes	Yes	Yes
W×LnGI	0.048* (0.057)	0.019* (0.044)	0.034* (0.046)	0.109** (0.076)
W×LnGU	0.106** (0.046)	0.375** (0.062)	0.024* (0.054)	0.007* (0.101)
W×CV	-0.099 (0.129)	-0.193 (0.216)	-0.201 (0.114)	-0.228 (0.184)
W×Mar	0.016* (0.014)	0.051** (0.010)	0.020* (0.020)	0.107 (0.031)
W×Fd	0.359* (0.213)	0.315** (0.208)	0.237 (0.197)	0.061 (0.242)
W×Dum			0.033** (0.020)	0.051** (0.029)
W×Humc	0.121* (0.031)	0.206** (0.046)	0.081* (0.020)	0.023* (0.019)
W×控制变量	Yes	Yes	Yes	Yes
Spatial-rho	0.425*** (0.087)	0.207*** (0.071)	0.216*** (0.041)	0.301*** (0.077)
σ^2-*P*	0.000	0.000	0.000	0.001
R^2	0.876	0.901	0.975	0.866
观测值	570	209	152	209

6.7　本章小结

本章从资源禀赋、市场化程度、区域政策、财政分权四个方面探讨了政府支出在不同区域经济增长效应存在差异的原因，在此基础上构建面板数据回归模型进行实证检验，同时从空间维度分析了政府支出对区域经济增长的影响。

资源禀赋作为一种内源性差异会对政府支出的经济增长效应产生影响。资源禀赋由先天差异和后天差异共同决定，而资源禀赋的实质是影响经济生产的成本。运用因子分析法测算的结果显示，区域间成本差异系数整体呈现出西高东低的特征，同时，成本差异系数与人均 GDP 之间存在负相关关系。以自然条件为主的成本差异系数可作为资源禀赋差异的近似合理表征。资源禀赋丰裕的地区，成本差异系数相对较小，经济发展水平较高；而资源禀赋不足的地区，成本差异系数则较高，经济发展也相对落后。

市场化总指数表征了我国市场化改革的总体进程。从区域市场化程度差异来看，东部地区市场化程度最高、西部地区市场化程度最低。人均 GDP 水平与市场化指数之间存在正相关关系。市场化程度的不同会引致不同地区资源配置的效率存在差异，并最终体现在经济增长上。

区域经济总量占比变化趋势表明，东部地区和西部经济总量的相对差异水平在逐步缩小。不同时段人均 GDP 年均增幅结果表明，2004 年以前东西部差距没有得到明显的改善，而 2004 年以后东部和西部差距则呈现出缩小趋势。不同时段人均政府支出年均增幅结果表明，西部地区人均政府支出绝对水平较低，但年均增幅要高于东部地区，西部与东部地区人均政府支出差距正逐步得到改善。这一变化特征与全国人均 GDP 极值比、变异系数和泰尔指数的变化趋势基本吻合。区域经济发展的积极变化与西部大开发、中部崛起等区域协调发展战略的实施密不可分。

财政分权作为财政管理体制的一种制度性安排，对区域经济协调发展产生广泛而深远的影响：一方面为增长而竞争的政治锦标赛机制，强化了财政分权对地方政府经济增长的激励作用；另一方面财政分权使得地方经济发展出现分异，主要表现在政府行为变异、财政资源配置能力、财政负担能力和政府支出偏好方面，这些分异对经济增长的影响在不同地区间存在差异。

政府支出经济增长效应异质性影响因素实证结果表明，自然条件成本对经济增长具有抑制作用，市场化程度、财政分权和人力资本水平均显著地促进了区域经济增长。西部大开发战略和中部崛起战略对西部地区和中部地区经济发展发挥了重要作用，具有明显的提升效果。各因素对经济增长的影响程度在区域间存在着差异。成本差异系数对西部地区经济增长的抑制作用更强，西部地区市场化程度、财政分权和人力资本水平对经济增长的提升程度要大于东部和中部地区。从交互效应来看，成本差异系数、市场化程度和财政分权对政府支出经济增长效用的边际影响程度西部地区最大，西部大开发战略对政府支出经济增长效应的边际影响程度要略大于中部崛起战略。

政府支出结构对区域经济增长的实证结果显示，人均生产性政府支出和非生产性政府支出对经济增长的影响均显著为正，同时市场化程度、财政分权和人力资本均对经济增长有显著正向促进作用，而自然条件成本则显著地抑制了经济增长。在影响程度上区域间存在差异。东部地区非生产性政府支出对经济增长的影响要大于生产性政府支出，而西部地区生产性政府支出对经济增长的影响则更大。同时西部地区在自然条件成本、市场化程度、财政分权度和人力资本水平方面对经济增长的影响均大于东部和中部地区。

全局 Moran's I 指数表明人均 GDP 具有空间依赖性，我国 30 个省份主要落在高—高和低—低两个聚集区，整体表现空间正相关特征。运用空间杜宾模型的估计结果显示，东部地区政府支出对经济增长的空间溢出效应最大。东部和中部的市场化程度对经济增长具有空间外溢性特征，而西部地区的空间外溢性特征不明显，这一定程度上与西部地区市场化程度不高有关。东部地区以财政自给率衡量的财政分权对经济增长有较强的外溢性，中西部地区受财力限制，财政分权度暂未体现出空间外溢性特征。区域经济政策在促进本地区经济增长的同时也带动了相邻地区经济的增长。人力资本在区域间存在较强的空间外溢性，而地区自然条件成本则不存在明显的空间效应。不同类别支出对经济增长的外溢效应存在区域差异，东部地区非生产性政府支出的外溢效应大于生产性政府支出，而中部和西部地区则相反。

第7章 经济增长目标下的区域最优政府支出

本章探讨经济增长目标下的区域最优政府支出规模和结构。首先，在包含消费者、厂商和政府的三部门内生经济增长框架下，分析了政府支出规模对平衡增长路径的影响，并从理论上证明政府支出规模对经济增长的非线性影响。其次，基于面板数据回归模型检验政府支出规模与经济增长之间的非线性关系。最后，运用面板门槛效应回归模型求解经济增长目标下的政府支出适度规模和合理结构。

7.1 最优政府支出理论分析

最优政府支出规模的理论分析借鉴 Barro（1990）[①] 的研究思路，将政府支出引入内生经济增长模型，在包含代表性消费者、厂商以及政府的三部门内生经济增长框架下，探讨政府支出规模的变动对长期经济增长的影响。

7.1.1 理论模型构建

假定经济由大量无限期存活的消费者构成，消费者之间是同质的。消费者的目标是追求跨期贴现效用最大化，

$$Max \int_0^{\infty} e^{-\rho t} U(c_t)\,dt \tag{7.1}$$

其中 $U(c_t)$ 为消费者效用函数，c_t 为 t 时刻的消费。ρ 为贴现因子，ρ 越大

① Barro R J. Government Spending in a Simple Model of Endogeneous Growth [J]. Journal of Political Economy, 1990, 98 (5, Part 2): S103 - S125.

说明消费者对当期消费的效用要大于未来消费带来的效用。设定消费者效用函数形式为，

$$U(c_t) = \frac{c_t^{1-\theta} - 1}{1 - \theta} \tag{7.2}$$

其中，θ 为消费者风险厌恶系数，衡量不同时期消费者消费的转移意愿程度。

根据 Barro（1990）将政府支出引入生产函数的思想，设定生产函数为柯布—道格拉斯形式，即 $Y_i = AK_i^{\alpha} L_i^{1-\alpha} G_i^{1-\alpha}$，两边同时除以 L_i，化简有

$$y = f(k, G) = Ak^{\alpha} G^{1-\alpha}, 0 < \alpha < 1 \tag{7.3}$$

其中，y 为人均产出，A 为技术进步率，k 为人均资本存量，G 为政府公共支出，α 为私人资本产出弹性。

政府公共支出来源于税收，公共支出大小取决于产出的税收平滑系数即税率 τ，假定政府对消费者征收的劳动收入税和资本收入税的税率相同。政府公共支出与产出之间的关系可表示为，

$$G = \tau Y, 0 < \tau < 1 \tag{7.4}$$

消费者的资本积累包括资本所得和劳动所得，同时需要扣除政府对资本收入和劳动收入的税收、人口增长产生的资本消耗、资本折旧和消费。消费者随时间变化的资本积累方程可表示为，

$$\dot{k} = (1 - \tau)(rk_t + w) - nk_t - \delta k_t - c_t \tag{7.5}$$

其中，r 为资本的边际价值，w 为劳动的边际价值①，n 为人口增长率，δ 为资本折旧率。

消费者的行为决策是在资本积累约束下，实现跨期贴现效用最大化。消费者跨期效用最大化问题可表示为，

$$Max \int_0^{\infty} e^{-\rho t} U(c_t) dt$$

$$s.t. \dot{k} = (1 - \tau)(rk_t + w) - nk_t - \delta k_t - c_t \tag{7.6}$$

构建汉密尔顿（Hamilton）方程，

$$H = \frac{c_t^{1-\theta} - 1}{1 - \theta} + \lambda[(1 - \tau)(rk_t + w) - nk_t - \delta k_t - c_t] \tag{7.7}$$

---

① 此处为人均化处理劳动的供给。

其中，λ 为汉密尔顿乘子。最优化问题的一阶条件，

$$\frac{\partial H}{\partial c_t} = c_t^{-\theta} - \lambda = 0 \tag{7.8}$$

由欧拉方程可得，

$$\frac{d\lambda}{dt} = \rho\lambda - \frac{\partial H}{\partial k} \tag{7.9}$$

即有，

$$\dot{\lambda} = \rho\lambda - \lambda[(1-\tau)r - n - \delta] \tag{7.10}$$

一阶条件式（7.8）两边对 t 求导可得，

$$\dot{\lambda} = -\theta c_t^{-\theta-1}\dot{c}_t \tag{7.11}$$

将式（7.11）代入式（7.10）可得，

$$\frac{\dot{c}_t}{c_t} = \frac{1}{\theta}[(1-\tau)r - n - \delta - \rho] \tag{7.12}$$

由厂商利润最大化的均衡条件可知，

$$r = MP_k = \alpha A k^{\alpha-1} G^{1-\alpha} \tag{7.13}$$

由生产者均衡的欧拉方程可得，

$$w = f(k,G) - kf_k(k,G) = (1-\alpha)Ak^{\alpha}G^{1-\alpha} \tag{7.14}$$

将式（7.13）代入式（7.12）可得，

$$\frac{\dot{c}_t}{c_t} = \frac{1}{\theta}[(1-\tau)\alpha A k^{\alpha-1}G^{1-\alpha} - n - \delta - \rho] \tag{7.15}$$

又由式（7.3）和式（7.4）可知，

$$\frac{G}{k} = (\tau A)^{1/\alpha} \tag{7.16}$$

将式（7.16）代入式（7.15）可得平衡增长路径上的增长率 γ 为，

$$\gamma = \frac{1}{\theta}[\alpha(1-\tau)\tau^{\frac{1-\alpha}{\alpha}}A^{1/\alpha} - n - \delta - \rho] \tag{7.17}$$

7.1.2　均衡求解与分析

由式（7.17）可得最优政府支出规模。两边对 τ 求导，

$$\frac{d\gamma}{d\tau} = \frac{\alpha}{\theta}A^{1/\alpha}[-\tau^{\frac{1-\alpha}{\alpha}} + (1-\tau)^{\frac{1-\alpha}{\alpha}}\tau^{\frac{1-\alpha}{\alpha}-1}] \tag{7.18}$$

求解可得最优税率 $\tau^*=1-\alpha$，即最优政府支出规模为，

$$G/Y = \tau^* = 1 - \alpha \tag{7.19}$$

当 $0<\tau<1-\alpha$ 时，$d\gamma/d\tau>0$，即平衡增长路径上的经济增长率随政府支出规模的增大而提高。当 $1-\alpha<\tau<1$ 时，$d\gamma/d\tau<0$，平衡增长路径上的经济增长率随政府支出规模的增大而下降。也即当政府规模偏小时，增加政府支出扩大规模对经济增长有利。同时过大的政府支出规模也不利于经济增长，当政府支出规模偏大时，缩小政府规模对经济增长则是有利的。理论分析表明，政府支出规模与经济增长之间存在一个最优水平，也即政府支出与经济增长之间存在倒“U”型非线性效应。

7.2 政府支出与经济增长的非线性效应实证检验

7.2.1 实证策略

上文的理论分析表明，政府支出与经济增长之间存在最适规模，也即政府支出与经济增长之间是非线性关系。本部分通过实证分析对此进行验证，实证策略为引入政府支出占 GDP 比重的二次项来分析政府支出与经济增长之间的倒“U”型非线性关系。计量模型构建如下，

$$Gdpr_{it} = \alpha_0 + \alpha_1 G\_\ scale_{it} + \alpha_2 G\_\ scale_{it}^2 + \sum_{j=3}^{6} \alpha_j X_{it} + \sum_{j=7}^{n} \alpha_j Z_{it} + \nu_i + \mu_t + \varepsilon_{it} \tag{7.20}$$

其中，$Gdpr_{it}$为实际经济增长率，$G_\ scale_{it}$为政府支出占 GDP 的比值，$G_\ scale_{it}^2$为政府支出占 GDP 比值的二次项。X_{it}为政府支出经济增长效应的影响因素，包括成本差异系数 CV_{it}、市场化程度指数 Mar_{it}、财政分权度指标 Fd_{it}。Z_{it}为控制变量，包括人力资本水平 $Humc_{it}$、对外开放度 Ope_{it}、城市化水平 Urb_{it}、第三产业占比 Tis_{it}。ν_i 和 μ_t 分别为地区效应和时间效应，ε_{it}为随机误差项。

7.2.2 变量与数据来源说明

实际经济增长率 $Gdpr_{it}$，考虑到政府支出对经济增长具有一定的时滞效应，

借鉴王文剑和覃成林（2008）[①] 的研究思路，将当年 GDP 实际增长率与滞后 2 年 GDP 实际增长率的滑动平均值作为实际经济增长率。$G\_scale_{it}^2$ 为政府支出占 GDP 比值的二次项，用于检验政府支出与经济增长之间的非线性关系。如果二次项系数显著为负，则说明政府支出与经济增长之间存在倒“U”型非线性关系。其他解释变量和控制变量解释与本书 6.5 节相同。

实证分析所使用数据除市场化指数外，其他指标均为测算得到。其中 GDP、政府支出和生产性政府支出分别通过 GDP 平减指数、财政支出指数调整为以 1997 年为基期的实际值。数据均来源于《中国统计年鉴》《中国财政年鉴》《中国人口和就业统计年鉴》以及各省（市、区）统计年鉴，数据跨度为 1997—2015 年，其中 GDP 数据跨度为 1995—2015 年。对个别缺失数据采用插值法补齐。变量描述性统计如表 7 - 1 所示。

表 7 - 1　　变量描述性统计

变量	含义	均值	标准差	最小值	最大值
Gdpr	经济增长率（%）	13.58	5.969	0.658	22.27
G_ scale	政府支出 GDP 占比	0.177	0.087	0.050	0.626
GI_ scale	生产性支出占政府支出比	0.452	0.070	0.203	0.665
CV	成本差异系数	1.300	0.116	1.000	1.500
Mar	市场化程度指数	6.665	2.597	1.290	14.971
Fd	财政分权度	0.534	0.184	0.148	0.951
Humc	人力资本水平	8.235	1.097	4.693	12.081
Ope	对外开放度（%）	33.504	40.045	3.872	97.005
Urb	城市化水平（%）	45.829	16.793	33.359	90.067
Tis	第三产业占比（%）	40.656	7.696	29.000	79.700

7.2.3　实证结果与分析

本书基于模型（7.20）进行实证分析，以检验政府支出与经济增长之间的非线性关系。Hausman 检验结果显示，在 1% 的显著性水平上不接受随机效应估计有效的原假设，因此选择固定效应模型对模型（7.20）进行估计。政府支出与经

① 王文剑，覃成林．地方政府行为与财政分权增长效应的地区性差异——基于经验分析的判断、假说及检验［J］．管理世界，2008（01）：9 - 21.

济增长非线性效应实证结果如表 7 - 2 列（1）至列（4）所示。列（1）报告了基准回归结果。估计结果显示，政府支出占 GDP 比值的二次项估计系数为 -0.272，且在 1% 的水平上显著，说明政府支出与经济增长之间存在倒“U”型的非线性效应关系，也即政府支出与经济增长之间存在最适规模。政府支出占 GDP 比值、人力资本的估计系数分别在 5% 和 1% 的水平上显著为正。列（2）—列（4）依次报告了加入成本差异系数、市场化程度指数、财政分权变量后的回归结果。政府支出占 GDP 比值二次项系数均显著为负，估计结果与基准回归的结果基本一致，说明政府支出与经济增长之间存在倒“U”型非线性效应关系的结论是稳健的。

表 7 - 2　　政府支出与经济增长非线性关系实证结果

	（1）FE	（2）FE	（3）FE	（4）FE	（5）SYS-GMM
G_ scale	0.115 ** (0.564)	0.106 ** (0.564)	0.154 *** (0.583)	0.094 ** (0.231)	0.117 *** (0.736)
$G\_\ scale^2$	-0.272 *** (0.097)	-0.245 ** (0.096)	-0.333 *** (0.099)	-0.222 ** (0.101)	-0.259 ** (0.903)
CV		-1.203 ** (0.441)	-1.128 * (0.437)	-1.332 * (0.432)	-1.308 ** (0.315)
Mar			0.090 *** (0.027)	0.037 * (0.029)	0.063 ** (0.123)
Fd				1.955 *** (0.446)	2.953 ** (0.803)
Humc	0.207 *** (0.063)	0.210 *** (0.063)	0.394 *** (0.083)	0.415 *** (0.081)	0.400 *** (0.127)
l. Gdpr					0.039 ** (0.128)
控制变量	Yes	Yes	Yes	Yes	Yes
观测值	570	570	570	570	539
F-P	0.000	0.000	0.000	0.000	
AR（1）*-P*					0.029
AR（2）*-P*					0.360
Hansen-P					0.301
Wald - P					0.000

注：未报告常数项，控制变量仅报告了人力资本水平，括号内为估计系数的稳健标准误差值，*、**、*** 分别表示在 10%、5%、1% 的显著性水平，下同。

7.2.4　稳健性检验

为进一步检验估计结果的稳健性，本书构建包含经济增长率滞后变量的动态面板数据回归模型（7.21），并运用系统广义矩估计（System GMM）对模型（7.21）进行了估计。

$$Gdpr_{it} = \alpha_0 + \sum_{j=1}^{n} \beta_j Gdpr_{i,t-j} + \alpha_1 G\_scale_{it} + \alpha_2 G\_scale_{it}^2 + \sum_{j=3}^{6} \alpha_j X_{it} + \sum_{j=7}^{n} \alpha_j Z_{it} + \varepsilon_{it} \tag{7.21}$$

模型 AR（2）的 P 值大于 10%，估计结果说明模型随机扰动项不存在二阶残差自相关。Hansen 检验的 P 值大于 10%，说明工具变量设定联合有效，模型不存在过度识别问题，表明动态面板数据回归模型（7.21）的设定合理且工具变量选择有效。表 7－2 列（5）报告了稳健性检验结果。政府支出 GDP 占比的二次项系数在 5% 的水平上显著为负，表明政府支出与经济增长之间存在倒“U”型的非线性关系。经济增长率滞后一期的估计系数在 5% 的水平上显著为正，说明经济增长具有一定的惯性特征。成本差异系数、市场化程度指数、财政分权以及人力资本变量的估计结果与采用固定效应模型估计的结果基本一致，说明政府支出与经济增长非线性关系的实证结论是稳健的。

7.3　政府支出规模与经济增长的门槛效应

理论分析和实证检验的结果均表明政府支出与经济增长之间存在倒“U”型的非线性效应，也即政府支出与经济增长之间存在最适规模。那么基于现有经济增长情况的最优政府支出规模是多大？为此，本书运用门槛效应回归模型来求解政府支出对经济增长的最适规模。

7.3.1　实证策略

门槛效应模型的构建借鉴 Hansen（1999）[①] 的研究思路，本书设定如下面板

① Hansen B E. Threshold Effects in Non-dynamic Panels: Estimation, testing, and inference [J]. Journal of Econometrics, 1999, 93 (2): 345 - 368.

数据门槛效用模型，

$$Gdpr_{it} = \mu_i + \beta_1 G\_scale_{it} \times I(G\_scale_{it} \leqslant \gamma) + \beta_2 G\_scale_{it} \times I(G\_scale_{it} \geqslant \gamma) + \sum_{j=1}^{4} \alpha_j X_{it} + \sum_{j=5}^{n} \alpha_j Z_{it} + \varepsilon_{it} \tag{7.22}$$

其中，$Gdpr_{it}$为实际经济增长率，μ_i 为个体未观测特征，G_scale_{it}为政府支出占 GDP 的比值，γ 为门槛值，ε_{it}为随机误差项。I（·）为指示性函数，当括号内条件为真时，I 取值为 1，当条件为假时，I 取值为 0。X_{it}为政府支出经济增长效应的影响因素，包括成本差异系数 CV_{it}、市场化程度指数 Mar_{it}、区域政策虚拟变量 Dum_{it}、财政分权度指标 Fd_{it}。Z_{it}为控制变量，包括人力资本水平 $Humc_{it}$、对外开放度 Ope_{it}、城市化水平 Urb_{it}、第三产业占比 Tis_{it}。

门槛效应估计的整体思路为，对于给定的不同门槛值，使用最小二乘法估计离差模型得到残差平方和，在此基础上通过选择门槛值使离差平方和最小。在进行门槛效应模型估计前，需要对是否存在门槛效应进行检验，并确定门槛模型的类型。门槛效用检验的原假设为 H_0：$\beta_1 = \beta_2$，如果原假设成立则不存在门槛效用。如果拒绝原假设则认为存在门槛效应，并进一步对门槛值进行检验。Hansen（1999）构建了似然比检验统计量用于计算门槛值及其置信区间，如果似然比的 P 值小于临界水平，则说明门槛值估计显著有效。

本书首先对政府支出与经济增长的门槛效应进行检验，以确定门槛值的个数。使用自助法（Bootstrap）反复抽样 300 次，模拟计算得到 F 统计量及其伴随概率 P。政府支出经济增长门槛效应检验结果如表 7－3 所示。检验结果显示，全国、东部、中部和西部单一门槛值的 P 值均小于 5%，而双重门槛值的 P 值均大于 10%。因此，本书在 5% 的显著性水平上接受单一门槛效应模型。在此基础上，运用模型（7.22）对政府支出经济增长的门槛效应进行估计。

表 7－3　　政府支出门槛效应检验

	模型	F 统计量	Bootstrap 次数	P 值	结论
全国	单一门槛	60.56**	300	0.033	存在单一门槛值
	双重门槛	21.11	300	0.250	
东部	单一门槛	23.20***	300	0.001	存在单一门槛值
	双重门槛	10.85	300	0.116	
中部	单一门槛	30.31**	300	0.041	存在单一门槛值
	双重门槛	19.46	300	0.146	

续表

	模型	F 统计量	Bootstrap 次数	P 值	结论
西部	单一门槛	29.00***	300	0.003	存在单一门槛值
	双重门槛	10.44	300	0.183	

注：*、**、*** 分别表示在 10%、5%、1% 的显著性水平，下同。

7.3.2　实证结果与分析

表 7-4 为政府支出规模门槛效应的估计结果。列（1）报告了全国政府支出规模经济增长门槛效应的估计结果。结果显示，当政府支出占 GDP 的比重低于 22.20% 时，政府支出规模对经济增长具有显著的正向促进作用。政府支出规模对经济增长的边际效应为 0.423，且在 5% 的水平上显著。这说明当政府支出规模小于 22.20% 时，随着政府支出规模的扩大经济增长也会得到提升。当政府支出占 GDP 的比重超过 22.20% 时，政府支出规模对经济增长的边际效应为 0.174，但估计系数不显著。也即当政府支出占 GDP 的比重超过 22.20% 时，扩大政府支出规模对经济增长没有明显的影响。全国政府支出最优规模 95% 的置信区间为 [21.70%，22.32%]。其他影响经济增长的因素，成本差异系数对经济增长的影响显著为负，市场化程度、财政分权和人力资本对经济增长的影响显著为正。说明市场化程度、财政分权度和人力资本水平的提高有利于促进经济增长，而地区自然条件成本则会对经济增长形成阻碍。

列（2）为东部地区政府支出规模经济增长门槛效应的估计结果。估计结果显示，东部地区政府支出占 GDP 比值的最优规模为 17.74%，要低于全国水平。当政府支出占 GDP 的比重小于 17.74% 时，政府支出规模对经济增长的边际效应为 0.257，且在 5% 的水平上显著，此时扩大政府规模对经济增长有利。当政府支出规模大于 17.74% 时，政府支出规模对经济增长的边际效应为 -0.277，但估计系数不显著，也即当政府支出规模超过最优规模时，进一步扩大政府支出规模不会对经济增长带来显著的影响。东部地区最优政府支出规模 95% 的置信区间为 [16.80%，17.80%]。其他影响因素方面，成本差异系数对经济增长有显著的抑制作用，市场化程度、财政分权以及人力资本都能对经济增长形成正向促进作用。

列（3）报告了中部地区政府支出规模经济增长门槛效应的估计结果。估计结果显示，中部地区政府支出占 GDP 比值的最优规模为 22.35%，与全国较为接近。在5%的显著性水平上，当政府支出占GDP的比值小于22.35%时，政府支出规模对经济增长的边际效应为1.001，扩大政府规模有助于经济增长。当政府支出占GDP的比值超过22.35%时，政府支出规模对经济增长的边际效应为0.527，但估计系数不显著，也即政府规模的进一步扩大并不会带来经济增长的明显改善。中部地区最优政府支出规模95%的置信区间为［21.81%，22.37%］。成本差异系数对经济增长有显著的抑制作用，市场化程度、财政分权和人力资本水平对经济增长则有显著的正向促进作用，同时中部崛起战略的实施对中部地区经济的增长促进作用明显。

列（4）为西部地区政府支出规模经济增长门槛效应的估计结果。估计结果显示，西部地区政府支出占GDP的最优规模为22.24%，与全国水平相当。在5%的显著性水平上，当政府支出占GDP的比值小于22.24%时，政府规模的扩大有助于经济增长，政府规模对经济增长的边际效应为0.814。当政府支出占GDP的比值高于22.24%时，政府规模对经济增长的边际效用为0.315，但不显著，表明过高的政府支出规模并不必然促进经济增长。西部地区最优政府支出规模95%的置信区间为［21.87%，22.32%］。成本差异系数对经济增长的影响显著为负，市场化程度、财政分权和人力资本均显著地促进了经济增长。西部大开发战略的实施，对西部地区经济增长发挥了重要作用。

表7-4　　政府支出规模门槛效应估计结果

	（1）全国	（2）东部	（3）中部	（4）西部
CV	-1.214** (0.146)	-1.097* (0.284)	-1.173* (0.234)	-1.577*** (0.251)
Mar	0.137* (0.280)	0.105* (0.149)	0.198** (0.207)	0.122* (0.284)
Fd	0.802*** (0.196)	1.906* (0.064)	2.005*** (0.202)	1.822* (0.019)
Dum			2.597** (0.163)	2.478*** (0.226)
Humc	3.377*** (0.125)	3.271*** (0.113)	3.467** (0.186)	1.763* (0.128)
控制变量	Yes	Yes	Yes	Yes
G_scale（$<\gamma$）	0.423** (0.173)	0.257** (0.147)	1.001** (0.133)	0.814** (0.107)

续表

	(1) 全国	(2) 东部	(3) 中部	(4) 西部
G_ scale (> γ)	0.174 (0.162)	-0.277 (0.141)	0.527 (0.136)	0.315 (0.166)
政府规模门槛值	0.2220	0.1774	0.2235	0.2224
95% 置信区间	[0.2170, 0.2232]	[0.1680, 0.1780]	[0.2181, 0.2237]	[0.2187, 0.2232]
观测值	570	209	152	209
F-P	0.000	0.000	0.000	0.000
Bootstrap	300	300	300	300

政府支出规模与经济增长的门槛效应估计结果显示，全国、东部、中部和西部最优政府支出规模分别为 22.20%、17.74%、22.35% 和 22.24%。那么各区域的政府支出规模是否具有提升空间，抑或是已超过最优政府支出规模呢？表 7-5 列示了各区域政府支出规模的提升情况。全国 1997—2015 年政府支出 GDP 占比的均值为 14.13%，相较于最优政府支出规模 22.20% 有 8.07 个百分点的提升空间①。2015 年全国政府支出占 GDP 的比重为 20.62%，相较于最优政府支出规模的提升空间有 1.58 个百分点。无论从年平均占比还是 2015 年占比来看，经济增长目标下我国政府支出规模仍具有一定的提升空间。东部地区 1997—2015 年政府支出占 GDP 比值的平均值为 11.71%，与 17.74% 的最优政府支出规模相比，有 6.03 个百分点的提升空间。以 2015 年 16.92% 的政府支出 GDP 占比水平来看，已经接近最优政府支出规模，提升的空间较为有限。中部地区 1997—2015 年政府支出 GDP 占比的均值为 14.79%，与 22.35% 的最优政府支出规模相比，提升空间有 7.56 个百分点。2015 年中部地区政府支出占 GDP 的比值已十分接近最优政府支出规模。西部地区 1997—2015 年政府支出占 GDP 比值的均值为 20.63%，相对于 22.24% 的最优政府支出规模有 1.61 个百分点的提升空间。而 2015 年的政府支出 GDP 占比已超过最优政府支出规模 6.89 个百分点。总的来看，如果以 1997—2015 年政府支出 GDP 占比均值作为现阶段政府支出的实际规模，全国、东部、中部和西部相对于最优政府支出规模仍有一定的提升空间，其

① 最优政府支出规模是基于 1997—2015 年省级面板数据的估计值，代表了 1997—2015 年最优政府支出规模的平均水平。因此，本书认为用 1997—2015 年政府支出占 GDP 比值的平均值与最优政府支出规模比较更为合适。

中中部地区的提升空间最大，而西部地区的提升空间最小。

表 7-5　　政府支出规模提升空间

	政府支出 GDP 占比		最优政府支出规模	2015 年提升空间	1997—2015 年均值提升空间
	1997—2015 年均值	2015 年			
全国	14.13%	20.62%	22.20%	1.58%	8.07%
东部	11.71%	16.92%	17.74%	0.82%	6.03%
中部	14.79%	22.08%	22.35%	0.27%	7.56%
西部	20.63%	29.13%	22.24%	-6.89%	1.61%

7.4　政府支出结构与经济增长的门槛效应

政府支出结构与经济增长之间是否存在非线性关系呢？张淑翠（2011）① 基于我国省际面板数据的实证研究结果表明，政府支出结构与经济增长之间存在 Armey 曲线所描绘的非线性效应。范庆泉等（2015）② 构建了包含生产性和消费性政府支出的内生经济增长模型，理论分析结果表明经济增长目标下的生产性政府支出存在最适规模，也即生产性政府支出与经济增长之间存在倒"U"型的非线性关系。以上研究表明，政府支出对经济增长的影响不仅与支出规模有关，而且政府支出结构也会对经济增长产生影响。生产性政府支出能直接作用于经济增长，而生产性政府支出对经济增长的影响也存在非线性关系（Devarajan et al.，1996③）。合理的政府支出结构在降低税收扭曲成本的同时能促进经济的持续健康发展。本部分利用门槛效用模型求解政府支出的合理结构。

7.4.1　实证策略

本书设定如下面板数据门槛效用模型，考察政府支出结构对经济增长的门槛

① 张淑翠．我国财政支出对经济增长非线性效应——基于省级面板数据的平滑转移模型实证分析[J]．财经研究，2011，37（08）：135-144.

② 范庆泉，周县华，潘文卿．从生产性财政支出效率看规模优化：基于经济增长的视角[J]．南开经济研究，2015（05）：24-39.

③ Devarajan S，Swaroop V，Zou H F. The Composition of Public Expenditure and Economic Growth [J]. Cema Working Papers，1996，37（2）：313-344.

效应。其中，GI_scale_{it}为生产性政府支出占政府支出的比值。

$$Gdpr_{it} = \mu_i + \beta_1 GI\_scale_{it} \times I(GI\_scale_{it} \leqslant \gamma) + \beta_2 GI\_scale_{it} \times I(GI\_scale_{it} \geqslant \gamma) + \sum_{j=1}^{4} \alpha_j X_{it} + \sum_{j=5}^{n} \alpha_j Z_{it} + \varepsilon_{it} \tag{7.23}$$

使用自助法（Bootstrap）反复抽样 300 次，模拟计算得到 F 统计量及其伴随概率 P，以对生产性政府支出与经济增长的门槛效应进行检验，并确定门槛值的个数。生产性政府支出经济增长门槛效应检验结果如表 7－6 所示。检验结果显示，全国、东部、中部和西部单一门槛值的 P 值均小于 5%，而双重门槛值的 P 值均大于 10%。因此，本书在 5% 的显著性水平上接受单一门槛效应模型。在此基础上，运用模型（7.23）对生产性政府支出经济增长的门槛效应进行估计。

表 7－6　　生产性政府支出门槛效应检验

	模型	F 统计量	Bootstrap 次数	P 值	结论
全国	单一门槛	98.06***	300	0.000	存在单一门槛值
	双重门槛	11.37	300	0.120	
东部	单一门槛	18.11**	300	0.026	存在单一门槛值
	双重门槛	7.34	300	0.606	
中部	单一门槛	38.54***	300	0.000	存在单一门槛值
	双重门槛	6.38	300	0.423	
西部	单一门槛	32.52**	300	0.016	存在单一门槛值
	双重门槛	10.22	300	0.120	

7.4.2　实证结果与分析

表 7－7 为生产性政府支出经济增长门槛效应的估计结果。列（1）报告了全国生产性政府支出规模对经济增长的门槛效应估计结果。结果显示，全国生产性政府支出最优占比为 49.98%。当生产性政府支出占比小于 49.98% 时，生产性政府支出规模对经济增长的边际效应为 0.429，且在 5% 的水平上显著，提高生产性政府支出占比对经济增长有显著的正向促进作用。当生产性政府支出占比大于 49.98% 时，生产性政府支出规模对经济增长的边际效应为 0.082，但估计系数不显著，说明当生产性政府支出规模超过最优占比时，进一步扩大生产性政府支出占比对经济增长没有显著影响。全国生产性政府支出最优占比 95% 的置信

区间为［49.33%，50.19%］。影响经济增长的其他因素中，成本差异系数估计系数在5%的水平上显著为负，表明自然成本条件对经济增长有显著的抑制作用。市场化程度指数、财政分权和人力资本水平的估计系数显著为正，说明市场化程度、财政分权和人力资本水平有利于促进经济增长。

列（2）为东部地区生产性政府支出规模经济增长门槛效应估计结果。估计结果显示，当生产性政府支出规模小于51.40%时，生产性政府支出规模对经济增长的边际效应为0.134，且在5%的水平上显著，说明生产性政府支出规模的扩大有助于东部地区经济增长。当生产性政府支出规模大于51.40%时，生产性政府支出规模对经济增长的边际效应为-0.184，但估计系数不显著，也即当生产性政府支出占比超过最优规模时，生产性政府支出对经济增长没有显著影响。东部地区生产性政府支出最优规模95%的置信区间为［49.92%，51.57%］。成本差异系数对经济增长的估计系数显著为负，市场化程度指数、财政分权和人力资本水平对经济增长的估计系数显著为正，说明市场化程度指数、财政分权和人力资本水平对经济增长有正向促进作用，而自然成本条件则会抑制经济增长。

列（3）报告了中部地区生产性政府支出规模经济增长门槛效应估计结果。中部地区生产性政府支出最优规模为47.86%。当生产性政府支出占政府总支出的比重小于47.86%时，生产性政府支出规模对经济增长的边际效应为0.867，且在1%的水平上显著，生产性政府支出规模的扩大对经济增长有提升作用。当生产性政府支出占政府总支出的比重大于47.86%时，生产性政府支出规模对经济增长的边际效应为-1.271但不显著，也即当生产性政府支出占比超过最优占比47.86%时，生产性政府支出的进一步增加并不能带来经济增长的明显改善。中部地区生产性政府支出最优规模95%的置信区间为［47.30%，48.16%］。成本差异系数估计系数显著为负，市场化程度指数、财政分权、人力资本水平对经济增长的估计系数显著为正，说明自然成本条件对经济增长有抑制作用，而市场化程度、财政分权和人力资本水平能促进经济增长。政策虚拟变量的估计系数在5%的水平上显著为正，说明中部崛起战略对经济增长有正向带动作用。

列（4）为西部地区生产性政府支出规模经济增长门槛效应估计结果。西部地区生产性政府支出最优占比为47.52%。当生产性政府支出占政府总支出的比重小于47.52%时，生产性政府支出规模对经济增长的边际效应为1.271，且在5%的水平上显著，提高生产性政府支出占比能提升经济增长。当生产性政府支出占政府总支出的比重大于47.52%时，生产性政府支出规模对经济增长的边际效应为 0. 593 但不显著，也即生产性政府支出规模的进一步扩大对经济增长没有显著提升效应。生产性政府支出最优规模 95% 的置信区间为［47. 01%，47. 64%］。成本差异系数对经济增长有显著的抑制作用，市场化程度指数、财政分权、人力资本水平对经济增长有明显的正向促进作用。同时政策虚拟变量的估计系数在 1% 的水平上显著为正，说明西部大开发战略的实施带动了西部地区经济的增长。

表 7 - 7　　生产性政府支出门槛效应估计结果

	(1) 全国	(2) 东部	(3) 中部	(4) 西部
CV	- 1. 334 ** (0. 209)	- 1. 387 * (0. 224)	- 1. 458 ** (0. 180)	- 1. 681 *** (0. 209)
Mar	0. 115 * (0. 167)	0. 127 ** (0. 149)	0. 219 * (0. 159)	0. 221 * (0. 191)
Fd	1. 679 *** (0. 176)	0. 789 ** (0. 182)	0. 847 *** (0. 138)	1. 227 * (0. 199)
Dum			0. 263 ** (0. 117)	1. 655 *** (0. 150)
Humc	3. 161 *** (0. 192)	3. 530 *** (0. 137)	3. 518 ** (0. 149)	2. 936 ** (0. 181)
控制变量	Yes	Yes	Yes	Yes
GI_ scale ($< \gamma$)	0. 429 ** (0. 173)	0. 134 ** (0. 160)	0. 867 *** (0. 123)	1. 271 ** (0. 179)
GI_ scale ($> \gamma$)	0. 082 (0. 155)	- 0. 184 (0. 138)	- 1. 271 (0. 122)	0. 593 (0. 157)
政府规模门槛值	0. 4998	0. 5140	0. 4786	0. 4752
95% 置信区间	[0. 4933, 0. 5019]	[0. 4992, 0. 5157]	[0. 4730, 0. 4816]	[0. 4701, 0. 4764]
观测值	570	209	152	209
F-P	0. 000	0. 000	0. 000	0. 000
Bootstrap	300	300	300	300

表 7 - 8 列示了生产性政府支出规模的提升空间。生产性政府支出规模经济增长门槛效应估计结果表明，全国东中西部生产性政府支出最优规模分别为 49. 97%、51. 40%、47. 86% 和 47. 52%。全国 1997—2015 年生产性政府支出占政府总支出的比重为 45. 23%，与最优生产性政府支出规模 49. 98% 相比，提升空间为 4. 75 个百分点。2015 年生产性政府支出占比为 54. 80%，超过最优生产

性政府支出规模4.82个百分点。从全国来看，与最优生产性政府支出占比相比，年均生产性政府支出占比有一定的提升空间，但2015年的生产性政府支出规模已经超过最优规模。东部地区1997—2015年生产性政府支出占比年均值为46.50%，相较于51.40%的最优生产性政府支出规模，提升空间有4.90个百分点。2015年的生产性政府支出占比已超过最优生产性政府支出占比5.66个百分点。中部地区1997—2015年生产性政府支出年均占比为42.59%，相对于47.86%的最优生产性政府支出规模有5.27个百分点的提升空间。西部地区1997—2015年生产性政府支出年均占比为45.55%，与最优生产性政府支出规模47.52%相比，有1.97个百分点的提升空间。中部和西部地区2015年生产性政府支出规模均已超过最优生产性政府支出规模。

表7－8　　生产性政府支出规模提升空间

	生产性政府支出占比		最优生产性政府支出规模	2015年提升空间	1997—2015年均值提升空间
	1997—2015年均值	2015年			
全国	45.23%	54.80%	49.98%	－4.82%	4.75%
东部	46.50%	57.06%	51.40%	－5.66%	4.90%
中部	42.59%	52.39%	47.86%	－4.53%	5.27%
西部	45.55%	53.39%	47.52%	－5.87%	1.97%

7.5　本章小结

本章构建了包含消费者、厂商和政府三部门的内生经济增长模型，从理论上证明了政府支出与经济增长之间存在倒“U”型的非线性关系，并使用面板数据回归模型对政府支出经济增长的非线性效应进行了实证检验。在此基础上，运用面板门槛效应回归模型求解了经济增长目标下的政府支出适度规模和合理结构。

政府支出规模的经济增长门槛效应估计结果显示，全国、东部、中部、西部最优政府支出规模分别为22.20%、17.74%、22.35%和22.24%。当政府支出规模小于最优政府支出规模时，政府支出规模对经济增长的边际效应分别为0.423、0.257、1.001和0.814，中部和西部地区的边际效应要高于东部地区。生产性政府支出规模经济增长门槛效应估计结果显示，全国、东部、中部、西部最优生产性政府支出规模分别为49.98%、51.40%、47.86%和47.52%。当生产性政府支出规模小于最优生产性政府支出规模时，生产性政府支出规模对经济增长的边际效应分别为 0.429、0.134、0.867 和 1.271，西部地区生产性政府支出对经济增长的边际效应最高，东部地区最低。当政府支出规模超过最优政府支出规模时，政府支出规模的进一步扩大对经济增长没有显著影响。自然条件成本对经济增长具有显著的抑制作用，市场化程度、财政分权和人力资本水平对经济增长的促进作用明显。同时西部大开发战略和中部崛起战略的实施也有效地促进了西部和中部地区经济的发展。如果以 1997—2015 年政府支出 GDP 占比均值作为现阶段政府支出的实际规模，区域政府支出规模提升空间，中部地区最大，为 7.56 个百分点；西部地区最小，为 1.61 个百分点。全国政府支出规模提升空间为 8.07 个百分点。区域生产性政府支出规模提升空间，中部地区最大，为 5.27 个百分点；西部地区最小，为 1.97 个百分点。全国生产性政府支出规模提升空间为 4.75 个百分点。

第 8 章　研究结论与政策启示

8.1　研究结论

本书立足于我国区域发展不均衡的现实，深入分析政府支出经济增长效应的区域异质性问题。在呈现政府支出与经济增长区域差异特征事实的基础上，剖析政府支出经济增长效应区域异质性的作用机理，寻求经济增长目标下区域政府支出适度规模和合理结构。首先，在梳理和归纳政府支出宏观经济效应相关理论、实践经验和研究方法的基础上，从理论层面分析了政府支出影响经济增长的传导机制以及政府支出经济增长效应区域差异的作用路径。其次，从静态和动态两个维度考察了政府支出经济增长效应的区域差异。静态维度在政府支出与经济增长区域特征事实的基础上，从总量和结构视角测算了政府支出乘数、产出弹性以及支出效率，并基于泰尔指数考察了政府支出差异对经济增长差异的反馈效应。动态视角上构建了包含消费者、厂商、政府部门的动态随机一般均衡模型，侧重从短期和长期来考察政府支出冲击所产生的宏观经济效应区域差异，同时基于敏感性分析考察不同政策组合对宏观经济效应的影响大小和响应程度。再次，在政府支出经济增长效应区域静态差异和动态异质性分析的基础上，从资源禀赋（内源性）、市场化程度（传导性）、区域政策（制度性）以及财政分权与地方政府行为分异四个方面剖析了政府支出经济增长效应区域异质性的深层次原因，并对上述主要影响因素进行了实证检验。在此基础上，进一步考察了政府支出区域经济增长的空间效应。最后，将政府支出引入内生经济增长模型，探讨政府支出规模对平衡增长路径的影响，从理论上证明了政府支出规模与经济增长之间存在非线性效应，并进行了实证检验，同时运用面板门槛效应回归模型求解了经济增长目标下的政府支出适度规模和合理结构。本书的主要结论如下：

8.1.1　区域间经济发展和政府支出差距整体呈收敛态势，但西部地区各省份间经济增长和政府支出差距分化迹象明显

1997—2015 年全国、东部、中部、西部人均 GDP 年均增长率分别为 12.57%、11.81%、12.82%、13.59%，西部地区和中部地区人均 GDP 增速明显高于东部地区。全国人均 GDP 极值比由 1997 年的 10.56 大幅缩小到 2015 年的 4.09，全国人均 GDP 变异系数由 1997 年的 0.66 下降到 2015 年的 0.43，人均 GDP 泰尔指数由 1997 年的 0.16 下降到 2015 年的 0.08，均表明全国各省份之间经济发展的差距得到了有效控制。1997—2015 年间，人均政府支出绝对额年均增长率西部和中部地区高于全国和东部地区，全国人均政府支出极值比、变异系数和泰尔指数变化趋势均体现出缩小的态势。同时极值比、变异系数以及泰尔指数分解结果显示，近几年西部地区人均 GDP 和人均政府支出差距均呈现出扩大趋势。一方面表明全国人均 GDP 和人均政府支出的差距正得以改善，同时也应该注意到西部区域内近年存在分化迹象。另一方面，东部地区人均 GDP、人均政府支出的绝对水平虽然高于中部和西部地区，但中部和西部地区的增长幅度要大于东部地区，区域间的绝对差距将逐步缩小。

8.1.2　经济增长差距主要来自区域间，而政府支出差距主要来自区域内部，区域政府支出差距是经济增长差异的重要原因

对人均 GDP 泰尔指数的分解结果显示，人均 GDP 差距泰尔指数以东中西部区域之间的差距为主，但整体呈缩小趋势，1997—2015 年的平均贡献为 58.47%，人均 GDP 差异主要体现在区域间发展的不均衡上。人均政府支出泰尔指数的分解结果显示，1997—2015 年组间贡献和组内贡献的平均值分别为 25.14% 和 74.86%，其中从 2009 年开始组内贡献达到 80% 以上，而组间贡献基本呈现逐年减小的变化趋势。说明人均政府支出差距来源以东中西部区域内部各省份间差异为主，东中西部区域之间的差距非主要因素。经济增长与政府支出差距的这一特征与人均 GDP 变异系数和人均政府支出变异系数可相互印证。人均 GDP 差距与人均政府支出差距存在正相关关系，同时人均政府支出泰尔指数是人均 GDP 泰尔指数的格兰杰原因，缩小地区间政府支出差异的政策将有助于区域经济的协调发展。

8.1.3 政府支出对经济增长的整体促进作用明显，积极财政政策的短期效应大于长期

对各省1997—2015年政府支出乘数的测算结果显示，我国各省历年政府支出乘数均为正数且大于1，表明我国政府支出对经济增长的整体促进作用明显。在1999年和2009年均出现了政府支出乘数的峰值，这与我国两轮积极财政政策实施的时间窗口基本吻合。从年度变化趋势发现，政府支出乘数在积极财政政策实施的当年会有明显的改善，在政策实施的第二年会出现峰值，之后会回落。从东部、中部、西部三大区域来看，区域间政府支出乘数效应存在差异，1997—2015年政府支出乘数年度平均值中部地区最高、西部地区最低。

8.1.4 政府支出效率普遍不高，绝对规模的扩大没有带来效率的改进，这是区域财政政策实施面临的突出矛盾

全国人均政府支出配置总效率1997—2015年平均值为0.53，变化趋势上呈现出先下降后上升的“W”型特征。人均政府支出产出效率区域差异情况，东部地区0.67最高，西部地区0.37最低，西部地区平均效率接近东部地区的一半。人均政府支出产出效率西部最低的特征一定程度上回应了西部地区人均政府支出乘数和人均政府支出产出弹性较低的原因，人均政府支出效率不高使得政府资源大量消耗产生沉淀，无法反映到经济产出上来。这种情况下政府支出规模的扩大，并不会带来相应的产出增长。

8.1.5 基于消费者、厂商和政府的三部门封闭经济动态随机一般均衡模型的模拟结果显示

生产性政府支出冲击对产出不仅有正向瞬间效应还有持续的正效应，非生产性政府支出冲击对产出仅有正向瞬间效应而不具有持续效应。区域间政府支出冲击的产出效应存在差异，现阶段东部地区经济增长更多来自经济软环境的改善，而西部地区则主要来自生产性政府支出的直接效应。私人资本产出弹性的敏感性分析结果表明，生产性政府支出与私人资本对经济增长的影响存在一定的替代性特征。当市场机制能有效发挥作用时，政府应当减少对经济的干预，主要在于营造良好的市场环境。同时政府可适当增加生产性政府支出以稳定经济，但应根据私人资本产出弹性的变化情况择机退出。

8.1.6　资源禀赋、市场化程度、区域政策和财政分权是政府支出经济增长效应区域差异的重要影响因素，西部大开发和中部崛起战略对区域经济的提振作用显著

资源禀赋的实质是影响经济生产的成本，以自然条件为主的成本差异系数可作为资源禀赋差异的近似合理表征。运用因子分析法测算的结果显示，区域间成本差异系数整体呈现出西高东低的特征，同时成本差异系数与人均 GDP 之间存在负相关关系。区域市场化程度东部地区最高、西部地区最低，人均 GDP 水平与市场化指数之间存在正相关关系。市场化程度的不同会引致不同地区资源配置的效率存在差异，并最终体现在经济增长上。区域经济总量占比变化趋势表明，东部地区和西部经济总量的相对差异水平在逐步缩小，这一变化特征与人均 GDP 极值比、变异系数和泰尔指数的变化趋势基本吻合。财政分权会对地方政府行为、财政资源配置能力、财政负担能力和政府支出偏好等方面产生影响，这些分异对经济增长的影响在不同地区间存在差异。政府支出经济增长效应异质性影响因素实证结果表明，自然条件成本对经济增长具有抑制作用，市场化程度、财政分权和人力资本水平均显著地促进了区域经济增长，西部大开发战略和中部崛起战略对西部地区和中部地区经济发展发挥了重要作用。同时东部地区非生产性政府支出对经济增长的影响要大于生产性政府支出，而西部地区生产性政府支出对经济增长的影响则更大。

8.1.7　我国各省份经济整体呈现空间正相关特征，人力资本在区域间存在较强的空间外溢性。东部地区非生产性政府支出的外溢效应大于生产性政府支出，而中部和西部地区则相反

全局 Moran's I 指数表明人均 GDP 具有空间依赖性，我国 30 个省份主要落在高—高和低—低两个聚集区，整体表现空间正相关特征。运用空间杜宾模型的估计结果显示，全国层面空间自回归系数显著为正，说明经济发展水平对相邻地区具有显著的外溢性特征。人均政府支出的空间滞后项系数显著为正，表明政府支出不仅有助于本地区经济增长，对相邻地区经济增长也有促进作用。区域层面，东部地区政府支出对经济增长的空间溢出效应最大。东部和中部的市场化程度对经济增长具有空间外溢性特征，而西部地区的空间外溢性特征不明显，这一定程度上与西部地区市场化程度不高有关。东部地区以财政自给率衡量的财政分权对

经济增长有较强的外溢性，中西部地区受财力限制，财政分权度暂未体现出空间外溢性特征。区域经济政策在促进本地区经济增长的同时也带动了相邻地区经济的增长。人力资本在区域间存在较强的空间外溢性，而地区自然条件成本则不存在明显的空间效应。不同类别支出对经济增长的外溢效应存在区域差异，东部地区非生产性政府支出的外溢效应大于生产性政府支出，而中部和西部地区则相反。

8.1.8 政府支出规模与经济增长之间存在倒“U”型的非线性关系

基于面板门槛效应回归模型的估计结果显示，全国、东部、中部、西部最优政府支出规模分别为22.20%、17.74%、22.35%和22.24%，最优生产性政府支出规模分别为49.98%、51.40%、47.86%和47.52%。如果以1997—2015年政府支出占比均值作为现阶段政府支出的实际规模，区域政府支出规模和结构的提升空间，中部地区最大，西部地区最小。

8.2 政策启示

区域协调发展是现代化进程中必须面对的重大课题，区域间发展的不均衡将成为制约我国经济社会健康持续发展的重要因素。基于本书的分析结论，得到如下政策启示：

8.2.1 在合理控制政府支出规模增长的同时，政府支出结构应充分体现区域发展差异

理论和实证分析均表明，政府支出规模与经济增长之间存在倒“U”型的非线性关系。也即政府支出与经济增长之间存在最适规模，在达到最优政府支出规模以前，政府支出规模的扩大有助于经济增长。本书实证研究结果显示，东部、中部、西部最优政府支出规模分别为17.74%、22.35%和22.24%。如果以1997—2015年政府支出GDP占比均值作为现阶段政府支出的实际规模，区域政府支出规模提升空间，东部地区为6.03个百分点，中部地区为7.56个百分点，西部地区为1.61个百分点。虽然以此衡量的政府支出规模仍有扩大空间，但未来提升空间已十分有限。为充分发挥财政资金作用，应根据经济发展阶段性特征

控制政府支出总规模，合理有序安排政府支出增长。本书研究发现，东部地区非生产性政府支出对经济增长的影响大于生产性政府支出，而中西部地区生产性政府支出对经济增长的影响则更大。政府支出结构应充分体现不同类型政府支出对经济增长的影响差异。东部地区应将支出向医疗卫生、社会保障等非生产性政府支出方面倾斜，着力改善经济发展的软环境。中西部地区由于经济发展相对落后，生产性政府支出仍应成为主要方向，特别是有助于提升长期经济增长内生动力的教育和科技支出。然而，西部地区生产性政府支出已经十分接近最优生产性政府支出规模，对西部地区来说提升政府支出的效率可能是其首要问题。

8.2.2　以预算绩效管理为抓手，提高财政支出效率

我国政府支出规模不断扩大，但财政支出效率却普遍不高。全国人均政府支出配置总效率 1997—2015 年平均值为 0.53，东部地区为 0.67，西部地区为 0.37，西部地区平均效率接近东部地区的一半。随着政府支出规模向最优规模靠拢，政府支出提升空间有限，唯有提高财政支出效率，才能充分发挥政府支出对区域经济增长的促进作用。预算绩效管理，作为一项重要的制度性安排，将绩效理念贯穿于预算编制、审核、审批、执行、监督和反馈的全过程，能有效提高政府部门在公共事务管理、财政资源配置和公共服务提供方面的综合能力。预算绩效管理是一个由绩效目标、绩效运行跟踪监控、绩效评价实施、绩效评价结果反馈和应用共同组成的综合管理系统。通过绩效评价这一指挥棒引导政府行为方式的转变进而改变财政资金支出行为，并不断提高其使用效率，是预算绩效管理的应有之意。一方面要完善制度环境，提升政府治理水平。绩效评价要在中期财政规划和中期预算的框架内进行，避免行为的短视化，提高绩效评价的长期稳定性和有效性。另一方面要树立绩效意识与理念，科学制定绩效目标。通过培养预算绩效管理人才队伍，强化绩效执行监控和绩效评价信息的公开，提升评价质量水平，形成自我改进绩效的内生动力。通过加强预算绩效管理，提高财政支出的效率，更好地发挥财政支出对经济发展的作用。

8.2.3　以完善转移支付为保障，建立财政政策区域调控机制

转移支付制度在均衡地方财力，促进区域经济发展方面发挥了重要作用。我国实行的是纵向转移支付制度，强调中央对地方的宏观调控能力。然而一个地区的政府支出可能最终在其相邻地区发生作用。比如教育，无论义务教育、初等教

育还是高等教育，地方政府均需要承担一定的支出责任，然而本地培养的人才可能基于各种原因最终外流到其他地区，成为其他地区的人力资本。本地区付出了相应成本，但没有得到与之相匹配的收益。本书空间实证分析的结果也表明，政府支出和人力资本具有较强的空间外溢性。虽然我国实行了对口帮扶政策，经济发达省份在人才、产业、技术和资金方面对经济欠发达省份提供支持和帮助，但这并没有成为一种正式的制度安排。为此，建议在纵向转移支付制度的基础上建立以区域均衡发展为目标的横向转移支付制度，将地区间支出的外溢效应和人口流动作为重要考量因素。横向转移支付制度以地区间经济发展差距为锚，当地区经济发展差距超过一定水平时便启动分配机制，使地区经济发展保持在合理的差距水平。

8.2.4 以深化市场化改革为导向，发挥市场机制潜力

自改革开放以来我国市场化改革已走过 40 多年的历程，以市场化改革为方向的经济转型充分激发了市场主体参与经济的热情和动力，使生产要素资源的配置效率得到了极大改善。我国地区间市场化程度存在较大差距，中西部地区市场化程度远低于东部地区。东部地区在政府与市场关系、非国有经济发展、产品和要素市场发展、市场中介与法律环境方面的市场化程度均优于中西部地区。市场化程度主要通过改善资源配置效率进而影响经济增长。本书实证分析结果表明，中西部地区市场化程度虽低，但对经济增长的边际影响显著为正，也即提高中西部地区的市场化程度水平将有助于更好地发挥政府支出对经济增长的促进作用。应继续以市场化改革为导向，充分发挥市场机制潜力，促进中西部地区经济发展，缩小与东部地区的发展差距。一方面应减少政府干预，营造市场环境。政府的主要职责在于建立规范和营造良好的市场环境，降低经济参与者的交易成本。另一方面发挥政府支出的引导作用，吸引社会资本参与经济建设。通过完善市场机制，提高地区间资源配置效率，更好地发挥政府支出在区域经济协调发展中的作用。

参考文献

[1] 陈共. 财政学（第七版）[M]. 北京：中国人民大学出版社，2012.

[2] 陈纪瑜，郭平，罗宏斌. 财政学 [M]. 长沙：湖南大学出版社，2003.

[3] 高鸿业. 西方经济学（宏观部分）第4版 [M]. 北京：中国人民大学出版社，2007.

[4] 高鸿业. 西方经济学（微观部分）第4版 [M]. 北京：中国人民大学出版社，2007.

[5] 蒋自强，史晋川. 当代西方经济学流派（第三版）[M]. 上海：复旦大学出版社，2008.

[6] 李玉双. 大国财政政策的宏观经济效应：基于中国视角的分析 [M]. 上海：格致出版社：上海人民出版社，2015.

[7] 刘斌. 动态随机一般均衡模型及其应用 [M]. 北京：中国金融出版社，2010.

[8] 刘尚希. 公共风险视角下的公共财政 [M]. 北京：经济科学出版社，2010.

[9] 缪一德，杨海涛主编. 当代西方经济学流派 [M]. 成都：西南财经大学出版社，2007.

[10] 王文甫，窦海义，刘兆法，侯先瑞. 财政政策的区域效应研究 [M]. 成都：西南财经大学出版社，2016.

[11] 王文甫. 中国政府支出宏观效应及其传导机制研究 [M]. 北京：经济科学出版社，2015.

[12] 王小鲁，樊纲，余静文. 中国分省份市场化指数报告（2016）[M]. 北京：社会科学文献出版社，2017.

[13] 肖尧. 我国财政政策效应模拟检验——基于DSGE模型中国化构建研

究［M］. 北京：中国统计出版社，2016.

［14］张佐敏．财政规则与政策效果研究［M］. 北京：科学出版社，2015.

［15］卞志村，胡恒强．结构性减税、财政支出扩张与中国经济波动［J］. 金融评论，2016，8（04）：18－30＋124.

［16］曾淑婉，刘向东，张宇．财政支出对区域经济差异变动的时空效应研究——基于动态空间面板模型的实证分析［J］. 财经理论与实践，2015，36（01）：89－94

［17］陈创练，张帆，张年华．地理距离、技术进步与中国城市经济增长的空间溢出效应——基于拓展 Solow 模型第三方效应的实证检验［J］. 南开经济研究，2017（01）：23－43.

［18］陈高，王朝才．中国地方财政支出与经济增长关系研究——基于1990—2012年省际数据的线性混合模型分析［J］. 财政研究，2014（08）：42－45.

［19］陈建宝，戴平生．我国财政支出对经济增长的乘数效应分析［J］. 厦门大学学报（哲学社会科学版），2008（05）：26－32.

［20］陈昆亭，龚六堂．粘滞价格模型以及对中国经济的数值模拟——对基本 RBC 模型的改进［J］. 数量经济技术经济研究，2006，（08）：106－117.

［21］陈浪南，柳阳．我国财政政策的私人投资需求非线性效应研究［J］. 经济管理，2014，36（02）：1－9.

［22］陈浪南，杨子晖．中国政府支出和融资对私人投资挤出效应的经验研究［J］. 世界经济，2007（01）：49－59.

［23］陈思霞，薛钢．地方环境公共支出如何影响了经济增长？——技术效率与健康资本的视角［J］. 中国软科学，2014（05）：173－181.

［24］陈学彬，杨凌，方松．货币政策效应的微观基础研究——我国居民消费储蓄行为的实证分析［J］. 复旦学报（社会科学版），2005，（01）：42－54.

［25］陈颖颖．地方政府财政支出与政府消费的产出弹性分析［J］. 统计与决策，2010（06）：105－107.

［26］陈煜明，阳建辉．货币财政政策的区域差异效应：基于交互效应 SVAR 的实证［J］. 江西财经大学学报，2015（01）：21－31.

［27］楚尔鸣，许先普．消费习惯偏好、政府支出扩张与产出效应［J］. 财贸经济，2013（08）：27－37＋46.

[28] 慈向阳，杨咸月，黄志敏. 政府支出与 GDP 增长关系研究 [J]. 理论与改革，2016 (01): 145 - 151.

[29] 崔治文，王蓓，管芹芹. 我国有效税率结构的经济增长效应：基于 SVAR 模型的实证研究 [J]. 南方经济，2011，(02): 16 - 27.

[30] 戴金平，刘进财. 政府财政支出与区域经济增长非线性关系研究——基于中国省际面板的门槛检验 [J]. 社会科学辑刊，2017 (04): 57 - 64.

[31] 邓悦，詹添丞. 地方财政支出与区域经济发展关系的实证分析——以地市级城市面板数据为例 [J]. 江西财经大学学报，2013 (03): 18 - 24.

[32] 丁忠民，玉国华，王定祥. 财政支出的非协同增长关系与经济效应——基于面板门槛模型的实证研究 [J]. 广西社会科学，2016，(12): 74 - 81.

[33] 董秀良，薛丰慧，吴仁水. 我国财政支出对私人投资影响的实证分析 [J]. 当代经济研究，2006，(05): 65 - 68.

[34] 杜宏宇，岳军. 金融发展、政府支出结构与地区经济增长 [J]. 财经问题研究，2012 (04): 50 - 54.

[35] 杜清源，龚六堂. 带"金融加速器"的 RBC 模型 [J]. 金融研究，2005，(04): 16 - 30.

[36] 范柏乃，张电电. 医疗卫生财政支出对经济增长贡献的时空差异——基于 1997—2012 年 30 个省级地区面板数据分析 [J]. 华东经济管理，2014，28 (05): 56 - 59.

[37] 范琦，冯经纶. 社会保障支出能促进中国经济增长吗？——来自 1989—2015 年全口径社会保障支出数据的实证分析 [J]. 华东经济管理，2017，31 (03): 42 - 48.

[38] 范庆泉，周县华，潘文卿. 从生产性财政支出效率看规模优化：基于经济增长的视角 [J]. 南开经济研究，2015 (05): 24 - 39.

[39] 伏润民，常斌，缪小林. 我国省对县（市）一般性转移支付的绩效评价——基于 DEA 二次相对效益模型的研究 [J]. 经济研究，2008，43 (11): 62 - 73.

[40] 付文林，沈坤荣. 均等化转移支付与地方财政支出结构 [J]. 经济研究，2012，47 (05): 45 - 57.

[41] 傅勇. 财政分权、政府治理与非经济性公共物品供给 [J]. 经济研究，2010，45 (08): 4 - 15 + 65.

[42] 高军，刘博敏．财政支出可以长期促进经济增长吗——基于省级面板数据的协整分析［J］．宏观经济研究，2013（06）：48－53．

[43] 高培勇．公共财政：概念界说与演变脉络——兼论中国财政改革30年的基本轨迹［J］．经济研究，2008，43（12）：4－16．

[44] 高学武，张丹．地方政府支出与私人投资：挤入还是挤出［J］．财贸经济，2014，（01）：115－124．

[45] 高学武，张丹．地方政府支出效率的再考察——基于省级面板数据的分析［J］．经济社会体制比较，2013（06）：181－190．

[46] 龚锋，雷欣．中国式财政分权的数量测度［J］．统计研究，2010，27（10）：47－55．

[47] 顾昕．走向大政府时代？——政府规模增长的度量问题［J］．学习与探索，2015（12）：106－112．

[48] 郭庆旺，贾俊雪．地方政府间策略互动行为、财政支出竞争与地区经济增长［J］．管理世界，2009（10）：17－27＋187．

[49] 郭庆旺，吕冰洋，张德勇．财政支出结构与经济增长［J］．经济理论与经济管理，2003（11）：5－12．

[50] 郭玉清，姜磊，李永宁．空间外部性视角下的地方政府支出策略互动模式［J］．经济地理，2012，32（05）：30－36．

[51] 郭长林．财政政策扩张、纵向产业结构与中国产能利用率［J］．管理世界，2016，（10）：13－33＋187．

[52] 贺俊，刘亮亮，张玉娟．政府支出结构、分权通道与居民消费［J］．统计与信息论坛，2016，31（04）：28－33．

[53] 胡永刚，郭新强．内生增长、政府生产性支出与中国居民消费［J］．经济研究，2012，47（09）：57－71．

[54] 胡永刚，郭长林．财政政策规则、预期与居民消费——基于经济波动的视角［J］．经济研究，2013，48（03）：96－107．

[55] 黄赜琳，傅冬绵．居民消费演变特征事实及其对经济增长的影响［J］．上海财经大学学报，2012，14（02）：90－97．

[56] 黄赜琳．中国经济周期特征与财政政策效应——一个基于三部门RBC模型的实证分析［J］．经济研究，2005，（06）：27－39．

[57] 贾俊雪，郭庆旺，赵旭杰．地方政府支出行为的周期性特征及其制度

根源［J］．管理世界，2012（02）：7－18.

［58］简志宏，李霜，鲁娟．货币供应机制与财政支出的乘数效应——基于DSGE的分析［J］．中国管理科学，2011，19（02）：30－39.

［59］姜艳凤．我国省际劳动、资本、消费有效税率的估算与比较［J］．财经论丛，2015，（02）：26－34.

［60］金春雨，王伟强．我国财政政策效应与经济周期波动的关联性分析［J］．西安交通大学学报（社会科学版），2017，37（03）：28－35.

［61］金戈．中国基础设施资本存量估算［J］．经济研究，2012，47（04）：4－14＋100.

［62］金戈．中国基础设施与非基础设施资本存量及其产出弹性估算［J］．经济研究，2016，51（05）：41－56.

［63］靳春平．财政政策效应的空间差异性与地区经济增长［J］．管理世界，2007（07）：47－56＋171.

［64］靳力．从“凯恩斯效应”到“阿米曲线”——政府规模与经济增长关系的非线性转向［J］．学术界，2012（06）：67－74＋284.

［65］寇铁军，周波．政府支出的经济增长效应：1993—2005年间我国省级层面的分解分析［J］．财贸经济，2007（12）：17－22＋140.

［66］李成，马文涛，王彬．学习效应、通胀目标变动与通胀预期形成［J］．经济研究，2011，46（10）：39－53.

［67］李春琦，唐哲一．财政支出结构变动对私人消费影响的动态分析——生命周期视角下政府支出结构需要调整的经验证据［J］．财经研究，2010，36（06）：90－101.

［68］李村璞，赵守国，何静．我国的政府规模与经济增长：1979—2008——基于非线性STR模型的实证分析［J］．经济科学，2010（04）：15－26.

［69］李慧玲，陈军．交通基础设施、空间溢出与区域经济增长——基于空间Durbin模型的经验分析［J］．华东经济管理，2017，31（08）：53－59.

［70］李凯杰．环境支出、健康与经济增长［J］．经济经纬，2016，33（05）：84－89.

［71］李强，李书舒．财政支出和金融发展对经济增长的影响：非线性效应与关联机制［J］．财贸研究，2017，28（02）：21－29.

[72] 李盛基，吕康银，金凤龄．财政教育支出减贫的空间溢出效应分析［J］．税务与经济，2016（06）：48－52.

[73] 李晓嘉，钟颖．地方政府支出对居民消费需求的影响研究——来自中国区域面板数据的证据［J］．上海经济研究，2013，25（08）：24－31.

[74] 李真男．政府支出结构与税收分配比例的经济增长效应研究——财政分权体制下政府最大化社会福利机制推演［J］．财经研究，2009，35（09）：14－25.

[75] 李芝倩．资本、劳动收入、消费支出的有效税率测算［J］．税务研究，2006，（04）：14－18.

[76] 梁红梅，张卫峰．中国消费、劳动和资本收入有效税率估算研究［J］．中央财经大学学报，2014，（12）：3－12.

[77] 林春．财政分权与中国经济增长质量关系——基于全要素生产率视角［J］．财政研究，2017（02）：73－83＋97.

[78] 林峰．财政支出结构对经济增长的外溢性研究——基于中国省际面板数据的实证检验［J］．经济与管理研究，2013（09）：11－18.

[79] 林建浩．中国地方政府财政竞争的经济增长效应［J］．经济管理，2011，33（04）：10－15.

[80] 林桐，王文甫．我国省际政府支出乘数有差异性吗［J］．经济理论与经济管理，2017（05）：63－77.

[81] 林桐，王文甫．我国政府支出乘数是下降的吗？［J］．经济问题探索，2017（10）：19－27.

[82] 林细细，龚六堂．中国债务的福利损失分析［J］．经济研究，2007，（01）：56－67.

[83] 刘斌．我国 DSGE 模型的开发及在货币政策分析中的应用［J］．金融研究，2008，（10）：1－21.

[84] 刘斌．物价水平的财政决定理论与实证研究［J］．金融研究，2009，（08）：35－51.

[85] 刘初旺．我国消费、劳动和资本有效税率估计及其国际比较［J］．财经论丛，2004，（04）：9－16.

[86] 刘翠．影子银行体系对我国货币政策工具规则选择的影响——基于 DSGE 模型的数值模拟分析［J］．财经论丛，2017，（08）：55－64.

[87] 刘方，史倩倩．政府支出、通货膨胀与中国繁荣—衰退周期 [J]．经济经纬，2017，34 (02)：128 - 134.

[88] 刘洪，金林．基于半参数模型的财政支出与经济增长关系研究 [J]．财政研究，2012 (10)：65 - 68.

[89] 刘建民，王蓓，吴金光．基于区域效应的财政政策效果研究——以中国的省际面板数据为例：1981—2010 [J]．经济学动态，2012 (09)：30 - 35.

[90] 刘溶沧，马拴友．论税收与经济增长——对中国劳动、资本和消费征税的效应分析 [J]．中国社会科学，2002，(01)：67 - 76 + 206 - 207.

[91] 刘长生，郭小东，简玉峰．社会福利指数、政府支出规模及其结构优化 [J]．公共管理学报，2008 (03)：91 - 99 + 126.

[92] 刘振亚，杨武．最优政府支出结构与平衡增长 [J]．南开经济研究，2009 (02)：103 - 115.

[93] 刘志忠，吴飞，周庭芳．民生性财政支出与城乡居民消费：理论分析与面板实证的再检验 [J]．学术研究，2012 (11)：80 - 83.

[94] 吕炜，高帅雄，周潮．投资建设性支出还是保障性支出——去杠杆背景下的财政政策实施研究 [J]．中国工业经济，2016，(08)：5 - 22.

[95] 吕志华．持续增长条件下的最优财政支出结构研究——基于我国省际面板数据的测算 [J]．中央财经大学学报，2012 (04)：1 - 6.

[96] 马萍．学校布局调整中基础教育资源配置效率评价——基于 X 省 2002—2013 年数据的 DEA 分析 [J]．中国人口·资源与环境，2017，27 (S2)：252 - 255.

[97] 梅冬州，王子健，雷文妮．党代会召开、监察力度变化与中国经济波动 [J]．经济研究，2014，49 (03)：47 - 61.

[98] 苗文龙，陈卫东．财政政策、货币政策与中国区域经济周期异步性 [J]．中国经济问题，2010 (06)：11 - 24.

[99] 潘文富，赵玲．我国相机抉择财政政策对经济增长与私人消费的影响——基于 SVAR 模型分析 [J]．华东经济管理，2017，31 (05)：121 - 125.

[100] 潘文卿，范庆泉，周县华．消费性财政支出效率与最优支出规模：基于经济增长的视角 [J]．统计研究，2015，32 (11)：18 - 25.

[101] 庞瑞芝．财政支出影响经济增长的作用机制分析 [J]．南开经济研究，2002 (03)：14 - 16.

[102] 彭志文，郭路．财政支出结构、最优税率区间与经济增长 [J]．财政研究，2011 (04)：44 -47.

[103] 桑百川，黄漓江．政府支出与经济波动——基于省级面板数据的实证分析 [J]．南方经济，2016 (08)：60 -74.

[104] 沈坤荣，付文林．中国的财政分权制度与地区经济增长 [J]．管理世界，2005 (01)：31 -39 +171 -172.

[105] 帅雯君，董秀良，胡淳．我国财政支出挤入挤出效应的动态时间路径分析——基于 MS—VECM 的实证检验 [J]．财经研究，2013，39 (09)：19 -34.

[106] 田青，高铁梅．政府支出对居民消费的动态影响研究——基于可变参数模型的实证分析 [J]．社会科学辑刊，2008 (06)：97 -101.

[107] 王宝顺，刘京焕．地方政府公共支出空间外溢效应对区域经济增长的影响 [J]．现代财经（天津财经大学学报），2011，31 (10)：61 -69.

[108] 王春元．我国政府财政支出结构与经济增长关系实证分析 [J]．财经研究，2009，35 (06)：120 -130.

[109] 王大林，成学真．中国东、中、西部地区资本收入、劳动收入、消费支出的有效税率测算 (1999—2005 年) [J]．中国软科学，2007，(05)：80 -91.

[110] 王国刚．中国货币政策目标的实现机理分析：2001—2010 [J]．经济研究，2012，47 (12)：4 -14 +42.

[111] 王国静，田国强．政府支出乘数 [J]．经济研究，2014，49 (09)：4 -19.

[112] 王华春，刘清杰．地方政府财政支出竞争与经济增长效应：基于策略互动视角 [J]．广东财经大学学报，2016，31 (01)：89 -97.

[113] 王君斌，王文甫．非完全竞争市场、技术冲击和中国劳动就业——动态新凯恩斯主义视角 [J]．管理世界，2010，(01)：23 -35 +43.

[114] 王立勇，毕然．财政政策对私人投资的非线性效应及其解释 [J]．统计研究，2014，31 (11)：58 -65.

[115] 王胜，邹恒甫．开放经济中的货币政策 [J]．管理世界，2006，(02)：23 -31 +171.

[116] 王维国，杨晓华．中国税收负担与经济增长关系的计量分析 [J]．财经问题研究，2006，(11)：74 -81.

［117］王文剑，覃成林．地方政府行为与财政分权增长效应的地区性差异——基于经验分析的判断、假说及检验［J］．管理世界，2008（01）：9－21.

［118］王玉凤，刘树林．财政支出结构对居民消费的动态影响——基于DSGE 的实证分析［J］．系统工程理论与实践，2015，35（02）：300－307.

［119］韦倩，王安，王杰．中国沿海地区的崛起：市场的力量［J］．经济研究，2014，49（08）：170－183.

［120］魏向杰．政府支出类型和融资方式对私人投资的影响［J］．经济经纬，2015，32（05）：144－149.

［121］文雁兵．改革中扩张的政府支出规模——假说检验与政策矫正［J］．经济社会体制比较，2016（02）：26－38.

［122］吴洪鹏，刘璐．挤出还是挤入：公共投资对民间投资的影响［J］．世界经济，2007，（02）：13－22.

［123］吴化斌，许志伟，胡永刚，鄢萍．消息冲击下的财政政策及其宏观影响［J］．管理世界，2011，（09）：26－39.

［124］吴一平．财政分权、腐败与治理［J］．经济学（季刊），2008（03）：1045－1060.

［125］吴智华，杨秀云．“土地财政”与中国房地产市场波动——基于两部门 NK-DSGE 模型的研究［J］．中南财经政法大学学报，2016，（05）：30－41＋53＋158－159.

［126］武晓利，晁江锋．政府财政支出结构调整对经济增长和就业的动态效应研究［J］．中国经济问题，2014（05）：39－47.

［127］武彦民，竹志奇，王涛．经济下行背景下财政最优偿债规则研究——基于 DSGE 模型分析［J］．中央财经大学学报，2016，（12）：12－25.

［128］肖洁，龚六堂，张庆华．市委书记市长变更、财政支出波动与时间不一致性［J］．金融研究，2015（06）：94－110.

［129］肖尧，牛永青．财政政策 DSGE 模型中国化构建及其应用［J］．统计研究，2014，31（04）：51－56.

［130］邢炜，方福前，李洁．规模效应、结构效应与区域性差异——基于政府支出对居民消费影响的视角［J］．江汉论坛，2016（07）：48－55.

［131］许莉，郭定文．我国政府支出对私人投资影响的实证分析［J］．经济问题探索，2009，（04）：20－26.

[132] 薛立国，杜亚斌，张润驰，徐源浩．财政政策对宏观经济波动的影响研究——基于金融加速器模型的分析 [J]．国际金融研究，2016 (10)：15 - 27.

[133] 严成樑，龚六堂．财政支出、税收与长期经济增长 [J]．经济研究，2009，44 (06)：4 - 15 + 51.

[134] 杨翱，李长洪．城乡异质性、财政支出结构与中国宏观经济波动 [J]．财贸经济，2016 (07)：21 - 33 + 93.

[135] 杨苜，刘森．Armey 曲线与中国最优财政支出规模 [J]．黑龙江社会科学，2008 (03)：86 - 90.

[136] 杨瑞平，敖小波．财政支出与经济增长的关系研究——基于协整理论的实证分析 [J]．经济问题，2014 (10)：21 - 24.

[137] 杨慎可．成本渠道与财政支出乘数——基于新凯恩斯模型分析 [J]．财经问题研究，2014 (05)：15 - 21.

[138] 杨友才，赖敏晖．我国最优政府财政支出规模——基于门槛回归的分析 [J]．经济科学，2009 (02)：34 - 44.

[139] 杨源源．财政支出结构、通货膨胀与非李嘉图制度——基于 DSGE 模型的分析 [J]．财政研究，2017，(01)：64 - 76 + 88.

[140] 杨智峰．地区差异、财政支出与居民消费 [J]．经济经纬，2008 (04)：64 - 67.

[141] 叶提芳，龚六堂，葛翔宇．资本流动、地方政府支出效率与社会福利 [J]．中南财经政法大学学报，2017 (02)：59 - 67.

[142] 尹贻林，卢晶．我国公共投资对私人投资影响的经验分析 [J]．财经问题研究，2008，(03)：76 - 81.

[143] 余靖雯，郑少武，龚六堂．政府生产性支出、国企改制与民间投资——来自省际面板数据的实证分析 [J]．金融研究，2013 (11)：96 - 110.

[144] 袁伟，沈悦．货币政策与财政政策对经济增长的效应分析 [J]．统计与决策，2017 (02)：159 - 162.

[145] 岳娟丽，徐晓伟．基于社会福利的央行货币政策目标利率选择——动态随机一般均衡模型下的实证分析 [J]．江西财经大学学报，2014，(02)：33 - 43.

[146] 詹新宇，王素丽．财政支出结构的经济增长质量效应研究——基于“五大发展理念”的视角 [J]．当代财经，2017 (04)：25 - 37.

[147] 张德勇．财政支出政策对扩大内需的效应——基于 VAR 模型的分析

框架 [J]. 财贸经济, 2013 (08): 38 -46.

[148] 张虎, 赵炜涛. 财政支出、城市化与经济增长的空间特征研究——基于空间相关性和空间异质性的实证分析 [J]. 经济问题探索, 2017, (04): 66 -75.

[149] 张军, 吴桂英, 张吉鹏. 中国省际物质资本存量估算: 1952—2000 [J]. 经济研究, 2004 (10): 35 -44.

[150] 张军. 资本形成、工业化与经济增长: 中国的转轨特征 [J]. 经济研究, 2002, (06): 3 -13 +93.

[151] 张开, 龚六堂. 多部门模型中的政府支出乘数 [J]. 华中科技大学学报 (社会科学版), 2017, 31 (03): 98 -107.

[152] 张荣霞, 何影, 史晓丹. 民生类政府财政支出对居民消费影响的研究 [J]. 软科学, 2013, 27 (11): 11 -16.

[153] 张淑翠. 我国财政支出对经济增长非线性效应——基于省级面板数据的平滑转移模型实证分析 [J]. 财经研究, 2011, 37 (08): 135 -144.

[154] 张延. 中国财政政策的"挤出效应"——基于1952~2008年中国年度数据的实证分析 [J]. 金融研究, 2010, (01): 58 -66.

[155] 张晏, 龚六堂. 分税制改革、财政分权与中国经济增长 [J]. 经济学 (季刊), 2005 (04): 75 -108.

[156] 张佐敏. 财政规则与政策效果——基于DSGE分析 [J]. 经济研究, 2013, 48 (01): 41 -53.

[157] 张佐敏. 中国存在财政规则吗? [J]. 管理世界, 2014, (05): 23 -35 +187.

[158] 赵磊. 宏观经济稳定与货币政策中介目标的选择——基于普尔规则的实证分析 [J]. 经济经纬, 2007, (05): 26 -29.

[159] 赵向琴, 袁靖, 陈国进. 灾难冲击与我国最优财政货币政策选择 [J]. 经济研究, 2017, 52 (04): 34 -47.

[160] 赵志耘, 吕冰洋. 政府生产性支出对产出 -资本比的影响——基于中国经验的研究 [J]. 经济研究, 2005, (11): 46 -56.

[161] 周清. 地方政府公共支出规模、结构与经济增长——基于我国省级面板数据的实证研究 [J]. 暨南学报 (哲学社会科学版), 2012, 34 (07): 64 -69.

[162] 周业安, 章泉. 财政分权、经济增长和波动 [J]. 管理世界, 2008 (03): 6 -15 +186.

[163] 周业安. 地方政府竞争与经济增长 [J]. 中国人民大学学报，2003（01）：97－103.

[164] 朱军. 债权压力下财政政策与货币政策的动态互动效应——一个开放经济的 DSGE 模型 [J]. 财贸经济，2016，（06）：5－17.

[165] 庄子罐，崔小勇，赵晓军. 不确定性、宏观经济波动与中国货币政策规则选择——基于贝叶斯 DSGE 模型的数量分析 [J]. 管理世界，2016，（11）：20－31＋187.

[166] 庄子银，邹薇. 公共支出能否促进经济增长：中国的经验分析 [J]. 管理世界，2003，（07）：4－12＋154.

[167] Armey R K. The Freedom Revolution: The New Republican House Majority Leader Tells Why Big Government Failed, Why Freedom Works, and How We Will Rebuild America [M]. Regnery Publishing, 1995.

[168] Arrow K J, Kruz M. Public Investment, the Rate of Return, and Optimal Fiscal Policy [M]. Johns Hopkins University, Baltimore, MD, 1970.

[169] Auty R. Sustaining Development in Mineral Economies: The resource curse thesis [M]. London and NewYork, 1993.

[170] Carboni O A, Medda G. Government Size and the Composition of Public Spending in a Neoclassical Growth Model [M]. Working papers CRENoS, no. 01. 2007.

[171] Debrun M X, Kapoor R. Fiscal Policy and Macroeconomic Stability: Automatic stabilizers work, always and everywhere [M]. International Monetary Fund, 2010.

[172] Friedman M, Schwartz A J. Money and Business Cycles [M]. The State of Monetary Economics. NBER, 1975: 32－78.

[173] Gali J. Monetary Policy, Inflation, and the Business Cycle: An Introduction to the New Keynesian Framework [M]. Princeton University Press, 2008.

[174] Peacock A T, Wiseman J. The Growth of Public Expenditure in the United Kingdom [M]. Allen & Unwin, 1967.

[175] Rotemberg J J, Woodford M. Interest Rate Rules in an Estimated Sticky Price model [M]. Monetary Policy Rules. University of Chicago Press, 1999: 57－126.

[176] Uhlig H. A Toolkit for Analyzing Nonlinear Dynamic Stochastic Models Easily. In Marimon, Ramon, and Andrew Scott, eds: Computational Methods for the

Study of Dynamic Economies [M]. Oxford University Press, 1999.

[177] Vedder R K, Gallaway L E. Government Size and Economic Growth [M]. The Committee, 1998.

[178] Afonso A, Furceri D. Government size, Composition, Volatility and Economic Growth [J]. European Journal of Political Economy, 2010, 26 (4): 517 –532.

[179] Ahmed S. Temporary and Permanent Government Spending in an Open Economy: Some evidence for the United Kingdom [J]. Journal of Monetary Economics, 1986, 17 (2): 197 –224.

[180] Aksoy, Y., de Grauwe, P., H. Dewachter. Do A Symmetric Matter for European Monetary Policy? [J]. European Economic Review, 2002, 46: 443 –69.

[181] Alesina A, Perotti R, Tavares J, et al. The Political Economy of Fiscal Adjustments [J]. Brookings Papers on Economic Activity, 1998, 29 (1): 197 –266.

[182] Alfredo M. Pereira, Jorge M. Andraz. Public Investment in Transportation Infrastructure and Economic Performance in Portugal [J]. Review of Development Economics, 2005, 9 (2): 177 –196.

[183] Amano R A, Wirjanto T S. Government Expenditures and the Permanent-income Model [J]. Review of Economic Dynamics, 1998, 1 (3): 719 –730.

[184] Andrés J, Doménech R, Fatás A. The Stabilizing role of Government Size [J]. Journal of Economic Dynamics and Control, 2008, 32 (2): 571 –593.

[185] Andrés J, Doménech R. Automatic Stabilizers, Fiscal Rules and Macroeconomic Stability [J]. European Economic Review, 2006, 50 (6): 1487 –1506.

[186] Argimon I, Gonzalez-Paramo J M, Roldan J M. Evidence of Public Spending Crowding-out from a Panel of OECD Countries [J]. Applied Economics, 1997, 29 (8): 1001 –1010.

[187] Aschauer D A. Does Public Capital Crowd out Private Capital? [J]. Journal of Monetary Economics, 1989, 24 (2): 171 –188.

[188] Aschauer D A. Fiscal Policy and Aggregate Demand [J]. The American Economic Review, 1985, 75 (1): 117 –127.

[189] Aschauer D. Is Government Spending Productive? [J]. Journal of Monetary Economics, 1989, 23 (2): 177 –200.

[190] Auerbach A J, Gorodnichenko Y. Measuring the Output Responses to Fiscal

Policy [J]. American Economic Journal: Economic Policy, 2012, 4 (2): 1 - 27.

[191] Baicker K. The Spillover Effects of State Spending [J]. Journal of Public Economics, 2005, 89 (2): 529 - 544.

[192] Bailey M J. National Income and the Price Level [J]. New York: McGraw - Hill, 1971.

[193] Bairam E, Ward B. The Externality Effect of Government Expenditure on Investment in OECD Countries [J]. Applied Economics, 1993, 25 (6): 711 - 716.

[194] Bairam E. Government size and Economic Growth: The African experience, 1960 - 85 [J]. Applied Economics, 1990, 22 (10): 1427 - 1435.

[195] Barro R J, Redlick C J. Macroeconomic Effects from Government Purchases and Taxes [J]. The Quarterly Journal of Economics, 2011, 126 (1): 51 - 102.

[196] Barro R J. Government Spending in a Simple Model of Endogeneous Growth [J]. Journal of Political Economy, 1990, 98 (5, Part 2): S103 - S125.

[197] Barro R J. Output Effects of Government Purchases [J]. Journal of Political Economy, 1981, 89 (6): 1086 - 1121.

[198] Baum A, Koester G B. The Impact of Fiscal Policy on Economic Activity over the Business Cycle-evidence from a Threshold VAR Analysis [J]. Discussion Paper Series 1: Economic Studies 2011.

[199] Baxter M, King R G. Fiscal Policy in General Equilibrium [J]. The American Economic Review, 1993: 315 - 334.

[200] Bird R M. Wagner's of Expanding State Activity [J]. Public Finance = Finances Publiques, 1971, 26 (1): 1 - 26.

[201] Blanchard O J, Kahn C M. The Solution of Linear Difference Models under Rational Expectations [J]. Econometrica: Journal of the Econometric Society, 1980: 1305 - 1311.

[202] Blanchard O, Galí J. Real Wage Rigidities and the New Keynesian Model [J]. Journal of Money, Credit and Banking, 2007, 39 (s1): 35 - 65.

[203] Blanchard O, Perotti R. An Empirical Characterization of the Dynamic Effects of Changes in Government Spending and Taxes on Output [J]. The Quarterly Journal of Economics, 2002, 117 (4): 1329 - 1368.

[204] Blankenau W F, Simpson N B. Public Education Expenditures and Growth

[J]. Journal of Development Economics, 2004, 73 (2): 583 -605.

[205] Bose N, Haque M E, Osborn D R. Public Expenditure and Economic Growth: A disaggregated analysis for developing countries [J]. The Manchester School, 2007, 75 (5): 533 -556.

[206] Bouakez H, Rebei N. Why does Private Consumption Rise after a Government Spending Shock? [J]. Canadian Journal of Economics/Revue Canadienne Déconomique, 2007, 40 (3): 954 -979.

[207] Bouthevillain C, Dufrénot G. Are the Effects of Fiscal Changes Different in Times of Crisis and non Crisis? The French Case [J]. Revue Déconomie Politique, 2011, 121 (3): 371 -407.

[208] Brueckner J K. Testing for Strategic Interaction Among Local Governments: The case of growth controls [J]. Journal of Urban Economics, 1998, 44 (3): 438 -467.

[209] Calvo G A. Staggered Prices in a Utility-Maximizing Framework [J]. Journal of Monetary Economics, 1983, 12 (3): 383 -398.

[210] Carey D, Rabesona J. Tax Ratios on Labor and Capital Income and on Consumption [J]. Measuring the Tax Burden on Capital and Labor, 2004, 21362.

[211] Carlino, G., R. DeFina. The Differential Regional Effects of Monetary Policy: Evidence from the U. S. States [J]. Journal of Regional Science, 1999, 39: 339 -358.

[212] Carlino, G., R. DeFina. The Differential Regional Effects of Monetary Policy [J]. The Review of Economics and Statistics, 1998, 80: 572 -587.

[213] Carmignani F. The Impact of Fiscal Policy on Private Consumption and Social Outcomes in Europe and the CIS [J]. Journal of Macroeconomics, 2008, 30 (1): 575 -598.

[214] Case A C, Rosen H S, Hines J R. Budget Spillovers and Fiscal Policy Interdependence: Evidence from the states [J]. Journal of Public Economics, 1993, 52 (3): 285 -307.

[215] Chen S T, Lee C C. Government size and Economic Growth in Taiwan: A threshold regression approach [J]. Journal of Policy Modeling, 2005, 27 (9): 1051 -1066.

[216] Choi W G, Devereux M B. Asymmetric Effects of Government Spending:

Does the level of real interest rates matter? [J]. IMF Staff Papers, 2006: 147-181.

[217] Christensen I, Dib A. The Financial Accelerator in an Estimated New Keynesian Model [J]. Review of Economic Dynamics, 2008, 11 (1): 155-178.

[218] Christiano L J, Eichenbaum M, Evans C L. Nominal Rigidities and the Dynamic Effects of a Shock to Monetary Policy [J]. Journal of Political Economy, 2005, 113 (1): 1-45.

[219] Christiano L J, Eichenbaum M. Current Real-business-cycle Theories and Aggregate Labor-market Fluctuations [J]. The American Economic Review, 1992: 430-450.

[220] Christiano L, Eichenbaum M, Rebelo S. When is the Government Spending Multiplier Large? [J]. Journal of Political Economy, 2011, 119 (1): 78-121.

[221] Clausen V, Wohltmann H W. Monetary and Fiscal Policy Dynamics in an Asymmetric Monetary Union [J]. Journal of International Money and Finance, 2005, 24 (1): 139-167.

[222] Coenen G, Mohr M, Straub R. Fiscal Consolidation in the euro area: Long-run benefits and short-run costs [J]. Economic Modelling, 2008, 25 (5): 912-932.

[223] Coenen G, Straub R. Does Government Spending Crowd in Private Consumption? Theory and empirical evidence for the euro area [J]. International Finance, 2005, 8 (3): 435-470.

[224] Cogan J F, Cwik T, Taylor J B, et al. New Keynesian versus old Keynesian Government Spending Multipliers [J]. Journal of Economic Dynamics and Control, 2010, 34 (3): 281-295.

[225] Conte M A, Darrat A F. Economic Growth and the Expanding Public Sector: A reexamination [J]. The Review of Economics and Statistics, 1988: 322-330.

[226] Davig T, Leeper E M. Monetary-fiscal Policy Interactions and Fiscal Stimulus [J]. European Economic Review, 2011, 55 (2): 211-227.

[227] De Long J B, Summers L H. Macroeconomic Policy and Long-run Growth [J]. Economic Review-Federal Reserve Bank of Kansas City, 1992, 77 (4): 5.

[228] Debrun X, Pisani-Ferry J, Sapir A. Government size and Output Volatility: Should we forsake automatic stabilization? [R]. IMF Working Papers, 2008, 08/122.

[229] Demurger S, D SACHS J, Woo W T, et al. The Relative Contributions of Location and Preferential Policies in China's Regional Development: Being in the right place and having the right incentives [J]. China Economic Review, 2002, 13 (4): 444 -465.

[230] Démurger S, Sachs J D, Woo W T, et al. Geography, Economic Policy, and Regional Development in China [J]. Asian Economic Papers, 2002, 1 (1): 146 -197.

[231] Devarajan S, Swaroop V, Zou H F. The Composition of Public Expenditure and Economic Growth [J]. Cema Working Papers, 1996, 37 (2): 313 -344.

[232] Devereux M B, Head A C, Lapham B J. Monopolistic Competition, Increasing Returns, and the Effects of Government Spending [J]. Journal of Money, Credit and Banking, 1996, 28 (2): 233 -254.

[233] Dixit A K, Stiglitz J E. Monopolistic Competition and Optimum Product Diversity [J]. The American Economic Review, 1977, 67 (3): 297 -308.

[234] Easterly W, Rebelo S. Fiscal Policy and Economic Growth [J]. Journal of Monetary Economics, 1993, 32 (3): 417 -458.

[235] Erenburg S J, Wohar M E. Public and Private Investment: Are there causal linkages? [J]. Journal of Macroeconomics, 1995, 17 (1): 1 -30.

[236] Erenburg S J. The Real Effects of Public Investment on Private Investment [J]. Applied Economics, 1993, 25 (6): 831 -837.

[237] Evans P, Karras G. Are Government Activities Productive? Evidence from a panel of US states [J]. The Review of Economics and Statistics, 1994: 1 -11.

[238] Evans P. Government Consumption and Growth [J]. Economic Inquiry, 1997, 35 (2): 209 -217.

[239] Fatás A, Mihov I. Government size and Automatic Stabilizers: International and intranational evidence [J]. Journal of International Economics, 2001, 55 (1): 3 -28.

[240] Fazzari S M, Morley J, Panovska I. State-dependent Effects of Fiscal Policy [J]. Studies in Nonlinear Dynamics & Econometrics, 2015, 19 (3): 285 -315.

[241] Feldstein M S. Rethinking the Role of Fiscal Policy [R]. National Bureau of Economic Research, 2009.

[242] Fernández-Villaverde J. Fiscal Policy in a Model with Financial Frictions [J]. The American Economic Review, 2010, 100 (2): 35 -40.

[243] Finn M G. Cyclical Effects of Government's Employment and Goods Purchases [J]. International Economic Review, 1998: 635 -657.

[244] Fischer S. The Role of Macroeconomic Factors in Growth [J]. Journal of Monetary Economics, 1993, 32 (3): 485 -512.

[245] Fleisher B M, Chen J. The Coast-noncoast Income Gap, Productivity, and Regional Economic Policy in China [J]. Journal of Comparative Economics, 1997, 25 (2): 220 -236.

[246] Forni L, Monteforte L, Sessa L. The General Equilibrium Effects of Fiscal Policy: Estimates for the Euro Area [J]. Journal of Public Economics, 2009, 93 (3): 559 -585.

[247] Galí J, López-Salido J D, Vallés J. Understanding the Effects of Government Spending on Consumption [J]. Journal of the European Economic Association, 2007, 5 (1): 227 -270.

[248] Gali J, Monacelli T. Optimal Monetary and Fiscal Policy in a Currency Union [J]. Journal of International Economics, 2008, 76 (1): 116 -132.

[249] Gali J. Government Size and Macroeconomic Stability [J]. European Economic Review, 1994, 38 (1): 117 -132.

[250] Garrison C B, Chang H S. The Effect of Monetary and Fiscal Policies on Regional Business Cycles [J]. International Regional Science Review, 1979, 4 (2): 167 -180.

[251] Ghali K H. Government Spending and Economic Growth in Saudi Arabia [J]. Journal of Economic Development, 1997, 22 (2): 165 -172.

[252] Ghali K H. Public Investment and Private Capital Formation in a Vector Error-correction Model of Growth [J]. Applied Economics, 1998, 30 (6): 837 -844.

[253] Ghosh S, Roy U. Fiscal Policy, Long-run Growth, and Welfare in a Stock-flow Model of Public Goods [J]. Canadian Journal of Economics/Revue Canadienne D'économique, 2004, 37 (3): 742 -756.

[254] Goldsmith A H. Rethinking the Relation between Government Spending and Economic Growth: A composition approach to fiscal policy instruction for principles

students [J]. The Journal of Economic Education, 2008, 39 (2): 153 - 173.

[255] Gonza'les A, Terasvirta T, Dijk D V. Panel Smooth Transition Regression Model and an Application to Investment under Credit Constraints [R]. Working Papers, 2004.

[256] Grier K B, Tullock G. An Empirical Analysis of Cross-national Economic Growth, 1951—1980 [J]. Journal of Monetary Economics, 1989, 24 (2): 259 - 276.

[257] Grossman P J. Government and Economic Growth: A non - linear relationship [J]. Public Choice, 1988, 56 (2): 193 - 200.

[258] Hansen B E. Threshold Effects in Non-dynamic Panels: Estimation, testing, and inference [J]. Journal of Econometrics, 1999, 93 (2): 345 - 368.

[259] Ho T. The Government Spending and Private Consumption: A panel cointegration analysis [J]. International Review of Economics & Finance, 2002, 10 (1): 95 - 108.

[260] Holtz - Eakin D. Public-sector Capital and the Productivity Puzzle [R]. National Bureau of Economic Research, 1992.

[261] Hulten C R, Schwab R M. Infrastructure Spending: Where do we go from here? [J]. National Tax Journal, 1993, 46 (3): 261 - 273.

[262] Iwata Y. The Government Spending Multiplier and Fiscal Financing: Insights from Japan [J]. International finance, 2011, 14 (2): 231 - 264.

[263] Kandil M. Asymmetry in the Effects of US Government Spending Shocks: Evidence and implications [J]. The Quarterly Review of Economics and Finance, 2001, 41 (2): 137 - 165.

[264] Karras G. Employment and Output Effects of Government Spending: Is government size important? [J]. Economic Inquiry, 1993, 31 (3): 354 - 369.

[265] Karras G. Government Spending and Private Consumption: Some international evidence [J]. Journal of Money, Credit and Banking, 1994, 26 (1): 9 - 22.

[266] Khalid A M. Ricardian Equivalence: Empirical evidence from developing economies [J]. Journal of Development Economics, 1996, 51 (2): 413 - 432.

[267] King R G, Plosser C I. Money, Credit, and Prices in a Real Business Cycle [J]. The American Economic Review, 1984, 74 (3): 363 - 380.

[268] King R G, Rebelo S T. Resuscitating Real Business Cycles [J]. Hand-

book of Macroeconomics, 1999, 1: 927 - 1007.

[269] Kirsanova T, Satchi M, Vines D, et al. Optimal Fiscal Policy Rules in a Monetary Union [J]. Journal of Money, Credit and Banking, 2007, 39 (7): 1759 - 1784.

[270] Klein P. Using the Generalized Schur Form to Solve a Multivariate Linear Rational Expectations Model [J]. Journal of Economic Dynamics and Control, 2000, 24 (10): 1405 - 1423.

[271] Kneller R, Bleaney M F, Gemmell N. Fiscal Policy and Growth: Evidence from OECD countries [J]. Journal of Public Economics, 1999, 74 (2): 171 - 190.

[272] Kormendi R C. Government Debt, Government Spending, and Private Sector Behavior [J]. The American Economic Review, 1983, 73 (5): 994 - 1010.

[273] Kwan Y K. The Direct Substitution between Government and Private Consumption in East Asia [R]. National Bureau of Economic Research, 2006.

[274] Kydland F E, Prescott E C. Time to Build and Aggregate Fluctuations [J]. Econometrica: Journal of the Econometric Society, 1982: 1345 - 1370.

[275] Landau D. Government and Economic Growth in the less Developed Countries: An empirical study for 1960 - 1980 [J]. Economic Development and Cultural Change, 1986, 35 (1): 35 - 75.

[276] Landau D. Government Expenditure and Economic Growth: A cross-country study [J]. Southern Economic Journal, 1983: 783 - 792.

[277] Lee Y, Sung T. Fiscal Policy, Business Cycles and Economic Stabilisation: Evidence from industrialised and developing countries [J]. Fiscal Studies, 2007, 28 (4): 437 - 462.

[278] Leeper E M, Plante M, Traum N. Dynamics of Fiscal Financing in the United States [J]. Journal of Econometrics, 2010, 156 (2): 304 - 321.

[279] Leeper E M, Walker T B, Yang S C S. Government investment and Fiscal Stimulus in the Short and Long runs [R]. National Bureau of Economic Research, 2009.

[280] Leeper E M, Yang S C S. Dynamic Scoring: Alternative financing schemes [J]. Journal of Public Economics, 2008, 92 (1): 159 - 182.

[281] Leeper E M. Equilibria under 'Active' and 'Passive' Monetary and Fiscal Policies [J]. Journal of Monetary Economics, 1991, 27 (1): 129 - 147.

[282] Levine R, Renelt D. A Sensitivity Analysis of Cross-country Growth Regressions [J]. The American Economic Review, 1992: 942-963.

[283] Linnemann L, Schabert A. Productive Government Expenditure in Monetary Business Cycle Models [J]. Scottish Journal of Political Economy, 2006, 53 (1): 28-46.

[284] Linnemann L. The Effect of Government Spending on Private Consumption: A puzzle? [J]. Journal of Money, Credit, and Banking, 2006, 38 (7): 1715-1735.

[285] Long Jr J B, Plosser C I. Real Business Cycles [J]. Journal of Political Economy, 1983, 91 (1): 39-69.

[286] Lu M., Wang E. Forging Ahead and Falling Behind: Changing Regional Inequalities in Post-Reform China [J]. Growth and Change, 2002, 33 (1): 42-71.

[287] Lucas R E. Expectations and the Neutrality of Money [J]. Journal of Economic Theory, 1972, 4 (2): 103-124.

[288] Marattin L, Salotti S. The Response of Private Consumption to Different Public Spending Categories: VAR evidence from UK [R]. Quaderni - Working Paper DSE, 2009.

[289] McGrattan E R, Ohanian L E. Does Neoclassical Theory Account for the Effects of big Fiscal shocks? Evidence from World War II [J]. International Economic Review, 2010, 51 (2): 509-532.

[290] McGrattan E R. The Macroeconomic Effects of Distortionary Taxation [J]. Journal of Monetary Economics, 1994, 33 (3): 573-601.

[291] Mendoza E G, Razin A, Tesar L L. Effective Tax Rates in Macroeconomics: Cross-country estimates of tax rates on factor incomes and consumption [J]. Journal of Monetary Economics, 1994, 34 (3): 297-323.

[292] Miao J, Peng T. Business Cycles and Macroeconomic Policy in China: Evidence from an estimated DSGE model [J]. Unpublished Manuscript, Boston University, 2011.

[293] Miller S M, Russek F S. Fiscal Structures and Economic Growth: International evidence [J]. Economic Inquiry, 1997, 35 (3): 603-613.

[294] Mittnik S, Semmler W. Regime Dependence of the Fiscal Multiplier [J]. Journal of Economic Behavior & Organization, 2012, 83 (3): 502-522.

[295] Morley B, Perdikis N. Trade Liberalisation, Government Expenditure and Economic Growth in Egypt [J]. The Journal of Development Studies, 2000, 36 (4): 38 -54.

[296] Morrison C J, Schwartz A E. State Infrastructure and Productive Performance [R]. National Bureau of Economic Research, 1992.

[297] Mountford A, Uhlig H. What are the Effects of Fiscal Policy Shocks? [J]. Journal of Applied Econometrics, 2009, 24 (6): 960 -992.

[298] Mundell, R. A. A Theory of Optimum Currency Areas [J]. American Economic Review, 1961, 51: 509 -517.

[299] Musgrave R A. Fiscal Systems [R]. Yale University Press, 1969.

[300] Niemann S, Pichler P. Optimal Fiscal and Monetary Policies in the Face of Rare Disasters [J]. European Economic Review, 2011, 55 (1): 75 -92.

[301] Owoye O, Nyatepe-Coo A A, Onafowora O A. Another Look at the Evidence on the Efficacy of Monetary and Fiscal Policies in Developing Countries: An application of the St. Louis Equation [J]. Indian Economic Journal, 1995, 43 (1): 127.

[302] Pereira A, Sagales O R. Public Capital Formation and Regional Development in Spain [J]. Review of Development Economics, 1999, 3 (3): 281 -294.

[303] Pevcin P. Does Optimal Size of Government Spending Exist? [J]. University of Ljubljana, 2004, 10: 101 -135.

[304] Poole W. Optimal Choice of Monetary Policy Instruments in a Simple Stochastic Macro Model [J]. The Quarterly Journal of Economics, 1970, 84 (2): 197 -216.

[305] Ramey V A. Can Government Purchases Stimulate the Economy? [J]. Journal of Economic Literature, 2011, 49 (3): 673 -685.

[306] Ramey V A. Identifying Government Spending Shocks: It's all in the timing [J]. The Quarterly Journal of Economics, 2011, 126 (1): 1 -50.

[307] Ramirez M D, Nazmi N. Public Investment and Economic Growth in Latin America: An empirical test [J]. Review of Development Economics, 2003, 7 (1): 115 -126.

[308] Ramsey F P. A Mathematical Theory of Sving [J]. The Economic Journal, 1928, 38 (152): 543 -559.

[309] Revelli F. Testing the Taxmimicking versus Expenditure Spill-over Hypothe-

ses Using English data [J]. Applied Economics, 2002, 34 (14): 1723 - 1731.

[310] Robert W, Alexander J. Growth: Some combined cross - sectional and time series evidence from OECD countries [J]. Applied Economics, 1990, 22 (9): 1197 - 1204.

[311] Romer C D. , Romer D H. The Macroeconomic Effects of Tax Changes: Estimates based on a new measure of fiscal shocks [J]. The American Economic Review, 2010, 100 (3): 763 - 801.

[312] Rostow W W. Politics and the Stages of Growth [J]. VRÜ Verfassung und Recht in Übersee, 1972, 6 (1): 117 - 120.

[313] Roy A G. Evidence on Economic Growth and Government Size [J]. Applied Economics, 2009, 41 (5): 607 - 614.

[314] Schclarek A. Fiscal Policy and Private Consumption in Industrial and Developing Countries [J]. Journal of Macroeconomics, 2007, 29 (4): 912 - 939.

[315] Schmitt-Grohé S, Uribe M. Optimal Simple and Implementable Monetary and Fiscal Rules [J]. Journal of Monetary Economics, 2007, 54 (6): 1702 - 1725.

[316] Shan J. A Macroeconometric Model of Income Disparity in China [J]. International Economic Journal, 2002, 16 (2): 47 - 63.

[317] Sheehey E J. The Effect of Government Size on Economic Growth [J]. Eastern Economic Journal, 1993, 19 (3): 321 - 328.

[318] Sims C A. Solving Linear Rational Expectations Models [J]. Computational Economics, 2002, 20 (1): 1 - 20.

[319] Smets F, Wouters R. An Estimated Dynamic Stochastic General Equilibrium Model of the Euro Area [J]. Journal of the European Economic Association, 2003, 1 (5): 1123 - 1175.

[320] Solé-Ollé A. Expenditure Spillovers and Fiscal Interactions: Empirical evidence from local governments in Spain [J]. Journal of Urban Economics, 2006, 59 (1): 32 - 53.

[321] Tagkalakis A. The Effects of Fiscal Policy on Consumption in Recessions and Expansions [J]. Journal of Public Economics, 2008, 92 (5): 1486 - 1508.

[322] Tao Zhang, Heng-fu Zou. Fiscal Decentralization, Public Spending, and Economic Growth in China [J]. Journal of Public Economics, 1998, 67 (2) .

[323] Tenhofen J, Wolff G B, Heppke-Falk K H. The Macroeconomic Effects of Exogenous Fiscal Policy Shocks in Germany: A disaggregated SVAR analysis [J]. Jahrbücher für Nationalökonomie und Statistik, 2010, 230 (3): 328 -355.

[324] Tian X. Market Orientation and Regional Economic Disparities in China [J]. Post-Communist Economies, 1999, 11 (2): 161 -172.

[325] Turnovsky S J. Fiscal Policy, Elastic Labor Supply, and Endogenous Growth [J]. Journal of Monetary Economics, 2000, 45 (1): 185 -210.

[326] Uhlig H. A Toolkit for Analyzing Nonlinear Dynamic Stochastic Models Easily [R]. Center for Economic Research Discussion Paper, No. 1995 -97.

[327] Van Aarle B, Garretsen H, Gobbin N. Monetary and Fiscal Policy Transmission in the Euro-area: Evidence from a structural VAR analysis [J]. Journal of Economics and Business, 2003, 55 (5): 609 -638.

[328] Wahab M. Asymmetric Output Growth Effects of Government Spending: Cross-sectional and panel data evidence [J]. International Review of Economics & Finance, 2011, 20 (4): 574 -590.

[329] Weber C E. Fiscal Policy in General Equilibrium: Empirical estimates from an error correction model [J]. Applied Economics, 1999, 31 (7): 907 -913.

[330] Weber E. J. Monetary Policy in a Heterogeneous Monetary Union: The Australian Experience [J]. Applied Economics, 2006, 38: 2487 -2495.

[331] Wei Y. D. Investment and Regional Development in Post - Mao China [J]. Geo Journal, 2000, 51 (3): 169 -179.

[332] Yoshino N, Nakano H. Regional Allocation of Public Investment into the Metropolitan Region [J]. Economic Analysis of Tokyo Monopolar System. Tokyo: Nihonkeizaishinbunsha, 1994: 161 -190.

[333] Zhang W. China's Monetary Policy: Quantity versus price rules [J]. Journal of Macroeconomics, 2009, 31 (3): 473 -484.